ZHONGGUO DAOLU SHI
RUHE CHENGGONG DE?

中国道路

是如何成功的？

中央党校专家工作室　编写

广西人民出版社

图书在版编目（CIP）数据

中国道路是如何成功的？/中央党校专家工作室编写．— 南宁：广西人民出版社，2022.10
ISBN 978-7-219-11294-6

Ⅰ．①中…　Ⅱ．①中…　Ⅲ．①中国特色社会主义—社会主义建设模式—研究　Ⅳ．① D616

中国版本图书馆 CIP 数据核字（2022）第 168846 号

出 版 人　韦鸿学
策　　划　温六零　白竹林
执行策划　吴小龙
责任编辑　唐柳娜　李亚伟
责任校对　周月华　梁小琪
书籍设计　刘瑞锋（广大迅风艺术）

出版发行　广西人民出版社
社　　址　广西南宁市桂春路 6 号
邮　　编　530021
印　　刷　广西民族印刷包装集团有限公司
开　　本　787mm × 1092mm　1 / 16
印　　张　19
字　　数　301 千字
版　　次　2022 年 10 月　第 1 版
印　　次　2022 年 10 月　第 1 次印刷
书　　号　ISBN 978-7-219-11294-6
定　　价　65. 80 元

深刻把握“中国式现代化新道路”丰富内涵
（代序）

韩庆祥

方向决定道路，道路决定命运。历史证明，中国特色社会主义道路，是一条走得对、行得通的强国之路，因之，党的第三个历史决议，光辉的马克思主义纲领性文献——《中共中央关于党的百年奋斗重大成就和历史经验的决议》，将“坚持中国道路”作为百年来党积累的十个宝贵历史经验之一，并指出：“党领导人民成功走出中国式现代化道路，创造了人类文明新形态，拓展了发展中国家走向现代化的途径，给世界上那些既希望加快发展又希望保持自身独立性的国家和民族提供了全新选择。”

一百年来，党带领人民坚持和发展中国特色社会主义，正如习近平总书记在庆祝中国共产党成立100周年大会上指出的：“走自己的路，是党的全部理论和实践立足点，更是党百年奋斗得出的历史结论。中国特色社会主义是党和人民历经千辛万苦、付出巨大代价取得的根本成就，是实现中华民族伟大复兴的正确道路。我们坚持和发展中国特色社会主义，推动物质文明、政治文明、精神文明、社会文明、生态文明协调发展，创造了中国式现代化新道路，创造了人类文明新形态。”从“走自己的路”到“中国特色社会主义道路”，再到“中国式现代化新道路”，是对中国道路主要是中国特色社会主义道路的形成发展逻辑、本质特征、重要地位、世界意义的全面阐述；创造了“中国式现代化新道路”，是对中国实践、中国创造之世界意义的高度提练和概括，也是习近平总书记“七一”重要讲话中具有深刻政治内涵和丰富学理含量的新的重大论断。

首先需要理清三个基本概念

习近平总书记“七一”重要讲话提出了三个逻辑相关但也有区别的概念，首先需要理清，这是科学研究的前提。一是“走自己的路”，这是中国特色社会主义道路、中国式现代化道路、中国式现代化新道路共有的特征，即“走中国自己的路”，它是党百年奋斗并总结经验教训得出的历史结论，旨在破除中国道路问题的本本主义、教条主义、拿来主义。二是“中国特色社会主义道路”，这是“走自己的路”在改革开放和社会主义现代化建设时期的具体体现，是党和人民历经千辛万苦、付出巨大代价取得的根本成就。在我国社会主义建设实践中，我们摸索出一条基本经验，那就是所选择的道路，既要坚持社会主义根本原则，也要适合中国国情。三是“中国式现代化新道路”，这是从现代化的具体实现形式角度讲的，它既相对于西方式现代化道路而言，也相对于改革开放之初那种中国式现代化道路而言，是指在新时代坚持和发展中国特色社会主义道路进程中创造出来的中国式现代化新道路，是在新时代对邓小平提出的“中国式现代化道路”的坚持和发展。

如果说“走自己的路”“中国特色社会主义道路”相对注重中国国情，那么，在新时代中国特色社会主义发展历史已经成为世界历史且影响历史的历史场景下，“中国式现代化新道路”更加凸显新时代中国式现代化道路之“新”及其世界意义。

力求全面精准揭示“中国式现代化新道路”的深刻内涵

中国式现代化新道路，属于“现代化”道路，具有“原体规定”，需要遵循现代化发展的一般规律。这一规律可分两个层面：一是从现代化一般要素来讲，在从农业社会向工业社会转变的历史进程中必然注重工业化，在工业化进程中必然注重市场经济和科学技术，市场经济和科学技术发展在解放和发展社会生产力的同时，内在注重政治领域的民主法治、文化领域的自由平等和社会领域的公平正义。这是注重现代化各要素环环相扣、相互促进的规律。二是从现代化历史发展进程来讲，在现代化“起飞”的初期阶段，首先必须注重激活经济社会发展的动力，没有动力何谈“起飞”；在现代化进一步深入“稳定”发展阶段，在激活经济社会发展动力的同时，必须相对注重保持经济社会发展的平衡，发展失衡是要“翻车”的；当经济社会发展动能不足、失衡失稳时，治理是关键，治理滞后，难以使动力和平衡达到统一。

中国式现代化新道路，属于当代“中国式”的道路，具有“空间规定”。所谓当代“中国式”的道路，在政治上体现为坚持中国共产党领导；在经济上体现为坚持社会主义市场经济体制，走共同富裕道路；在文化上体现为坚持以人民为中心；在社会上体现为坚持公平正义，推动社会全面进步和人的全面发展；在生态上体现为坚持人与自然和谐共生。

中国式现代化新道路，是从中国历史发展进程中走出来的，具有“过程规定”，它蕴含着中国共产党人在历史发展进程中立足历史方位不断与时俱进地探索和开创中国道路而积累起来的首要“基本经验”，那就是中国道路既要符合中国国情，也要坚持社会主义。

中国式现代化新道路之“新”，也具有“关系规定”，它既是在与西方式现代化道路相区别的意义上说的，也是对我国改革开放之初中国式现代化道路与时俱进地坚持和发展而言的。它“新”在相对于西方式现代化道路的“中国式”；“新”在相对于改革开放之初中国式现代化道路注重解放和发展社会生产力，进入新时代的中国式现代化新道路则致力于以国家治理现代化实现强起来，推进物质文明、政治文明、精神文明、社会文明、生态文明协调发展；“新”在“历史成为世界历史”的场景中，新时代中国式现代化新道路具有全新的世界意义。关于这一点，易被人们忽视，一定意义上也确实被忽视了。

把“现代化”发展一般规律、“中国式”、“基本经验”和“新”四者结合起来并取其精髓，可以揭示中国式现代化新道路及其“新”的丰富内涵：在人口规模巨大、超过现有发达国家人口总和的发展中国家搞现代化，坚持社会主义且符合中国国情；坚持不断与时俱进且具有开放性、创造性；坚持中国共产党领导；坚持以人民为中心，注重解放和发展社会生产力，逐步实现全体人民共同富裕，不断促进人的全面发展，致力于实现强起来；坚持物质文明、政治文明、精神文明、社会文明、生态文明协调发展，注重人与自然和谐共生；坚持动力、平衡和治理有机统一；坚持生命至上、美好生活、高质生产、保护生态相统一；坚持走和平发展道路，注重构建人类命运共同体。上述内涵作为一个有机整体，高度凝练、纲举目张、简明扼要、秉要执本。

由此可得到两点启示：一是中国式现代化新道路拓展了发展中国家走向现代化的途径，为那些既希望加快发展而又希望保持自身独立性的国家和民族提供了全新选择，改变了长期以来西方式现代化模式占主导地位并垄断话语权的格局，打破了“全球化=西方化、西方化=现代化、现代化=市场化”的思维定式和“美丽神话”。二是中国式现代化新道路注重运用市场和资本，但不被市场和资本所统治，它更强调以人民为中心，为人类对更好社会制度的探索提供了中国智慧。

“中国式现代化新道路”可以创造和内生出“人类文明新形态”

中国式现代化新道路和人类文明新形态是相互贯通、交互作用、合二为一的关系。中国式现代化新道路是在对中华民族5000多年悠久文明的传承中走出来的，具有中华传统文化的基因，它注重的“以人民为中心”“构建人类命运共同体”，所蕴含的“整体协调”“多元包容”等理念，便是如此。

人类文明新形态是在中国式现代化新道路基础上创造和内生出来的。它超越了西方式现代性文明形态，但又不仅仅局限于中国式现代化文明形态，而是从中国式现代化新道路开辟出来的，同时也是人类文明中符合时代发展趋势、具有光明前景、正确引领时代潮流的一种新的文明形态。

从历史来看，中国式现代化新道路传承了中华传统文化中以民为本、世界大同的理念，同时又对其实行创造性转化和创新性发展，把以民为本转化为以人民为中心，把世界大同转化为积极推动构建人类命运共同体。它主张以人民为中心、坚持人民至上，超越了西方式现代化道路中资本至上的所谓“资本主导”逻辑；构建人类命运共同体，坚持“主—主”平等的哲学思维，主张兼济天下、协和万邦、美美与共的和谐世界的逻辑，超越了西方式“主—客”二分的哲学思维与“西方中心论”所生长出“国强必霸”的逻辑。

从现实来看，人类文明新形态是从中国式现代化新道路中开辟出来的。文明的发展状态如何，取决于“道路”状况如何。在我国改革开放之初，中国特色社会主义道路致力于解放和发展社会生产力，注重物质文明建设。随着改革开放的不断深化，中国特色社会主义道路进一步注重物质文明和精神文明协调发展，进而注重物质文明、精神文明、政治文明协调发展，再进一步注重物质文明、政治文明、精神文明、社会文明协调发展。党的十八大以后，随着全面深化改革的开启，新时代中国特色社会主义道路即中国式现代化新道路，就更加明确注重物质文明、政治文明、精神文明、社会文明、生态文明协调发展。当今，我们所讲的物质文明，在人与物的关系上，是让全体人民共享物质文明成果与注重人的全面发展；所讲的政治文明，在党与人民的关系上，是“代表最广大人民根本利益”“把人民对美好生活的向往作为奋斗目标”；所讲的精神文明，在精神本体上，强调勇于奋斗精神；所讲的社会文明，在人与人的关系上，注重人与人和谐相处；所讲的生态文明，在人与自然的关系上，注重人与自然和谐共生。总之，基于中国式现代化新道路，我们创造性地铸就出一种整体性文明，创新发展了人类文明。

从理论来看，“文明”从来都是与“道路”紧密相关的。中国式现代化新道路蕴含人类文明新形态的因素，能内在生长出人类文明新形态。在历史方位上，中国式现代化新道路强调与时俱进，具有开放性、创新性，它不是西方式的唯我独尊，而是向未来开放、向世界开放，积极吸收人类一切优秀文明成果并不断创新发展的文明；在奋斗目标上，中国式现代化新道路注重解放和发展社会生产力，逐步实现全体人民共同富裕，不断促进人的全面发展，它不是以资为本，而是以人民为中心的文明；在总体方略上，中国式现代化新道路注重贯彻新发展理念，统筹推进“五位一体”总体布局，协调推进“四个全面”战略布局，具有领域的边界性，更具有整体性、系统性，它不是“单向度的发展”，而是注重物质文明、政治文明、精神文明、社会文明、生态文明各自高质量发展与它们之间全面发展、协调发展、和谐发展的文明；在推动力量上，中国式现代化新道路注重发挥并整合中国共产党集中统一领导力量、市场配置力量和人民主体力量，具有坚持全国一盘棋、调动各方积极因素、集中力量办大事的特质和优势，它不是特意强调资本的力量，而是注重世界人民共商共建共享并汇聚磅礴合力的文明；在领导力量上，中国式现代化新道路坚持中国共产党领导，中国共产党是具有人类视野和世界担当的政党，注重解放全人类，为世界谋大同，积极构建人类命运共同体，注重世界和平发展、合作共赢，具有道义性和普惠性，它不是谋某种特殊集团的利益，而是谋世界大同和世界人民利益的文明；在世界观上，中国式现代化新道路强调以多样和统一辩证的观念观察世界，既强调世界多样、道路多样、文明多样，也注重共同性，它反对“西方中心论”“霸权主义”“单边主义”，是主张国家平等、文明互鉴、包容发展、互利普惠的文明。

由此可以看出，中国式现代化新道路立足当代中国与人类社会，内在具有“人类性”，是解析人类文明新形态的典型样本，蕴含着一种人类文明新形态。这种文明不仅积极应对世界百年未有之大变局及其带来的世界不稳定不确定，致力于解决当今世界经济增长动能不足、发展失衡、治理滞后三大难题，而且在世界动荡变革期，它积极倡导和平、发展、公平、正义、民主、自由的全人类共同价值；这种文明遵循规律性，突出共同性，倡导普惠性，坚持多样性，注重协调性，突出共建性，因而是当今世界人类文明中符合时代发展趋势、具有光明前景、正确引领时代潮流的一种新的文明形态。

中国共产党走过了一百年的历程，这一百年，向人民、向历史交出了一份优异的答卷；百年恰是风华正茂，一百年后的今天，中国站在了崭新的起点，踏上了新的赶考之路。展望未来，中国共产党将继续团结带领中国人民沿着中国特色社会主义道路奋勇前行，为实现第二个百年奋斗目标、实现中华民族伟大复兴的中国梦而不懈奋斗，为人类文明作出更大的贡献。

目 录

第一篇　中国道路的生成逻辑

第二篇　中国道路的实践进程

第三篇　中国道路的内涵解读

第四篇　中国道路的成功密码

第五篇　中国道路的话语建构

第一篇

「中国道路的生成逻辑」

中国特色社会主义道路来之不易，它是中国共产党人立足中国5000多年的历史发展、文化结构，立足国际环境和中国的基本国情，在一代代中华儿女探索救亡图存的基础上，坚守马克思主义的道统，汲取中华传统文化的智慧，在历史的合力中做出的历史性选择。这种选择遵循共产党执政规律、社会主义建设规律、人类社会发展规律，是历史逻辑、理论逻辑、现实逻辑与世界逻辑的必然结果。

历史合力与中国的道路选择

陈先达（当代著名马克思主义哲学家、教育家，中国人民大学哲学院教授、博士生导师）

本文摘自2019年11月25日《光明日报》

中国共产党领导下的社会主义革命之路、建设之路，特别是在改革开放实践中开辟的中国特色社会主义道路，是中国近代以来最辉煌灿烂的篇章。这是一段包含着丰富历史智慧和现实经验的雄伟壮丽的历史，是记录中国共产党领导下中国人民为实现中华民族伟大复兴进行道路探索和英勇奋斗的历史，是百年浮云遮蔽的东方大国的灿烂日出。这段历史无比丰富，可以从不同历史视角进行解读。

一、重视道路选择的合力研究

历史从来不是独角戏，而是多种因素合力的结果。在近代中国的道路选择中存在各种因素，包括各种历史人物、历史事件，不同的政党和不同的政治主张与方案。道路的正确选择是多种力量斗争的结果。

对于一个国家发展道路的历史合力来说，内因是主要的。内因既有历史因素又有现实因素。历史因素是中国自身的历史和文化传统。习近平总书记在致第二十二届国际历史科学大会的贺信中说："中国有着5000多年连续发展的文明史，观察历史的中国是观察当代的中国的一个重要角度。不了解中国历史和文化，尤其是不了解近代以来的中国历史和文化，就很难全面把握当代中国的社会状况，很难全面把握当代中国人民的抱负和梦想，很难全面把握中国人民选择的发展道路。"在致中国社会科学院中国历史研究院成立的贺信中，习近平总书记强调："当代中国是历史中国的延续和发展。新时代坚持和发展中国特色社会主义，更加需要系统研究中国历史和文化，更加需要深刻把握人类发展历史规律，在对历史的深入思考中汲取智慧、走向未来。"

我们要重视历史和文化传统，但更要重视现实因素。在现实因素中有三大因素决不能忘记：一是中国共产党的领导。中国共产党及其杰出代表，既是合力形成的参与者又是历史多种可能性中进行关键选择的决策者。二是马克思主义中国化。正是马克思主义的传入及其中国化，克服了盲目复古和全盘西化等错误主张。三是近代以来生活在水深火热中的中国人民对改变国家积贫积弱面貌的追求，对美好生活的渴望，以及无数为中华民族伟大复兴而流血牺牲的烈士。这是政党的力量，理论的力量，人民的力量。

我们也要重视外在因素所起的合力作用。俄国是中国的近邻，十月革命对中国的道路选择具有最直接而又至关重要的影响。正如毛泽东同志在《论人民民主专政》一文中说的："十月革命一声炮响，给我们送来了马克思列宁主义。十月革命帮助了全世界的也帮助了中国的先进分子，用无产阶级的宇宙观作为观察国家命运的工具，重新考虑自己的问题。走俄国人的路——这就是结论。"

如果没有内在动力，任何外来力量都不可能改变中国。把中华民族伟大复兴仅归之为挑战和应战的外在动力论是不正确的。没有马克思主义和中国共产党，没有广大人民的支持和无数英雄们的流血牺牲，就没有新中国，也没有从站起来到富起来再到强起来的中国近现代史。在主体选择因素中，我们应该高度重视贯穿其中的爱国主义精神和理想信念，重视民族耻辱感所起的作用，这是一种巨大的精神力量。没有爱国主义热情和理想信念就不可能凝聚起人民的力量；没有民族耻辱感就不会激起为民族复兴而奋斗、流血，甚至前仆后继的牺牲。马克思非常重视一个民族的耻辱感。他说过："耻辱就是一种内向的愤怒。如果整个国家真正感到了耻辱，那它就会像一只蜷伏下来的狮子，准备向前扑去。"①曾经被喻为睡狮的中国，终于在各种历史合力作用下猛醒过来。

我们不能忘记千千万万死去的烈士。"风萧萧兮易水寒，壮士一去兮不复还。"荆轲只是一个激于义愤和感知遇之恩的游侠，而成千上万为中华民族伟大复兴牺牲的烈士们，不是古代的游侠，而是用民族复兴的使命武装起来的现代革命者。矗立在天安门广场上的人民英雄纪念碑，就是纪念在人民

① 《马克思恩格斯全集》第一卷，人民出版社，1956，第407页。

解放战争和人民革命中牺牲的人民英雄们，以及自鸦片战争以来为了反对内外敌人、争取民族独立和人民自由幸福而在历次斗争中牺牲的人民英雄们。矗立在天安门广场上的人民英雄纪念碑告诉我们，中国的道路来之不易，我们要加倍珍惜。

研究中国的道路选择必须以历史唯物主义为指导，并清楚认识到，对近代历史起作用的各种因素包括主观因素和客观因素、主要因素和次要因素、内部因素和外部因素等。只有在比较鉴别中，我们才能懂得为什么必须坚持中国共产党的领导，为什么必须坚持马克思主义及其中国化方向，为什么必须重视中国历史和优秀文化传统，为什么必须坚持以人民为中心，充分发挥人民作为历史主体的作用，为什么要坚持中国特色社会主义道路。习近平总书记反复强调要“不忘初心、牢记使命”，并在全党进行主题教育，就是要全党，尤其是各级领导干部，特别是高级领导干部，不要忘记为中国人民谋幸福、为中华民族谋复兴的初心和使命，不要忘记为这条道路战斗和牺牲的英雄们。无论是为社会主义革命、建设，还是为改革作出贡献的人们，都是我们民族的脊梁。

二、历史合力下的中国道路选择

在人类历史上，迄至十月革命开辟社会主义制度之前，资本主义社会曾经是最进步的社会形态，给人类带来了高度发达的生产力、新的科学技术和不同于封建专制制度的现代国家政权。资本主义力图按照自己的面貌创造出一个新世界。那么，为什么中国没有选择和不可能选择资本主义，而是最终走上社会主义道路呢？

西方是资本主义制度的发祥地。虽然从历史来看，西方国家的经济发展长期远远落后于中国，但首先进入资本主义社会的却是一些西方国家。当西方国家进入资本主义社会，中国正处在封建社会由强而弱、由盛转衰、由衰到败的时期。从明代中叶开始，西方一些耶稣会教士在华传教时曾带来一些西方的科学技术，清代的康熙、乾隆两位皇帝对西方科学技术也表现了一定兴趣，但终究只是为了个人消遣和好奇，而没有使发展科学技术成为国家政策。中国仍然挟几千年发展的成果而以天朝上国自居。当时没有对科学技术产生需要的社会化大生产，整个社会占主导的仍然是农业生产方式。虽然《清明上河图》显示出宋代城市经济发展的繁华景象，虽然明代中叶以后江南地区商品经济也很发达，但经济构成仍然是农业和手工业产品，或与日常生活密切相关的茶和盐，而非工业品。康熙、乾隆时期的繁荣已经是大清帝国的黄昏。此后日益像《红楼梦》后四十回描写的荣宁二府，露出后半世的衰落光景。当政者没有危机感。中国封建社会自身的没落、人们思想守旧、政治腐败的内在因素，与西方资本主义的兴起和向外扩张结合形成的历史合力，完全阻断了中国社会缓慢自发地走向资本主义社会的时机和可能性。无论是师夷长技以制夷，还是维新变法，以及各种改良主义方案，都无法挽救中国沦入半殖民地半封建社会的历史命运。

在自己国内貌似文明的资本主义，在海外表现得极其野蛮。西方资本主义社会的建立和西方资本主义国家向世界的扩张与殖民，使其他国家逐步变为殖民地或半殖民地国家。中国也没有逃脱这个命运。资本主义向外殖民和入侵往往以传播文明与开展贸易为先导，或以传播上帝福音为掩护，伴随的是军事入侵的炮舰政策，以及敲骨吸髓的不平等条约，其发家史并不光彩。在资本主义主导的世界中，发达与落后、强与弱的国际关系在进行重组。

历史规律是不以人们的意志为转移的。世界被卷入资本主义体系的过程，是西方资本主义国家以资本和廉价商品征服落后国家的过程，也是血与火的殖民过程。但资本主义在掠夺别国财富富足自己的同时，也促进了被压迫民族的觉醒和反抗，播下了革命的火种。马克思和恩格斯在有关中国的论文中对此有过极其深刻而有预见性的判断。马克思在《鸦片贸易史》中写道："一个人口几乎占人类三分之一的大帝国，不顾时势，安于现状，人为地隔绝于世界并因此竭力以天朝尽善尽美的幻想自欺。这样一个帝国注定最后要在一场殊死的决斗中被打垮：在这场决斗中，陈腐世界的代表是激于道义，而最现代的社会的代表却是为了获得贱买贵卖的特权——这真是任何诗人想也不敢想的一种奇异的对联式悲歌。"[①]并且预言："过不了多少年，我

① 《马克思恩格斯文集》第二卷，人民出版社，2009，第632页。

们就会亲眼看到世界上最古老的帝国的垂死挣扎，看到整个亚洲新纪元的曙光。”①

清王朝的腐败，西方帝国主义国家的侵略，中国先进知识分子的觉醒、人民的反抗——这种合力的作用，既注定了中国封建社会的解体，又激起人们对中国向何处去的探索。尤其是马克思主义的传入，中国共产党的成立，历史上杰出的革命人物和思想家登上中国的政治舞台，由此产生了新的合力运动。这种合力，已经不再是腐朽的清王朝和种种守旧力量与西方帝国主义入侵者的合力，而是以马克思主义为指导的中国共产党为新的历史主体的一方，与以帝国主义、封建主义和官僚资产阶级为另一方进行斗争而构成的新合力。中国既已出现新的历史主体，就必然出现对新的道路的探索。

一是革命之路——农村包围城市。“怅寥廓，问苍茫大地，谁主沉浮？”1925年秋，毛泽东同志独自在长沙橘子洲头，眺望着万山红遍、层林尽染的岳麓山，俯视着漫江碧透、百舸争流的湘江，头顶上是鹰击长空，脚边是鱼翔浅底。看着“万类霜天竞自由”的壮丽景色，发出了“谁主沉浮”的疑问，这是对中国发展道路的探索之问。

中国共产党1921年已经成立了，走革命之路已经确定，但具体的道路如何走仍是一个有待解决的问题。巴黎公社和十月革命武装起义的方式不符合中国国情。中国是一个农民占绝大多数、城市反动统治势力相对雄厚的国家。农村天地宽广，反动统治薄弱，尤其是因军阀混战，省界之间“三不管”的地方不少。毛泽东同志带领队伍上井冈山，从此开始了农村包围城市，最后夺取全国胜利的革命道路。这条道路不仅符合中国国情，也符合中国农民革命的传统。中国农民革命都是开始于农村。我们党团结带领人民找到了一条以农村包围城市、武装夺取政权的正确革命道路，进行了28年浴血奋战，打败日本帝国主义，推翻国民党反动统治，完成了新民主主义革命，建立了中华人民共和国，实现了中国从几千年封建专制统治向人民民主的伟大飞跃。

在历史发展中，革命往往是新制度的助产士。资产阶级革命如此，无产

① 《马克思恩格斯文集》第二卷，人民出版社，2009，第628页。

阶级革命更是如此。如何看待革命，是一个人政治价值观的集中表现。马克思、恩格斯肯定资产阶级在历史上曾经起过非常革命的作用，肯定法国大革命的历史进步性。但是以启蒙思想家的自由、平等、博爱为理想的法国大革命，并没有得到普遍的自由、平等、博爱。恩格斯在《反杜林论》中这样描述："这个理性的王国不过是资产阶级的理想化的王国；永恒的正义在资产阶级的司法中得到实现；平等归结为法律面前的资产阶级的平等；被宣布为最主要的人权之一的是资产阶级的所有权；而理性的国家、卢梭的社会契约在实践中表现为，而且也只能表现为资产阶级的民主共和国。"由此可见，马克思、恩格斯坚持朝前看，承认资产阶级曾经起过的积极作用，但也明确指出资产阶级革命的弱点，他们明确号召：让统治阶级在共产主义革命面前发抖吧。无产阶级在这个革命中失去的只是锁链。他们获得的将是整个世界。

中国革命胜利的实践证明，真正解决中国向何处去的问题需要革命，而不是告别革命。革命自然不是铺满鲜花的浪漫之路，但是是改变旧制度和推动社会前进所必需的。中华民族伟大复兴正是从中国共产党人领导的革命和革命胜利开始的。

二是建设之路——独立自主和自力更生。中华人民共和国成立70年的历史，是成就卓著辉煌灿烂的70年，也是艰苦探索并在改革开放实践中开辟中国特色社会主义道路的70年，是具有历史连续性又包含重大转折的70年。只有坚持实事求是和唯物辩证法的历史观，才能在饱含曲折的历史迷雾中厘清发展的主线。

中华人民共和国成立表明中华民族站起来了，开始踏上建设社会主义的新历程。中国革命是伟大的，但革命以后的路程更长。中国共产党坚持独立自主和自力更生，在辽阔的中国国土上，在一穷二白的基础上开始逐步建设雄伟的社会主义大厦。中国人民的爱国主义精神和高昂的社会主义建设热情，像火山喷发。独立自主、自力更生本质上也是一种合力，它依靠党的领导，集全国人民之力，调动各种积极因素形成一种无坚不摧、无难不克的力量。

闭关锁国并非我们进行社会主义建设的国策。毛泽东同志1949年6月15日在新政治协商会议筹备会上的讲话中明确提出："中国人民愿意同世界各国人民实行友好合作，恢复和发展国际间的通商事业，以利发展生产和繁荣经济。”可是西方国家，尤其是美国在军事企图失败后，长期采取封锁禁运制裁政策，在政治上企图孤立中国，在经济上企图困死中国。封锁禁运是一种阻力，同时也能激发一种反作用力。毛泽东同志豪迈地说：“封锁吧，封锁十年八年，中国的一切问题都解决了。中国人死都不怕，还怕困难么？”[①]正是在中国共产党领导下，举全国之力，在30年不到的时间里改变了工业极端落后的面貌，建立了比较完整的工业体系和国民经济体系。“两弹一星”标志着国防现代化迈出了坚实步伐。在前进和探索中，我们有过错误，但成绩是巨大的。邓小平同志对此作过公正的评价：“我们尽管犯过一些错误，但我们还是在三十年间取得了旧中国几百年、几千年所没有取得过的进步。”[②]

三是复兴之路——中国特色社会主义道路。历史是存在因果关系的链条。中国革命的胜利、社会主义建设的成就，为开辟中国特色社会主义道路奠定了基础。历史的发展会有曲折和挫折，当然也会有跳跃。挫折往往是跳跃前的下蹬。中国特色社会主义道路就是这种曲折后的一次飞跃。党的十一届三中全会就是新的飞跃的集结号。它在前30年取得的成就基础上，通过总结经验教训，举起了中国特色社会主义旗帜，踏上了改革开放道路。这是一条富民富国之路，也是强军强国之路。在中国特色社会主义道路中发挥巨大作用的仍然是历史的合力。中国特色社会主义道路是中国共产党领导和群众实践的合力，是在共同理想信念凝聚下的合力。经过40多年的改革开放，我们在中国特色社会主义道路上取得了举世瞩目的成就，不仅成为世界第二大经济体，而且不少领域在世界上也名列前茅。

我们仍然面对着国内外风险挑战明显增多的复杂局面，但这阻止不了中国特色社会主义前进的步伐。在习近平新时代中国特色社会主义思想指引下，站在新起点上，中国的开放大门只会越开越大。中国是顺历史潮流而动，而不是逆潮流背道而行。中国将以更加开放的姿态出现在世界舞台上。

---

① 《毛泽东选集》第四卷，人民出版社，1991，第1496页。
② 《邓小平文选》第二卷，人民出版社，1994，第167页。

当然，改革开放和自力更生不是对立的。饭碗要端在中国人民手里，我们要掌握核心技术并大力推进科技创新。进一步改革开放所凝聚的新合力，将更快地推动朝着党中央确定的“两个一百年”奋斗目标、实现中华民族伟大复兴的中国梦既定目标前进。

中国的发展是和平发展。新中国成立前100多年的历史是饱受侵略战争之苦的历史。中国人民对侵略战争带来的灾难有着最为深刻的痛苦记忆。中国是个爱好和平的国家，这不是因为我们致力于解决国内发展问题，无暇他顾；也不是因为我们的科技和军事实力还不如某些西方大国，无力争霸；而是因为我们的历史文化中没有扩张的基因，我们的文化是“和”的文化，我们的国家是社会主义性质的国家。外交是内政的延续，而内政则决定于国家制度的本质。我们的国家性质决定我们是爱好和平的国家。在《习近平谈治国理政》中，就有专章论及“推进中国特色大国外交”。习近平总书记在论述中明确提出“坚持国际关系民主化，坚持和平共处五项原则，坚持国家不分大小、强弱、贫富都是国际社会平等成员，坚持世界的命运必须由各国人民共同掌握”，强调“要坚持合作共赢，推动建立以合作共赢为核心的新型国际关系”。

“国强必霸”的逻辑不适合中国。社会主义社会和资本主义社会是两种不同的社会制度。资本主义制度的成长和发展的历史，是与向外扩张的历史相重叠的。两种制度，两种逻辑，两条发展道路。“国强必霸”是资本主义社会的丛林法则，而“和平发展”则是社会主义社会的发展法则。翻开马克思、恩格斯的著作，翻开马克思主义中国化的著作，可以看到，从来就没有任何向外扩张的理论，没有发动对外侵略战争的理论。西方少数鹰派政治家和“精英”宣传他们制造的“中国威胁论”“中美必战论”，为制造中国企图与美国争霸和“中国威胁论”寻找历史根据。中国和平发展的历史，戳穿了这个谎言。中国和世界各国的平等贸易和友好交往，都显示了作为踏上强国之路的发展中大国，中国是维护世界和平与发展的重要力量。

当下最鲜明的时代特色，就是中华民族伟大复兴战略全局和世界百年未有之大变局的历史交汇。2019年5月，习近平总书记在江西考察时指出：“领导干部要胸怀两个大局，一个是中华民族伟大复兴的战略全局，一个是世界百年未有之大变局，这是我们谋划工作的基本出发点。”处在这个历史交汇点上的中美两国关系，对世界和平与世界新格局形成有举足轻重的关系。中美应该建立的是互利共赢的关系。和则两利，斗则两伤。我们有一千条理由和美国搞好关系，但这不单纯决定于我们。中国有句俗话：一个巴掌拍不响。极限施压必然引起强烈的反作用力量。它只会更加凝聚中国人民维护中国特色社会主义道路的决心。这种力量的强度可能出乎始作俑者的意料。

我想起了毛泽东同志在长征途中写的《念奴娇·昆仑》。其中下阕是："而今我谓昆仑：不要这高，不要这多雪。安得倚天抽宝剑，把汝裁为三截？一截遗欧，一截赠美，一截还东国。太平世界，环球同此凉热。”那可是1935年，是红军最困难的时期。这是何等的世界观、人类观和博大胸怀！

三、坚持中国道路的“制”与“治”

“制”与“治”是一个国家的制度合理性与治理能力、执行能力的关系问题。制与治的矛盾或分裂，往往会导致制度的失败。柳宗元在《封建论》中以周朝与秦朝为例谈到“制”与“治”的得失。柳宗元说，周朝之失，“失在于制，不在于政”；秦朝的郡县制，优于周朝分封制，但在治理上，秦则“失在于政，不在于制”。秦朝的暴政治理，导致二世而亡，“人怨于下而吏畏于上，天下相合，杀守劫令而并起。咎在人怨，非郡邑之制失也”。郡县制度虽适合时代要求，但治理无方，照样不能发挥制度的优越性。

中国共产党是最善于总结自身经验和国际共产主义运动经验的。苏联社会主义的失败，启示我们要坚持和完善中国特色社会主义制度、推进国家治理体系和治理能力现代化。苏联解体，社会主义失败不是一个人或几个人的偶然作用，而是有其深刻的社会原因。恩格斯在《德国的革命和反革命》中总结革命失败教训时说，革命失败的原因“不应该从几个领袖的偶然的动机、优点、缺点、错误或变节中寻找，而应该从每个经历了震动的国家的总的社会状况和生活条件中寻找”。苏联社会主义的失败不仅失之在制，而且失之在治。苏联在列宁、斯大林时期确立了社会主义的基本经济制度和政治制度，经过几十年运转后不仅没有得到自我完善，反而遭到后继者在改革旗号下的彻底破坏。从赫鲁晓夫全盘反对斯大林开始引发的意识形态混乱，加上延续几十年的西方思想意识形态的侵蚀，社会主义的经济基础和上层建筑已经非常脆弱；苏联共产党内特权阶层的形成，使苏共脱离群众，人心丧失、思想混乱、治理无方，完全失去有效治理能力。特别是戈尔巴乔夫上台后，鼓吹新思维和取消马克思主义的指导地位，破坏了社会主义制度。苏联社会主义实践失败，失之于“制”，苏联共产党的领导地位和马克思主义的指导地位已经被取消，社会主义已经完全蜕变；也失之在“治”，长期严重脱离群众的官僚主义，使政府的威信消失殆尽。苏联社会主义的失败不是某个单一因素作用，而是西方长期和平演变和苏联内部自我演变结合的合力。可以说，既失之在“制”，也失之在“治”。

一个政党过去先进，不表明现在先进；现在先进，不表明永远先进。中国共产党最有忧患意识。国际资本主义尤其是西方霸权主义，从来没有放松过对中国的施压。从接触促变的策略到把中国确立为战略对手，采取极限施压和遏制中国发展的策略；普世价值、新自由主义、历史虚无主义等错误思潮的影响，都不容小觑。要保持中国共产党永不变质，社会主义永不变色，需要全面从严治党，永远保持中国共产党的先进性和纯洁性。不是保持十年、二十年，也不是三十年、五十年，而是代代相继。其中最重要的就是要解决“制”与“治”的问题。

中国特色社会主义制度是中国共产党和中国人民经过新中国70年，尤其是经过改革开放实践探索形成的，这是最具科学性和优越性的制度。以坚持和完善中国特色社会主义制度为根本，我国持续推进国家治理体系和治理能力现代化。党的十九届四中全会审议通过的《中共中央关于坚持和完善中国特色社会主义制度、推进国家治理体系和治理能力现代化若干重大问题的决定》，就是一个很好的例证。全会提出坚持和完善中国特色社会主义制度、推进国家治理体系和治理能力现代化的总体目标是，到我们党成立一百年时，在各方面制度更加成熟更加定型上取得明显成效；到二〇三五年，各方面制度更加完善，基本实现国家治理体系和治理能力现代化；到新中国成立一百年时，全面实现国家治理体系和治理能力现代化，使中国特色社会主义制度更加巩固、优越性充分展现。中国共产党深深懂得“天下之势不盛则衰，天下之治不进则退”的历史经验，从“制”与“治”两个方面为中国之治、为长治久安提供具有历史和现实意义的方案，为坚持中国特色社会主义道路提供制度保证。

中国以辉煌的成绩胜利庆祝新中国成立70周年，也必将以更加辉煌的成就迎接建党100周年。现实既是历史的延续又是未来走向的根基。中国特色社会主义成就越大，中国的脱贫攻坚成就越大，中国人民的生活越好，中国的改革开放越是取得伟大成就，就越是为中国特色社会主义道路的持续性和不可逆转奠定牢固的基础。任何外来势力都不可能通过施压改变中国特色社会主义道路，因为任何国家都不能改变中国历史和中国文化传统，不能改变中国现实的成就，不能改变中国近十四亿人拥护中国共产党、追求美好生活的愿望，因而也不可能改变植根于中国历史、文化、现实和人心的中国特色社会主义道路。得人心者得天下，这是天下至理，是历史屡试不爽的真理。

历史发展的总方向是上升的前进的，这是人类历史发展的总规律。中国特色社会主义道路既符合中国历史发展规律，又具有世界影响，因为它与世界人民要求消除贫困、消除两极对立，追求公平、正义、平等社会的目标是一致的。

中国特色社会主义现代化道路的生成逻辑

欧阳康（华中科技大学哲学研究所所长、博士生导师）

本文摘自《思想先声》公众号第65期

习近平新时代中国特色社会主义思想已经很明确了，但是现在要总结它的哲学逻辑，这是很难的一件事。怎么总结也没有习总书记自己讲的好，所以我认为，我们现在没有特别的必要去分析理论这一块与那一块之间的关系，重要的是看一看中国特色到底做了什么，在这里面有什么进步，这个进步对于中国有什么意义，对于人类有什么意义，然后我们在这里找到它所具有的意义，当然也就说明了习近平新时代中国特色社会主义思想所具有的意义。在这里我想在人类文明进步与中国特色道路的交汇点上，探析中国特色社会主义现代化道路的生成逻辑。实际上我们现在讲中国特色社会主义，它后面还应该有四个字，叫中国特色社会主义的现代化。现代化是我们的全部核心，因为从1978年以来，我们最根本的进步就是不再拒斥现代化而是积极加入现代化。现在全面深化改革的目标仍然是推进中国特色社会主义现代化。而且，我们未来30年的目标还是现代化，比如说党的十九大报告明确地给我们提出了未来30年两个阶段：第一个阶段社会主义现代化初步实现，基本实现；第二个阶段，那就是富强、民主、文明、和谐、美丽的社会主义现代化强国。所以我是觉得，始终不能忘现代化这个主题词，抓住了现代化才抓住了人类文明进步的方向。当然现代化现在也出现了很多问题，这些需要我们来研究。

第一个问题，何为哲学逻辑。就是我们的研究与非哲学的研究到底区别在哪里。哲学的思维区别于非哲学的思维最根本的就是它有一种至极性倾向，或它要去寻找人类文明思维发展的边界，已经到了边界的，就把它作为前提再加以追问。实际上它反映的是人类的一种本性，叫作“立足有限，追寻无限”，而最终能够达到的就是极限。但是每一个时刻，每一个人群，每一个阶段，它所达到的极限是不一样的，这个极限，总是哲学思维不断地要去探索和追寻的。所以从这个意义上来看，我们今天来讲哲学的逻辑实际上就是要帮助我们去认识这个思想、这个文明、这个人群，甚至是人类今天已经达到的思想的、理论的和实践的边界。把这个边界找清楚，我们就知道我们在这个过程中做了一些什么工作，还有一些什么样的问题，下一步向哪个方向去走，这实际上是一个方法论的前提。如果从这个角度来看，习近平新时代中国特色社会主义思想，最重要的就是找到它在人类思想文明史上所提出的超越了过去的所有的思想的不同的要素、不同的理论、不同的观点、不同的体系，甚至构成了一个总体的格局。不管是学术的、学科的，还是话语，就是要找出我们的新东西、新的超越。但是，这个新又不是完全、全新的，它是在人类文明已有的基础上逐渐地通过传承与创新而获得的。

第二个问题，就是如何看待关于当前中国的两种说法，这涉及人们谈到的历史终结论和文明冲突论。我认为不是中国道路已经终结了历史终结论，而是中国道路正在挑战历史终结论，因为还处在这个过程中，现在因为整个的历史还在发展过程中，福山最后说中国也许真的构成了对历史终结论的一种挑战，但是它有两个前提：第一个前提，我们真的化解了压力，第二个前提，我们继续获得稳定和发展，只有这样才有可能形成一种终结。所以我们不要把福山的这个话看得太绝对，我们要看到这两个前提，因此不是我们已经完成了这个过程，而是我们还处在这个过程中，甚至我们能不能够终结它，还要看我们未来的行动。所以从这个角度来看，无论是历史终结论还是文明冲突论，实际上都是需要我们来认真加以研究的。文明冲突论很明显不能说是空穴来风，从亨廷顿提出来以后，我们一直就在讨论，最近引起我们实质性关注的是把当前中美的差异变成了一种文明的冲突。这实际上变成了一种谁代表人类文明未来状态、未来形态、未来前景、未来可能性的较量，所以在这样两个理论的背后当然还包括所谓中国威胁论。当然这里面不乏美国的绝对安全观等，但是，毕竟中国和世界的力量对比已经发生了很深刻的变化，而且这样一种变化的背后实际上是要求我们对中国问题有一个更加清晰的认识，我们既不要夸大，也不要缩小，我们既不要菲薄，也不要自傲，要保持一个比较清醒的状态。所以今天我们来讨论中国问题，一定要把它放在与世界的关系中看。从至极性思维的角度看，人类现在到了一个自我认识的关键时刻。即需要重新认识道路，无论是特朗普的这个“美国再次伟大”，还是英国的“脱欧”，还是欧盟面临的困境，其实都是重新选择一种道路，所以从这个角度来看，今天的所有思想理论的纷争，其实就是道路的纷争，都是我们在实践中出了很多问题，需要构建一条新的道路，或者探索一种可能的、更好的道路。

第三个问题，就是如何看待中国道路对于人类现代化的超越。我们改革开放以来最大的进步就是现代化，而且我们从现代化中获益。邓小平同志提出三个面向——面向世界、面向现代化、面向未来，让中国走进了经济全球化，而且获得了如此巨大的发展。但是，我们始终没有认真去研究什么叫现代化。现代化并不像我们原来想的那么简单，我们过去讲得比较多的就是工业、农业、科技、国防，后来我发现现代化其实有非常丰富的内涵。我自己在很多年以前，就曾经把它概括为“六化”，而且这六化到现在为止都非常有意义。第一化叫理性化。理性化其实就是以“解放思想”开头的这样一种近代思想运动。从文艺复兴一直到西方资本主义，包括空想社会主义，包括各种形式的资本主义的理论。第二化是工业化。工业化其实就是一种现代化的大生产，尤其是以分工和合作这样一个机构和体系建立起来的，每个人的能力片面地高度发展，又通过一条有机的生产链而建构起来的高度发展的全面的生产体系。第三化是市场化。有了工业化就一定要有大市场，当年的航海贸易就是国际贸易。有了市场就一定会有大都市，都市变成了公共社会服务和公共社会生活的一个基本点，这就有了现代化的大都市。第四化即都市化。都市化是近代以来人类文明最重要的进步，在这个过程中我们有了铁路、有了飞机。第五化是民主化。如果没有了民主政治，人类文明不能想象怎么样来整合人群。还需要有第六化，就是法治化。民主和法治永远内在相关，如果没有了民主，那么我们的法治就基本上无法真正地去落实。但是如果仅仅有民主，那可能法治也不行，它就有可能变成一种极端个人主义，而且法治也是如此，所以它们之间内在地交织。我们过去对现代化的认识长期是片面的，现在我们逐渐地达到了一种比较全面的认识。

另外，我们还要重视现代化的价值二重性的问题。为什么改革开放以来，我们现代化取得了巨大的进步，但社会也出现了一些问题。其实我们忽略了现代化的这“六化”背后作为当年的资本主义的原初形态的东西，它们都有自己的毛病。比如说，强调了理性，可能就会忽略人们的非理性，那就变成了所谓“单向度的人”；强调了工业化，可能就会有单一化；强调了市场化，可能就会崇拜金钱；强调了都市化，可能就会真正地遇到各种形式的都市病；单纯的民主也会导致极端个人主义的演化，很多人都已经提出了质疑，单纯的民主不一定是人类文明的，但是一定和法治相关联；但是强调法治呢，其实有很大可能只是一种形式公正，而缺少实质公正。所以我们过去长期以来对现代化，首先是对它的本来意义就认识不清，其次对它的可能的负面效应认识不清，由此我们就可能在现代化中出现很多的问题。在这样的背景下，我们中国又走过了一条在这几百年来的现代化历程中与迄今为止的所有模式不同的道路。我认为迄今为止，现代化道路一共五种模式。一个就是当年的西欧模式。从葡萄牙开始，最后比较标志性的当然是英国模式，它形成了自由主义经济。其次是北欧模式。后来的比较经典的是美国模式，美国模式其实超越了西欧的模式。后来又产生了苏东模式，苏东模式最大的特点就是他们也曾经搞现代化，而且一度还搞得不错，但是最大的问题就是想在大一统的经济基础上来搞现代化。那么接下来是东亚模式，李光耀、马哈迪尔，包括我们通常讲的所谓“四小龙”“四小虎”，他们强调我们东亚的现代化。西欧、北美的现代化最大的特点就是三个要素：市场经济、议会民主再加上新教伦理。东亚不一样，东亚是市场经济再加上中央集权再加上儒家伦理。把儒家伦理凸显出来了，所以亨廷顿说21世纪文明冲突，中华文明尤其是儒家文明将要扮演主要的角色。这五种模式其实我们都学了，不管是原初的还是后来的，但是我们不是任何模式的简单照搬。不照搬最大的优势就是，我们在这一个过程中又保持了社会主义的因素。所以我们这“六化”里面，在理性化上中国也经历了一场深刻的思想解放，这就是我们哲学看到的实践是检验真理的唯一标准，我们不是资本主义的解放，我们是社会主义、马克思主义指引下的解放。我们坚持了工业化和市场化。而且通过市场、都市、民主、法治的全面构建，中国特色社会主义现代化道路就越走越宽了。

第四个问题，就是如何看待对于社会主义的传承与发展。我们中国特色社会主义现代化最大的好处就是把人类文明迄今为止的这些好东西都整合起来了。我们过去认为社会主义有三个核心要素：公有制、计划经济、按劳分配，当然还有无产阶级专政的政权。邓小平同志当年为什么说既要改革开放，又要坚持四项基本原则。其实他是保持了一个非常好的平衡，但在我们实践中间会有一些摇摆，我们对这个问题后来逐渐达成了比较清醒的认识，比如说原来讲的公有制这个问题。实际上从列宁开始大家就有一个重要的东西叫“新经济政策”，就是由于社会主义是产生在不发达的资本主义国家，没有先进的生产力，没有成熟的无产阶级，也没有大的公有制的物质基础，社会主义国家一开始面临的问题就是一个贫穷落后的国家，在这种条件下列宁当时采取了“新经济政策”，毛泽东同志采取了土地所有制改造、城市工商业所有制改造，后来出了一些问题。在邓小平同志的带领下我们有一个重大的转变：公有制的改变。公有制保持主导地位，但是我们并没有单一公有制，我们让多种所有制并存，中国的所有制已经是世界上最多的。无论是从公有的内部来看还是从私有的内部来看，民营的、外资的、合资的、独资的，尤其是现在讲的混合所有制。这是一种非常奇妙的结合，而且这个东西在世界上从来没有哪个国家把它结合起来了。这就使得我们有所有国家不具备的优势，我们拥有所有国家不具备的活力。再比如计划和市场的问题，这也是非常神奇的一个结合。原来我们都认为，社会主义就是计划经济，结果我们把市场搞起来了。这个对于西方资本主义来说简直是天方夜谭，从来没有想到过的事情，结果我们一路走来，而且居然没有出现重大的问题，当然其中的跌跌撞撞是不断的。但是我们总体上实现了一个市场和政府的结合，但是这个问题直到现在我们也没有完全解决，比如说党的十八届三中全会以来明确地提出就是发挥市场的决定性作用，原来我们讲基础性作用，现在叫决定性作用。什么叫决定性作用，还要不要政府，政府的作用在哪里，核心的问题还是政府要发挥好作用，但是政府作用只能适度发挥。什么叫适度发挥？这就是智慧了。再如按劳分配的问题。现在很明显中国的分配形式是最多的，按劳的、按资的、按所有制的等，就是只要你能创造社会财富，你就获得一份你的回报，这是一个好社会应该有的东西。但是它其实也给我们很大挑战，因为所有这些其实难以组合成一个有机的国家治理体系，把这么多东西整合进来了以后，如何实现一种真正意义上的有机组合？这是当前我们说的不平衡不充分问题。中国学术不能走向自娱自乐、自言自语、自我欣赏，最后学术不关心社会，社会一定会把学术抛弃。所以做哲学、做学术，一定要关心实践、走进实践。

中国道路的内生逻辑及世界历史意义

董振华（中央党校哲学教研部副主任、博士生导师）

本文摘自2020年4月17日《学习时报》

中国特色社会主义道路是实现我国社会主义现代化和创造人民美好生活的必由之路。新中国成立70多年来，我国发展创造了世所罕见的奇迹，不仅令国人振奋，也让世界瞩目。坚持走适合自己国情的发展道路，正是我们取得辉煌成就的一个根本原因。中国道路之所以管用，是因为它坚守了马克思主义的道统、汲取了传统文化的智慧、遵循了人类社会发展的一般规律，因而使其跨越了时空局限性，具有了共性因素，被赋予了世界意义和历史意义。

一、中国道路坚守了马克思主义的根本道统

所谓道统，即一种文化或者理论所坚守的本质和灵魂。马克思主义的道统，就是贯穿其始终的立场观点方法。其中最核心的要素有两点：一是实践的观点，二是实现全人类的解放的价值追求。一方面，实践的观点是马克思主义首要的、基本的观点，正如马克思所指出的，哲学家们只是用不同的方式解释世界，问题在于改变世界。马克思正是基于实践观点，打通了主体与客体、事实与价值、有限与无限的彼此对立，实现了哲学史上的伟大革命，创立了唯物史观，引领人民不断改造世界。另一方面，马克思、恩格斯指出，无产阶级的运动是绝大多数人的，为绝大多数人谋利益的独立的运动。马克思主义第一次创立了人民实现自身解放的思想体系，深刻揭示出人民是历史的创造者，指明了人的自由全面发展的光明前景。

马克思主义是普遍的、一般性的思想原则，而社会主义则是具体的、生动的现实存在。马克思主义作为指导人类解放的科学理论体系，其创始人在确立科学社会主义原则的基础上，为实现共产主义理想提供了科学的论证。在马克思主义经典作家看来，共产主义作为一种旨向人类解放的革命性实

践，是一种不断超越现存的现实的历史运动，社会主义正是共产主义运动过程中的一个阶段。中国共产党自成立以来，就把马克思主义这一科学理论作为自己的指导思想，并始终不渝地遵循。中国道路的开辟和拓展，正是我们党在实践基础上对马克思主义继承和创新的结果，是我们坚守马克思主义道统的生动体现。中国道路坚持的是社会主义而不是其他什么主义，这是中国道路最鲜明的政治底色。

正是因为搞得懂中国道路的道统，我们在发展过程中才能够万变不离其宗，在坚守马克思主义道统的基础上，紧紧依靠人民，立足于建设中国特色社会主义的实践基础，实现了将马克思主义普遍原理与中国具体实际相结合的伟大创造，不断与时俱进，提出新的思路、新的战略和新的举措。也正是因为搞得懂中国道路的道统，我们才能在更深刻地理解马克思主义的科学性和价值性的基础上，更加坚信中国道路所蕴含的真理力量和道义力量，才能够紧紧抓住中国道路的成功密码，从而使中国道路不仅立足于现实而且指向未来，具有了历史意义。

二、中国道路汲取了文化传统中的中国智慧

《周易》有言，形而上者谓之道，形而下者谓之器。中国经验、中国道路、中国方案都是“器”，归根结底是源于中国智慧的“道”。每一个国家和民族的历史文化传统不同，面临的形势和任务不同，人民的需要和要求不同，他们谋求发展造福人民的具体路径当然可以不同，也必须不同。正如马克思所指出的，人们自己创造自己的历史，但是他们并不是随心所欲地创造，并不是在他们自己选定的条件下创造，而是在直接碰到的、既定的、从过去承继下来的条件下创造。中国道路的开辟充分汲取了中华优秀传统文化的智慧，给世界提供了中国气派和中国风格的思维方式。

中华优秀传统文化主张天人合一、心物不二、求同存异。这些思维理念在中国道路中得到了充分体现。中国道路主张合作共赢，共同发展才是真的发展，中国在发展过程中始终坚持互惠互利的原则，欢迎其他国家搭乘中国发展的“便车”。中国道路主张文明交流，一花独放不是春，世界正是因多彩

而美丽，中国在国际舞台上坚持文明平等交流互鉴，反对文明冲突论，提倡和而不同、兼收并蓄的理念，致力于世界不同文明之间的沟通对话。中国道路反对国强必霸，中国道路不是称霸世界的道路，中国人民的文化中也没有霸权主义的基因，中国从来不干涉他国内政，坚决主张主权国家独立自主。

三、中国道路遵循了人类社会发展的一般规律

马克思主义创造性地揭示了人类社会发展规律，在唯物史观和剩余价值学说“两大发现”的基础上，得出了“两个必然”和“两个决不会”的科学论断。历史规律具有不以人的意志为转移的客观性，只有遵循历史规律，才能够顺利实现社会发展。中国道路正是遵循共产党执政规律、社会主义建设规律、人类社会发展规律进行的有益探索。

中国道路始终指向“两个必然”所揭示的人类社会发展规律的历史趋势。马克思主义的坚定信仰和共产主义远大理想，是共产党人的政治灵魂。习近平总书记在纪念马克思诞辰200周年大会上的讲话中指出：“我们要全面掌握辩证唯物主义和历史唯物主义的世界观和方法论，深刻认识实现共产主义是由一个一个阶段性目标逐步达成的历史过程，把共产主义远大理想同中国特色社会主义共同理想统一起来、同我们正在做的事情统一起来，坚定中国特色社会主义道路自信、理论自信、制度自信、文化自信，坚守共产党人的理想信念，像马克思那样，为共产主义奋斗终身。”中国特色社会主义是立足于我国所处的社会主义初级阶段的基本国情走出来的，坚定中国特色社会主义道路自信是坚持共产主义远大理想的现实体现。中国道路具有鲜明的未来指向，指引着我们不断超越现在，立足于现实而向往未来。

中国道路始终遵循“两个决不会”所揭示的社会发展规律，坚持解放和发展社会生产力。马克思在《〈政治经济学批判〉序言》中强调：“无论哪一个社会形态，在它所能容纳的全部生产力发挥出来以前，是决不会灭亡的；而新的更高的生产关系，在它的物质存在条件在旧社会的胎胞里成熟以前，是决不会出现的。”正是基于对社会基本矛盾运动规律的深刻把握，我们坚持以经济建设为中心，坚持四项基本原则，坚持改革开放，不断解放和发展生产力，实现了中国经

济社会的飞速发展，实现了人民生活水平的不断提高，极大推动了中华民族从站起来到富起来再到强起来的伟大飞跃。改革是解放和发展生产力的必然要求。我们坚持科学的方法论，以极大的勇气和智慧全面深化改革，坚决破除一切不合时宜的思想观念和体制机制障碍，不断推动我国国家治理体系和治理能力现代化。

四、中国道路具有了现代化路径的世界意义

中国道路的意义早已超出了当代中国具有地域性的特殊性，而且在当今世界具有普遍规律性，从而为别的国家和民族选择适合自己的发展道路提供了参考，因而具有了世界意义。党的十九大报告指出，中国特色社会主义进入新时代，这意味着中国特色社会主义道路、理论、制度、文化不断发展，拓展了发展中国家走向现代化的途径，给世界上那些既希望加快发展又希望保持自身独立性的国家和民族提供了全新选择，为解决人类问题贡献了中国智慧和中国方案。

中国道路打破了西方发展路径“唯一正确”的神话。长期以来，西方国家发展模式展示了其强大的硬实力和软实力，妄自宣称其是唯一正确的发展路径，并强迫其他国家照搬照抄这一模式。但事实却是这套模式与许多国家的国情不相符合，结果不仅没能取得发展进步，反而带来了混乱和灾难。实际上，世界是多向度发展的，世界历史更不是单线式前进的。中国道路不仅带来了经济的高速发展，还带来了稳定的社会秩序和人民安居乐业。特别是在全球经济增长乏力的背景下，中国经济一枝独秀。与此同时，中国积极承担国际责任，树立起了负责任大国形象。这种种表现，都使得中国道路越来越受到国际社会的关注，越来越受到世界的广泛认同。

中国道路的出现鼓舞了其他发展中国家探索适合自身发展道路的积极性。道路决定命运，选择什么样的发展道路关乎一个国家的发展前途。中国道路的成功实践说明，只有适合自己的发展道路才是最好的道路。中国道路是中国人民千辛万苦在实践中探索出来的适合自身的道路。广大发展中国家也要在实践中积极进行探索，既要充分考虑自身现实经济基础、发展目标愿景、历史文化传统，也要注重听取人民意愿、尊重人民选择，才能实现独立自主、发展进步和人民幸福。

五、中国道路昭示了人类未来的共同命运

当前，全球化趋势不断加深，人类正越来越成为一个利益攸关的命运共同体，没有哪个国家能够独自应对人类面临的各种挑战，也没有哪个国家能够退回到自我封闭的孤岛。当今中国正致力于推动构建人类命运共同体，中国道路的成功也彰显了构建人类命运共同体的必要性。中国道路取得的成就不仅得益于自身的努力，也得益于良好的外部环境。中国道路既是命运共同体的受益方，也是命运共同体的推动者。

和平与发展仍然是当今世界的主题。中国道路正是和平发展的道路，昭示着人类和平发展的共同期盼。中国道路高举和平、发展、合作、共赢的旗帜，呼吁建设持久和平、普遍安全、共同繁荣、开放包容、清洁美丽的世界。中国道路之所以能够得到世界范围的广泛关注，很大程度上是因为其所构建的美好愿景与世界人民的未来期盼相一致。中国的发展不是掠夺式、侵略式的积累，从来不以牺牲他国的利益为代价。中国始终坚持正确义利观，积极扩大同各国的利益交汇点，是世界合作发展的积极推动者和重要贡献者。

中国秉持共商共建共享的全球治理观，推动了全球治理体系的改革和建设。随着世界各国之间经贸和人文往来的不断深入，已经没有哪个国家可以完全独善其身，一个国家存在的发展问题越来越有可能演变为世界性的问题，解决问题单靠一个国家的力量已经远远不够，更加需要全球性的通力合作。中国在实现自身发展的同时还积极承担国际责任，为解决世界性议题贡献自己的力量。开放才能互联互通，人类命运是在开放中紧密相连的，中国道路是开放发展的道路，中国不断扩大对外开放，积极投入到国际事务中去，推动建设了开放型的世界经济。

和平、发展、共享、开放，这些既是中国道路坚持的发展理念，也是中国道路为人类发展贡献的中国智慧。世界人民唯有坚持合作共赢、守望相助，积极构建人类命运共同体，才能更好地把握自身命运，共同创造人类美好的未来。

社会文化结构特点与中国道路选择

邴　正（吉林大学校务委员会原副主任、东北振兴发展研究院院长，教授，哲学博士）

本文摘自《江海学刊》2020年第2期

现代化是工业文明发展推动的全球性浪潮，我们为什么要考虑中国道路的特殊性？为什么中国进入现代化，一定要走自己的道路？东亚的国家在现代化来临之前都是农业国家。日本和韩国也是从农业社会进入工业社会，他们大体上选择了学习西方资本主义现代化的道路，当然也保留了儒家文化的一些特点。为什么我们要强调中国特色？仅用人口众多、一穷二白，不能完全说明问题。我认为需要从社会结构、文化结构入手，探索中国社会发展的特殊性。

一

中国社会结构的特殊性，如果总结起来，叫作多元结构。英国的汉学家马丁·雅克在《了解中国的崛起》的讲演中说："为什么西方帝国总是在昙花一现之后就灰飞烟灭，而中国能得以永远传承？中国其实是一个文明，但是他却'伪装'成了一个国家的存在。这样我们就很容易理解为什么西方帝国衰败后就再无崛起的可能而中国总是能不断地复兴。这是因为中国本身就是一种文明！文明没有出现断层，国家兴衰只不过是一个摔倒再站起来的动作而已。"

中国的社会结构具有四大特点：

第一，超大型的社会结构。从规模上看，中国相当于一个洲，而不仅仅是一个国。与欧洲相比，中国国土面积960万平方公里，欧洲面积1060万平方公里；中国人口14亿，欧洲人口7.4亿；中国政区34个，欧洲国家50个；2019年GDP总量，中国超14万亿美元，欧盟约19万亿美元。考虑土地面积、人口规模等综合因素，与中国类似的国家有美国、俄罗斯、巴西等。如果综合经济、政治、文化、社会等各方面因素，这些国家发展水平、发展模式和社会结构各有其自身特点和问题。

第二，多民族的社会结构。全世界比中国民族数量多的国家有印度尼西亚、刚果、尼日利亚、俄罗斯、印度和菲律宾，中国排第七。如果考虑现代民族的综合标准，印度尼西亚、刚果、尼日利亚和菲律宾的许多民族尚属于部族。与中国类似的国家只有俄罗斯和印度。据外交部网站刊载，截至2019年1月，美国非拉美裔白人约占62.1%，拉美裔约占17.4%，非洲裔约占13.2%，亚裔约占5.4%，混血约占2.5%，印第安人和阿拉斯加原住民约占1.2%，夏威夷原住民或其他太平洋岛民约占0.2%（少部分人在其他族群内被重复统计）。但美国是移民国家，拉美裔白人、黑人、亚裔来自亚非拉等许多民族，都没有传统的集聚地。

第三，内部差距大的社会结构。一是城乡发展不协调。2019年全国居民人均可支配收入30733元，城镇居民人均可支配收入42359元，农村居民人均可支配收入16021元，城乡收入差距约2.6倍。二是区域发展不协调。2019年各地区人均生产总值第1名北京市约为16.4万元，第15名辽宁省为5.7万元，第31名甘肃省约为3.3万元，三者比例为5：1.7：1。省区第1名（全国第3名）江苏省12.4万元，与辽宁省和甘肃省相比约为3.7：1.7：1。美国2017年50个统计区中，第1名哥伦比亚特区人均生产总值约为18万美元，第25名罗德岛州人均生产总值约为5万美元，第51名密西西比州人均生产总值约为3万美元，三者比例为5：1.5：1。第2名纽约州人均生产总值约为7万美元，与后两者相比为2：1.5：1，整体差距比较平稳，呈现匀速递减趋势。

第四，多重跨越的社会结构。当代中国社会发展正经历从农业社会到工业社会，从工业社会到信息社会，从计划经济到市场经济，从全面建成小康社会到把中国建成社会主义现代化强国的社会跨越。中国不但是多种经济成分并存，而且是多种社会发展阶段并存。这是中国社会的一个突出特点。

二

所谓文化的多元复合性是指任何一种现代文化都是在传播的过程中融合而生成的，是多元文化要素层层叠加、不断累进的。原有的文化作为痕迹都会在后来的文化中存在，不会被完全擦掉。

中国文化的形成过程是多元复合的过程。我国著名考古学家苏秉琦先生提出了中国文化形成的“满天星斗说”。他认为我国数以千计的新石器遗址可以分为六大板块，一是以仰韶文化为代表的中原文化，也就是传统意义上作为中心的黄河文化；二是以泰山地区大汶口文化为代表的山东、苏北、豫东地区的文化，其突出特点是不同于仰韶红陶文化的黑陶文化；三是湖北及其相邻地区，其代表是巴蜀文化和楚文化；四是长江下游地区，最具代表性的是浙江余姚的河姆渡文化；五是西南地区，从江西的鄱阳湖到广东的珠江三角洲；六是从陇东到河套再到辽西的长城以北地区，最具代表性的是内蒙古赤峰的红山文化和甘肃的大河湾文化。他创造性地提出了中国国家起源发展阶段的三部曲，即古国—方国—帝国，以及发展模式的三类型：原生型、次生型与续生型。依据他的结论，所谓正统的中原文明，其实并不是在中原土生土长的，而是来源于北方草原。它或许只是北方草原文明的一个支系而已[①]。吉林大学的历史学家张博泉先生提出了中华一体论，阐述了中华文化发展的多元一体性。他认为中国的中华一体认识经过前天下一体（春秋战国）、天下一体（秦汉魏晋）、前中华一体（南北朝隋唐）、中华一体（宋元明清）的发展过程，最终形成了包括东夷、南蛮、西戎、北狄和华夏在内的中华一体的中华民族整体意识[②]。

依据张博泉先生的观点，中华一体不是中原王朝简单的扩展过程，而是一个不断包容、融合其他民族的多元一体的历史进程。前天下一体时代即春秋战国时代，既是周天子分封列国之间的兼并过程，也是商周民族集团、东夷（如徐夷、淮夷、莱夷、明夷、嵎夷、孤竹、令支等）、北狄（中山、娄烦、屠何等）、西戎（氐、羌、绵诸、邽、冀、獂、义渠等）、南蛮（巴蜀、

---

① 苏秉琦：《中华文明起源新探》，生活·读书·新知三联书店，2000。

② 张博泉：《“中华一体”论》，《吉林大学社会科学学报》1986年第5期。

吴越等）融合的过程。这一融合过程主要发生在与中原华夏民族接壤或犬牙交错的地域，处于中华文化统一体系形成的过程中，也奠定了中华多元地域文化形成的人类学基础。

天下一体时代即秦汉魏晋时代。随秦汉统一王朝的建立，闽浙、粤桂、辽东、交趾、云贵、河套、河西走廊、西域等地相继纳入中国版图，百越、西南夷、东胡、乌桓、匈奴、西域诸胡等始与中原民族融合或接受中原文化影响。这一融合过程不但发生在与中原接壤或犬牙交错的地域，而且扩大到近现代中国版图的大部分地区，甚至有所超出，促进了中华文化统一体系的基本形成。

前中华一体时代即南北朝隋唐时代。这一时代的转折点是五胡乱华，即匈奴、鲜卑、羯、氐、羌等少数民族进入中原，形成了长期的地方政权割据，推动了各民族冲突与融合，并扩大了中国与世界的经济文化交流。这一时期的冲突与融合，改变了传统的华夷界限，许多汉族以外的地方政权纷纷登场，甚至与汉族政权平分秋色，形成了前所未有的多元文化格局。

中华一体时代即宋元明清时代。这一时代的特点是北方游牧渔猎民族不但长期建立与中原王朝并存的强大对峙性政权（辽、金），而且建立了统一全中国的封建王朝（元、清）。用传统的狭隘的华夷观念已经不能包容改变了的中国，因此代之以“中华民族”这一新的观念来概括包括中国各民族多元一体的新的文化格局。

综上所述，中国文化多元复合性结构的文化特征，主要体现为游牧和农耕的二元对立的依存结构。如果以华夏加上四夷这种文化结构看，主要是农耕文化和游牧文化的融合。我们长期强调农耕文化，忽略了游牧文化对中原文化的影响。实际上双方虽然长期存在军事冲突与对抗，但同时也存在着经济上的依存关系。中原的农耕文化主要生产工具是马牛等牲畜。只有马匹才能解决交通，只有牛和马才能解决耕作，所以说我们需要游牧民族。同时游牧民族的食物单一、经济结构单一，他们需要纺织品、盐和茶，这些主要由中原来供应。这种游牧和农耕的二元对立和依存形成了中国古代政治制度的中央集权、超级军备、大一统国家三大特征。中原的常备军如果要抵抗游牧民族的话，总数大致要达到一百万左右，这就需要国家的统一。因为如果没有统一庞大的人口作基础，就没有强大的兵源，也就不可能抵抗几十万的骑兵。强大的军事力量需要一个全国统一的强有力的中央政权，以控制和平衡周边的游牧民族，形成稳定的社会结构。

在此基础上，形成了既强调华夷区别又暗含包容蛮夷于华夏之中的中国文化多元复合的精神文化特征。一是华夷互变的文化复合论。孔子曰："夷狄之有君，不如诸夏之亡也。"韩愈曰："孔子之作《春秋》也，诸侯用夷礼则夷之，夷而进于中国则中国之。"孔子删诗书，编春秋，以周礼为标准，别华夏夷狄，可视为中华民族最早的文化自觉。从此，古代中国识别民族的标准，不是种族，而是文化。华夏和夷狄之间可以互变，关键看是否遵守以周礼为代表的文化与社会秩序。二是天下一家的文化依存论。在中国传统文化视域下，家是社会最基本的社会单位，从个人与世界的发展进程看，修身齐家治国平天下，个人扩大为家庭，家庭扩大为家族，家族扩大为国家，国家扩大为天下，家放大即国，国缩小即家，家国一体。中国与世界的关系则为"四海之内皆兄弟"。在文化圈不断扩大的过程中，华夏与蛮夷的边界是可以融合、互相依存的。三是和而不同的文化包容论。孔子曰："君子和而不同，小人同而不和。君子周而不比，小人比而不周。"中国传统文化承认文化的多样性，用海纳百川的境界包容不同文化。

三

费孝通先生提出了中华民族多元一体格局论。他认为："中华民族作为一个自觉的民族实体，是在近百年来中国和西方列强对抗中出现的，但作为一个自在的民族实体则是几千年的历史过程所形成的。我这篇论文将回溯中华民族多元一体格局的形成过程。它的主流是由许许多多分散孤立存在的民族单位，经过接触、混杂、联结和融合，同时也有分裂和消亡，形成一个你来我去、我来你去，我中有你、你中有我，而又各具个性的多元统一体。……成为一个自在的民族实体，经过民族自觉而称为中华民族。"[①]

① 费孝通：《中华民族多元一体格局》，中央民族大学出版社，2018，第17页。

马克思主义认为，文化差异是不同社会发展条件和发展历程的产物。不同的生产方式形成不同文化的经济基础，不同文化之间的差异是始终存在的。文化差异既是历史差异、民族差异，也是文化多样性的体现。文化的统一性与文化的多样性的矛盾，恰恰是文化发展的原因和动力。就性质而言，文化是经济基础之上的上层建筑，其基本特征、发展规律受制于生产方式的水平。马克思、恩格斯在《德意志意识形态》中说："他们是什么样的，这同他们的生产是一致的——既和他们生产什么一致，又和他们怎样生产一致。因而，个人是什么样的，这取决于他们进行生产的物质条件。"[①]这既是文化统一性的基础，也是文化多样性的根源。同时，文化作为上层建筑，又有其相对独立性。不同的环境与生产条件，中国古代各民族不同的发展历史，形成了丰富多彩的文化差异，形成了中国文化的差异性和多样性，为不同文化取长补短、互鉴互通提供了多样化发展的可能性。

文化的不同会影响社会差异，但并不是造成社会冲突的根本原因。社会冲突的根源在于不同社会集团的利益冲突，文化矛盾是利益冲突的反映。正因为如此，文化矛盾可以是社会冲突的导火索，也可以是缓和与化解社会冲突的融合剂。

中国的多元社会结构和多元文化精神，是我们在全球化时代推动人类命运共同体构建的社会文化基础，也是我们坚持走中国特色社会主义道路的社会文化基础。在中华民族多元一体的发展过程中，中华文明与世界其他文明也在不断碰撞、交流、融合。目前，世界正处于大发展、大变革和大调整时期，人类社会发展呈现出世界多极化、经济全球化、社会信息化、文化多样化的时代特征。习近平总书记在党的十九大报告中提出，坚持和平发展道路，推动构建人类命运共同体，要尊重世界文明多样性，以文明交流超越文明隔阂、文明互鉴超越文明冲突、文明共存超越文明优越。

人类命运共同体的文化观是体现全球化要求的多元复合性的文化观。文化的多元复合性是指民族国家时代的文化是创造继承与传播交流复合而成的统一整体，是内在多样性与外在多样性的双重复合体。天下一家的文化依存

---

① 《马克思恩格斯全集》第三卷，人民出版社，1972，第24页。

论、和而不同的文化包容论、华夷互变的文化复合论，是中国文化多元复合性的显著特征。中国文化是在历史长河中不断交流、借鉴，融合不同民族、不同国家文化而形成的多元复合性文化，有着悠久丰富的文化包容性和亲和性，自身适应面向构建人类命运共同体的历史进程。四十年来中国特色社会主义市场经济改革的成功，已经充分证明中国在包容、吸收世界其他国家发展经验、技术和文化方面的广阔文化胸怀和巨大融合潜力。习近平总书记关于文化交流互鉴的重要论述，是习近平新时代中国特色社会主义思想的重要组成部分，丰富发展了马克思主义文化理论，为我们在新时代推动中国文化繁荣发展，构建人类命运共同体指明了方向。

中华文明塑造中国道路

潘 岳（中央统战部副部长，国务院侨务办公室主任）

本文摘自2019年11月1日《环球时报》

道路决定命运，文化传统决定道路选择。数千年来，中华文明塑造了中国特色社会主义道路的文明根性。而中华文明的核心要义是大一统。

一、大一统的几个方面

从中国历史上来看，大一统包含几个方面：

一是中央集权的政治制度。郡县制确保中央权力可以在基层运行，解决央地离心倾向；科举制打破阶层固化，开放国家权力和治理体系；文官制保证王权与士大夫集团共治天下；乡绅制反映朝野协同共治基层。因为大一统传统，中国创造了世界唯一不中断的“分久必合”的中国奇迹。

二是以文化认同塑造民族认同。是否是中华民族一员，不是靠种族，不是靠地缘，不是靠宗教，而是靠文化。历史上，任何一个少数民族政权定鼎中原，都主动选择继承发展中华文明大一统体系。例如元朝创造了中央集权制度中的“行省制”，清朝创造了包括西藏、新疆在内的多民族边疆治理体系。正因为大一统民族之道，中华文明不是西方意义上的现代民族国家，更不是西方意义上的帝国霸权，而是“多元一体”的中华民族共同体。

三是中华文明永远开放包容。中华文明从未拒绝过任何一种外来文化，也从来不宣称自己已经进化到了历史的终点。任何一种宗教和文化进入中国，都会自觉不自觉地淡化非此即彼的排他性，因为多元和包容是中华文明的又一核心价值。

四是协和万邦的世界秩序。中华文明崇尚“美人之美，美美与共”，主张和合共生、互利共赢。历史上中国在国力世界第一时也没有像西方帝国那样进行对外军事征服，没有靠殖民主义，没有派任何儒生去国外强行进行文化输出。所谓的朝贡体系也主要是礼尚往来。

历史上中国作为超大规模国家的战争烈度，远远超过西方；因政治分立造成的战争死亡和痛苦，也远远超过西方。正是这个巨大的代价，从历史源头塑造了中华文明的政治观。超大规模的政治体，如果没有大一统体系，将会产生超大规模的人道主义危机。稳定与秩序，是中国人的第一政治，亦是中国人的集体经验，任何政治理论都无法动摇。

二、根植于马克思主义与中华文明的中国道路

常有西方朋友问我，什么是中国特色社会主义？我说，实质意义就是社会主义与中华文明紧密结合，也就是马克思主义中国化。中华文明是马克思主义落地生根的文化土壤，马克思主义是中华文明现代转型的关键动力，中国共产党将两者深度结合。

基于中华文明政治一统思想，我们将马克思主义国家理论中国化为中国特色国家治理体系和治理能力。通过民族区域自治，不同民族和谐共处；通过“一国两制”，不同制度并行共处；通过央地统合，发挥中央统筹和地方积极性；通过大统战，促进阶层统合与人心凝聚。

基于中华文明社会结构，我们将马克思主义无产阶级专政理论中国化为“人民民主专政”。新中国的政权基础不仅是工人阶级，而且还包括工农联盟、民族资产阶级和小资产阶级在内的四万万同胞。

基于中华文明协商共治传统，我们将马克思主义民主理论中国化为中国特色民主政治实践。协商民主与选举民主有机结合，一党执政与多党参政有机结合，既代表直接利益，更代表根本利益，不断实践实质民主。

基于中华文明经济治理传统，我们将马克思主义公有制理论、列宁的新经济政策中国化为混合所有制经济制度。将社会主义与市场经济相结合，在公有制为主体的前提下，多种所有制经济共同发展，国有企业和民营企业都是自己人。

基于中华文明天人合一思想，我们将马克思主义生态观中国化为社会主义生态文明。中国不走西方依靠战争和殖民而完成原始积累的工业化老路。我们依靠社会主义体制的力量，不仅能避免资本主义唯利是图导致的生态危机，还能进行更高效的环境治理以实现社会公平正义。

基于中华文明政教传统，我们将马克思主义宗教观中国化为中国特色新型政教关系。关键是立足“政主教从，多元通和”的历史经验，推进宗教和谐宽容。

基于中华文明民族治理体系，我们将马克思主义民族观中国化为中国特色解决民族问题之路。中国既不会通过削弱多样性来强化国家认同，也不会因为要保持多样性而削弱国家认同。民族区域自治制度不是强化民族间的特殊性和差异性，而是以特殊优惠政策调动各民族积极性，为中华民族共同体添砖加瓦。

基于中华文明贤能政治传统，我们将马克思主义先锋队理论中国化为“三个先锋队”。中国共产党既是工人阶级先锋队，又是中国人民和中华民族先锋队，是民族性与阶级性的有机统一。我们不是少部分人的利益代表，而是全民族的利益代表；不是选举机器，而是执政为民的使命型政党；不是严重脱离人民的私利集团，不输出革命，而是有着自我革命精神与严明政治纪律的革命型政党。

三、中国道路的世界意义

中国道路具有世界性意义。

一是中国道路打破了“历史终结论”。历史不可能终结，应该终结的是偏见。如今，“本国优先”“逆全球化”思潮蔓延世界，中国将反其道而行，高举新型全球化旗帜，积极参与全球治理。

二是中国道路打破了“西方中心论”。中国靠的是集中力量办大事、集中力量办成事，为发展中国家现代化提供新的体制参照。现代化不等于西方化，更不等于美国化。

三是中国道路打破了“国强必霸论”。中国不会陷入西方霸权冲突的历史周期率。无论是积极倡导“一带一路”，还是主动参与全球治理，我们都把对内改革与对外开放统一起来，把中国发展与世界发展联系起来，把中国人民利益同各国人民共同利益结合起来。

四是中国道路打破了“文明冲突论”。这为促进多元文明交流互鉴提供了新的力量。西方宣扬的所谓普世价值，如果没有与中华文明对话交流，肯定不会是“普世”的。中华文明如果不与西方文明对话交流，同样不能实现创新性发展。只有多元文明交流互鉴，才能淬炼真正的人类共同价值。

大历史观视域下的中国道路

张学森（中央党校研究生院副院长、教授）

本文摘自《党政研究》2019年第6期

习近平总书记指出："中国特色社会主义是在改革开放四十多年的伟大实践中得来的，是在新中国成立七十年的持续探索中得来的，是在我们党领导人民进行伟大社会革命九十多年的实践中得来的，是在近代以来中华民族由衰到盛一百七十多年的历史进程中得来的，是在世界社会主义五百年波澜壮阔的发展历程中得来的，是在对中华文明五千多年的传承发展中得来的。"[①]"六个得来"的概括，是在大历史观视域下，对中国特色社会主义所作出的科学判断，为我们正确认识中国特色社会主义道路提供了全新的视角。如何运用这一视角，去研究和审视中国特色社会主义道路，从而在理论上彻底回答"中国道路从哪里来？身在何处？走向何方？"这些重大问题，是当前理论工作者的历史责任和使命担当。

一、轴心时代：中西道路的早期分野及中国农业文明的辉煌

不管农业革命是不是一个"陷阱"，在经历了大约250万年漫长的采集及狩猎生活之后，伴随着最后一个冰河时代的结束以及其所带来的气温回暖和降水增多，地球进入到动植物生长的旺盛期，这为农业革命的产生提供了前提。"这一切大约1万年前全然改观，人类开始投入几乎全部的心力，操纵着几种动植物的生命。从日升到日落，人类忙着播种、浇水、除草、牧羊，一心以为这样就能得到更多的水果、谷物和肉类。这是一场关于人类生活方式

① 《习近平新时代中国特色社会主义思想学习纲要》，学习出版社、人民出版社，2019，第24—25页。

的革命：农业革命。”[①]这场革命，由于气候和地理位置等原因，集中发生在赤道至南北回归线附近的区域，尤其是以亚欧大陆东端黄河中下游地区和地中海东岸的新月地带为主。

（一）殷周之变及中国“重农抑商型”农业文明道路的开辟。与人类社会历史发展进程大致相同，中国也大约在公元前7000年发生农业革命，进入到农业社会。中国最早传说中的“三皇五帝”，其历史功绩大约都和对农业文明发展的贡献密切相关。由夏及商，中国农业文明已经达到一个相当高的阶段。殷墟的发掘，使我们对商朝社会经济、政治、文化有一定程度的了解。应该说，商朝的农业、手工业都取得了迅速的发展，出现了黍、稷、稻、麦等粮食作物和桑、麻、瓜、果等经济作物，特别是青铜器的制造，已经达到十分高的水平。农业和手工业的发展，促进了商品交换的发展，产生了专门从事各种交易的商贩。特别是商朝贵族依靠高度发达的青铜器而进行的贸易，更使得商朝获得大量的财富，商朝也因此被称为“大邑商”。

但是，在从商朝到周朝的历史过渡中，却出现了剧烈的社会转型。这一转型，很多历史研究者没有给予足够的重视，但其却影响了之后中国几千年封建社会的历史发展走向。对这一重大历史转型，王国维在《殷商制度论》中指出：“中国政治与文化之变革，莫剧于殷、周之际。”“殷、周间之大变革，自其表言之，不过一姓一家之兴亡与都邑之移转；自其里言之，则旧制度废而新制度兴，旧文化废而新文化兴。”这里的旧制度废而新制度兴，是指从周朝开始，建立起“立子立嫡”之制和分封子弟之制，并由此产生宗法制和丧服之制，“是故有立子之制，而君位定；有封建子弟之制，而异姓之势弱，天子之位尊；有嫡庶之制，于是有宗法、有服术，而自国以至天下合为一家；有卿、大夫不世之制，则贤才得以进；有同姓不婚之制，而男女之别严。且异姓之国，非宗法之所能统者，以婚媾甥舅之谊通之。于是天下之国，大都王之兄弟甥舅；而诸国之间，亦皆有兄弟甥舅之亲；周人一统之策实存于是”。在这些制度施行的基础上，以“亲亲、尊尊、贤贤、男女有别”为核心价值观的新文化得以兴起，并蔚然浩荡成洋洋大观的《周礼》。王国

① 尤瓦尔·赫拉利：《人类简史：从动物到上帝》，林俊宏译，中信出版社，2014，第77页。

维所谓“由是制度，乃生典礼，则经礼三百、曲礼三千是也”。从中可以看出，从殷商到周朝，中国社会制度和文化经历了剧烈的转型，但是可惜的是，《殷商制度论》仅仅从制度和文化的角度，而没有更进一步从经济的角度，对这一剧烈的社会转型作出考察。而中西道路的早期分野，恰恰隐藏在殷周之变的经济转型之中。

殷周之际的经济转型，表现在从农业、手工业和商业共同发展向“重农抑商”经济发展模式的转型。正如前文所说，随着农业文明的发展，商朝的商业和手工业也开始逐步发展起来，尤其是建立在奴隶劳动基础上的青铜器制造业已经十分发达。及至商朝末年，发源于渭河流域、从事农业生产的“小邑周”，在周文王的带领下，依靠德政，逐渐在诸侯国中取得威信。依靠德政，“小邑周”在周文王的儿子周武王的带领下，在牧野之战中打败商军，取得了天下。周朝的统治，首先面临着政权的合法性问题。在西周之前，中国人形成了“天道观”，认为天是一切权力的来源，因此，遵守天道，依照天道行事，是人生的最高境界，所谓“天人合一，谓之圣人”；违背天道，则会天怒人怨，要遭受天谴。由于天的权威的神圣性，世俗的统治者称自己为“天子”，强调自己“受命于天，既寿永昌”，而且这种授权是无条件的、无法改变的。这种绝对化的君权天授观念，是西周统治者不得不回答的时代之问。

对这一时代之问作出回答的是周公旦，其所提出的“以德配天”思想，把天命转移的原因引向人间，提出天心自是民心、天道亦即人道，实现了天道和人道的融合，在为天命转移提供理论支撑的同时，也实现了中国社会传统政治价值观从神本向人本、从祭祀文化向礼乐文化、从神权政治向伦理政治的转变。自此，“作为一个整体，民众就是‘天下’，恢弘、辽阔，触手可及而又深不可测。因而‘天下’作为一种政治遗产被理解为民心的向背，得天下主要不是指获得土地山川，而是指获得天下民众的认同”[①]。

在解决政权合法性的同时，周朝在农业文明的基础上，提出完整的礼治的观念，建立起以“亲亲、尊尊、贤贤、男女有别”为核心内容的中国封建

① 李宪堂：《“天下观”的逻辑起点与历史生成》，《学术月刊》2012年第10期。

宗主社会核心价值观。这一核心价值观及其一整套的礼治思想，在轴心时代被孔子进一步发扬光大，成为统治中国社会其后几千年的正统思想——儒家思想。这一思想，由于是建立在农业文明基础之上的，因此，在其价值观念体系里，一直存在着“重农抑商”的观念，其职业观念也是按照“士、农、工、商”的序列进行排列。这一方面导致了中国创造出世界上最辉煌灿烂的农业文明——当然，这也和黄河流域和长江流域幅员的广阔性和生物的多样性为农业文明的发展提供了十分广阔的空间和战略纵深密切相关；另一方面，也使得建立在农业文明基础之上的商业文明一直没有发达的文化根源，导致中国封建社会的经济一直处于自给自足的小农经济状态。

（二）古希腊文明及西欧农业、手工业和商业文明并重道路。在亚欧大陆的西端，农业文明发生的时间比中国还要早一些。在地中海东岸，曾经被《圣经》称为“流着奶和蜜的地方”——新月沃地，成为人类农业文明最早的发祥地，并创造了人类历史上第一个文明——古巴比伦文明。古巴比伦文明如何从兴盛走向衰落，目前还没有一致的结论[①]。但是，古巴比伦文明的衰落并不意味着它的消亡，它的文化基因一直还在，并在和起源于尼罗河的古埃及文明在地中海交融后，催生出希腊文明，而希腊文明一般被认为是西欧文明的源头。

古巴比伦文明和古埃及文明在希腊的复活，使得希腊这个地中海的岛国在人类社会发展史上大放异彩。希腊位于欧洲东南部巴尔干半岛南端，境内多山，缺少开阔平原，农业发展自然禀赋很差。在这种条件下，希腊只能走农业文明和商业文明并重的发展道路。希腊半岛不宜农耕，却因为温和的地中海气候，适宜果树的生长而盛产葡萄、橄榄和无花果。葡萄可以生产葡萄酒，橄榄可以制作橄榄油，无花果可以制作无花果干，但这些都不是人类摄取蛋白质的主要来源。要想生存，必须进行贸易交换。所幸，希腊半岛处在地中海交通的有利位置，为货物贸易提供了极大的便利。正是依托于不太发达的农业和便利的交通，走农业文明和商业文明并重的道

① 一个可能的猜想是，新月地带太过狭窄。当农业文明发展到一定的程度，对有限土地的过度开发，很容易造成严重的生态危机。当这种生态危机，遭遇到不利于农业文明发展的气候变化时，由粮食危机引发的政治动荡就可能形成毁灭性的破坏力量。

路，希腊文明才可能创造出璀璨的辉煌，从而一跃而成为地中海世界的文化中心。

希腊半岛虽然不大，但是城邦众多。不同的城邦之间，彼此交融、纷争、竞争、妥协，像极了中国春秋战国时期的“连横合纵”。同时，希腊半岛还是人类社会政治制度的试验场。好奇心和进取心旺盛的希腊人几乎把人类历史上所有的政治制度，如僭主制、寡头制、贵族制、共和制、民主制、君主制等等几乎全试验了一遍。这种交往和试验的结果，最终使实行民主制的雅典和实行君主专制的斯巴达脱颖而出。斯巴达和雅典，是两种完全不同的文明类型。斯巴达地处内陆，经济上以农业文明为主，政治上实行君主专制制度；而雅典是海港，经济上以商业文明为主，政治上实行的是直接民主制度。文明的多元和对立，有其好的一面，也有其不好的一面，这两面在希腊历史上都作出了注脚。其一，不好的一面，文明的多元和对立直接导致在斯巴达和雅典之间长达几十年的伯罗奔尼撒战争（从公元前431年到公元前404年）。伯罗奔尼撒战争以斯巴达的最终胜利而告终，但是战争的结果，却带来了希腊文明的整体性衰落。建立在农业文明基础上的斯巴达虽然赢得了战争的胜利，但是由于希腊发展农业文明的局限性，即使没有马其顿帝国的入侵，希腊文明也不可能走上完全的农业文明的发展道路。其二，好的一面，由于文明的多元和对立，为思想的孕育和发展提供了丰富的精神资源。在这一时期，希腊进入文明发展的轴心时代，产生了从苏格拉底到柏拉图，再到亚里士多德等一批思想巨人。

古希腊文明，一般可以划分为爱琴文明时期、古典城邦时期和希腊化时代三个阶段。在古典城邦时代，希腊文明达到顶峰。斯巴达和雅典的战争，几乎耗尽了各城邦的所有力量，起源于希腊北部的马其顿乘虚而入，希腊亡其国，却没有亡“天下”。马其顿本来接受的就是希腊文化，只是一直没有得到希腊文明的认同。马其顿统治之后，希腊文明不仅没有消亡，反而伴随着马其顿帝国的扩张，走上在亚非欧广大地区扩张的希腊化时代。马其顿帝国灭亡之后，西欧文明的希腊化进程仍然在持续，草蛇灰线，伏脉千里，最终发展成为对人类历史发展进程影响甚巨的西欧文明。

二、另辟蹊径：西欧现代工业文明的兴起与中国农业文明的衰落

当中国走“重农抑商”的农业文明发展道路的时候，西欧一直在走农业、手工业和商业共同发展的农业文明道路。“重农抑商”的农业文明发展道路，把中国带上农业文明发展的顶峰；而西欧农业、手工业和商业并重的农业文明发展道路，虽然没有能够把西欧社会带上农业文明发展的顶峰，但是，却在经历漫长的中世纪之后，在大约公元1500年的时候，把西欧社会带到工业文明的发展阶段，走上一条和农业文明不同的发展道路，开启了人类历史工业化的发展历程。

从本质上来说，商业文明和农业文明、工业文明是不同的。农业文明和工业文明都发生在生产领域，而商业文明却发生在交换领域。也就是说，农业文明和工业文明之间，由于都发生在生产领域，两者之间存在着由于生产力不同而产生的高低排序；但是，由于商业文明发生在交换领域，因此，商业文明和农业文明、工业文明之间是一种并存关系。在农业文明的基础上，可以产生商业文明，在工业文明的基础上，也可以产生商业文明，只是商业文明的发展程度不同。这是其一。其二，由于商业文明发生在交换领域，其并不直接创造社会物质财富，而是通过贱买贵卖赚取差价。当这种商业利润过于丰厚的时候，人们会为了商业利润而放弃农业生产和工业生产。也就是说，从一定意义上讲，商业文明对农业文明和工业文明的发展，都会带来一定的负面影响。其三，正是为了克服商业文明对农业文明的负面影响，中国在商周之变的时候，通过完整的周礼，走上了“重农抑商”的农业文明发展道路。“重农抑商”农业文明道路的开辟，把传统中国带上农业文明发展的最高峰，中国创造了无可匹敌的农业文明，成为人类文明发展的“东方中心”。其四，在农业文明社会时期，包括从古典文明时期到中世纪，西欧一直走的是农业、手工业和商业共同发展的农业文明发展道路，这一方面是由于西欧农业发展没有中国农业发展所具备的得天独厚的条件，单纯依靠农业文明不足以支撑西欧经济社会的发展，所以，西欧的手工业和商业贸易一直都十分发达。正是在商业贸易需求不断增加

的刺激下，西欧的手工业制造技术不断提升，先是人力逐渐被风力、水力所代替，生产力得到极大提升，但生产力布局还受到自然条件的严重限制；及至煤的开发及蒸汽机使用之后，欧洲的工业真正实现了从传统手工业向现代大机械工业的提升，标志着西欧从农业文明阶段迈向工业文明的新阶段，亦即通常说的现代化阶段。

从历史范围看，一部世界近代史，就是中国传统农业文明与西欧现代工业文明的冲突史。由于现代工业文明是建立在手工业基础之上的，是“手工业文明的2.0版”，因此，在和中国传统农业文明（“农业文明1.0版”）的竞争中，始终处于高维优势。加之，现代工业文明又和欧洲固有的商业文明相结合，产生出一种新的社会制度——资本主义制度，从而实现了对中国传统农业社会、封建主义文明的全面超越。

三、“一球两制”：现代化的两条途径及其竞争格局

（一）西欧现代化道路的形成及其发展进程。欧洲封建社会，由于走的是农业、手工业和商业并重的发展道路，商业贸易对农业和手工业需求扩大的刺激，为农业和手工业领域的技术变革提供了动力。马克思在《共产党宣言》中指出：“美洲的发现、绕过非洲的航行，给新兴的资产阶级开辟了新天地。东印度和中国的市场、美洲的殖民化、对殖民地的贸易、交换手段和一般商品的增加，使商业、航海业和工业空前高涨，因而使正在崩溃的封建社会内部的革命因素迅速发展。以前那种封建的或行会的工业经营方式已经不能满足随着新市场的出现而增加的需求了。工场手工业代替了这种经营方式。行会师傅被工业的中间等级排挤掉了；各种行业组织之间的分工随着各个作坊内部的分工的出现而消失了。但是，市场总是在扩大，需求总是在增加。甚至工场手工业也不再能满足需要了。于是，蒸汽和机器引起了工业生产的革命。”①工业革命进一步刺激西欧商品经济的发展，并逐渐把生产扩展到全球市场。

生产力的提高和商品经济的发展，进一步加速了社会的两极分化，从而

---

① 《马克思恩格斯选集》第一卷，人民出版社，2012，第401页。

加速了封建社会经济结构的解体，推动了生产方式的革命性变革：一方面，由于在商品竞争中失败，原来的手工业生产者失去生产资料，变成不得不出卖自身劳动力的无产者；原来的农民，由于农业生产的低效率，其占有的生产粮食的土地，也被迫改为工业用地，如发生在英国的羊吃人的“圈地运动”，在“圈地运动”中丧失土地的农民，也加入到出卖自身劳动力的无产者行列。另一方面，依靠现代工业而在商品竞争中的获胜者，迅速积累起大量财富，巨额的货币和生产资料集中在少数人手里并转化为资本。劳动力转化为商品和生产资料转化为资本，标志着资本主义生产方式的形成。

资本主义生产方式同封建制度的地方特权、等级制度和人身依附关系是相矛盾的。因此，伴随着资本主义生产方式的萌芽和发展，迫切要求从思想和理论上对封建专制主义和教权主义进行批判，建立与资产阶级生产方式相适应的资产阶级意识形态。时代的需要，是思想产生的沃土。在这一阶段，西欧先是经历了以“人文主义”为内核的文艺复兴运动和以反封建专制为内核的思想启蒙运动，产生了一大批杰出的思想家，如文艺复兴时期的“文坛三杰”——但丁、彼特拉克、薄伽丘，“美术三杰”——达·芬奇、米开朗琪罗和拉斐尔，思想启蒙时期的——伏尔泰、孟德斯鸠和卢梭等，他们集中力量批判教权主义和封建专制主义，号召追求政治民主、权利平等和个人自由，为资产阶级的产生和发展提供了有力的思想武器。

建立在大工业基础之上的资产阶级，在资产阶级启蒙思想的指导下，在政治上需要做的就是发动资产阶级革命，把自己上升为统治阶级。大约从16世纪到19世纪，西欧各国先后发生了资产阶级革命，资产阶级上升为统治阶级，资本主义的生产方式成为现代工业文明最有影响力的生产方式。“资产阶级，由于一切生产工具的迅速改进，由于交通的极其便利，把一切民族甚至最野蛮的民族都卷到文明中来了。它的商品的低廉价格，是它用来摧毁一切万里长城、政府野蛮人最顽强的仇外心理的重炮。它迫使一切民族——如果它们不想灭亡的话——采用资产阶级的生产方式；它迫使它们在自己那里推行所谓的文明，即变成资产者。”[①]从中可以看出，人类社会在经历了农业

① 《马克思恩格斯选集》第一卷，人民出版社，2012，第404页。

文明时期的“东方中心主义”之后，开始进入到工业文明时期的“西方中心主义”时代，亦即资产阶级时代或者工业文明时代。

（二）科学社会主义的诞生和苏联社会主义现代化道路的兴衰。建立在现代工业文明和商品经济经济基础之上的资本主义现代化道路，从一开始就展现出“血和肮脏”的特征。在这种情况下，几乎和资本主义诞生相一致，空想社会主义思想作为资本主义的对立物就已经出现了。作为资本主义对立物的空想社会主义思想，虽然展现出天才的预见力和淋漓尽致的批判力，但是由于缺乏对资本主义本质的了解，其批判只能停留在道德和正义层面。直到马克思主义产生之后，建立在历史唯物主义和剩余价值学说基础之上，空想社会主义才实现向科学社会主义的飞跃，而社会主义已不再是资本主义的对立物，而是上升为对资本主义的“扬弃”。

在科学社会主义理论的指导下，西欧各国无产阶级革命运动和国际共产主义运动风起云涌。但是，由于革命时机的不成熟，这些革命运动都失败了。马克思、恩格斯对这些革命进行了总结，并从理论上对“两个必然”的历史结论作出“两个决不会”的条件限定，同时强调：“这些原理的实际运用，正如《宣言》中所说的，随时随地都要以当时的历史条件为转移，所以第二章（《共产党宣言》第二章——引者注）末尾提出的那些革命措施根本没有特别的意义。”①

在马克思主义世界观和方法论的指导下，从俄国的实际出发，列宁创造性地提出“一国先胜论”，在帝国主义链条上最薄弱的俄国进行社会主义革命，取得了十月革命的胜利，建立了第一个社会主义国家，实现了科学社会主义从理论到实践的第二次飞跃，开启了人类历史的新纪元。这一历史新纪元的意义在于，它成功地开辟出一条经济文化较落后的国家实现现代化的非资本主义发展道路。

社会主义现代化道路的开辟，是一个开创性的事业。在“一球两制”的格局下，这种开创性，同时面临资本主义现代化道路的竞争挑战，具有更大的难度和复杂性。苏联在社会主义革命成功之后，一开始采取的是通过实施

① 《马克思恩格斯选集》第一卷，人民出版社，2012，第376—377页。

“战时共产主义政策”向共产主义直接过渡，结果在实践中遭遇到失败。在此情形下，列宁提出战略退却的思想，实施“新经济政策”向共产主义迂回过渡。列宁逝世之后，战略退却思想被摒弃，苏联逐渐走上与资本主义相对立的苏联模式发展道路。苏联模式，在历史上曾经发挥过十分重要的历史作用，不仅使苏联在短时间内取得巨大的经济建设成就，而且在国际共产主义运动中产生了广泛的影响，推动形成世界范围内的资本主义和社会主义两大阵营“冷战”的局面。“冷战”所带来的对立局面，使得社会主义和资本主义之间的交流成为不可能。因此，这一状态下的社会主义，实际上是作为资本主义的对立物而不是扬弃物而存在的。从理论上看，这种实践的指导思想已经从科学社会主义蜕化为空想社会主义，因此，这种实践的失败是注定不可避免的。

（三）马克思列宁主义指导下的中国特色社会主义道路的开辟。在中国近代史上，几乎所有政治力量和政治派别，在向西方学习的问题上是一致的，所不同的只是“学什么”和“怎么学”的问题。在“学什么”的问题上，中国经历了从技术到制度再到文化的过程；在“怎么学”的问题上，中国也经历了从“中学为体、西学为用”到“全盘西化”再到“走自己的道路”的过程。

辛亥革命失败之后，孙中山意识到走资产阶级民主革命道路行不通，在苏联的帮助下，开始走“联俄、联共、扶助农工”的新三民主义道路。可惜的是，孙中山“出师未捷身先死”，而其继任者蒋介石甘做帝国主义的附庸，重新回到资产阶级民主革命的老路。

以马克思列宁主义为指导思想的中国共产党，勇敢地担起民族独立和人民解放的历史重任。在长期的革命斗争中，中国共产党人从中国的实际出发，团结带领人民找到了一条农村包围城市、武装夺取政权的正确革命道路，并最终取得新民主主义革命的胜利。新民主主义革命道路，是马克思主义无产阶级革命道路在中国的具体体现，是具有中国特色的革命道路。

新中国成立之后，经过几年的新民主主义社会建设，在马克思主义指导下，我国开始了中国特色的社会主义改造的历史任务。从中国实际出发确立的“一化三改”过渡时期总路线，确保中国迅速建立起符合我国实际的先进社会制度，“完成了中华民族有史以来最为广泛而深刻的社会变革，为当代中国一切发展进步奠定了根本政治前提和制度基础，实现了中华民族由近代不断衰落到根本扭转命运、持续走向繁荣富强的伟大飞跃”[①]。

社会主义改造完成之后，我国进入到全面建设社会主义的历史时期。在如何进行社会主义建设的问题上，鉴于苏联在社会主义建设中的经验教训，以毛泽东同志为主要代表的中国共产党人提出走自己道路的问题。在广泛调研的基础上，毛泽东先后发表《论十大关系》和《关于正确处理人民内部矛盾的问题》两篇宏文，为中国走自己的路提供了理论基础。在这一理论指导下，党的八大对国内的主要矛盾作出分析，提出一系列不同于苏联的路线、方针、政策，不仅取得丰硕的理论成果，丰富和发展了毛泽东思想，而且在实践上也取得了巨大的建设成就。可惜的是，党的八大确立的正确路线没有能够坚持下去。随着国内外形势的发展，从1957年夏季开始，中共在探索社会主义建设道路的过程中，“出现了反右派斗争严重扩大化、‘大跃进’、人民公社化、‘反右倾’、大讲阶级斗争等一系列‘左’的错误”[②]，直至导致“文化大革命”历史悲剧的发生。

“文化大革命”历史悲剧的发生，标志着中国探索社会主义现代化道路出现严重挫折。中国再次面临“向何处去？”的问题，以邓小平同志为主要代表的中国共产党人以“真理标准问题大讨论”为契机，解放思想、实事求是，果断地抛弃“以阶级斗争为纲”的老路，同时拒绝走全盘西化的邪路，确立了“一个中心，两个基本点”的社会主义初级阶段基本路线，把中国带入改革开放的新的历史时期，在实践中走出一条中国式的现代化道路——中国特色社会主义道路，实现了马克思主义和中国实际相结合的第二次历史性飞跃。

中国特色社会主义道路，就是中国式的现代化道路，这条道路的典型特征是通过走社会主义道路而完成现代化的历史任务。长久以来，由于“西方中心论”的影响，加上资本主义牢牢掌控世界范围内的话语权，世界上大部

---

① 习近平：《决胜全面建成小康社会　夺取新时代中国特色社会主义伟大胜利——在中国共产党第十九次全国代表大会上的报告》（2017年10月18日）。

② 郭德宏：《中国马克思主义发展史》，中共中央党校出版社，2001，第245页。

分人认为实现现代化的道路只有一条，那就是走资本主义道路，这也是为什么资产阶级自由化在全球盛行的原因。苏东剧变之后，苏联通过社会主义实现现代化探索的失败，一度使得“历史终结论”甚嚣尘上。在中国，中国共产党人虽然早在社会主义建设初期，就提出“以苏为鉴”、走自己的道路的问题，但是由于“左”倾思想的影响和“文化大革命”历史悲剧的发生，中国在社会主义现代化道路的探索上也出现了重大挫折。面对国内外的挫折，中国共产党人展现出顽强的斗争精神，在马克思主义的指导下，毅然走上改革开放道路，仅仅用40多年的时间，就走完西方国家几百年所走过的路程，开创出一条发展中国家通过社会主义走向现代化的成功途径，为解决人类问题贡献了中国智慧和中国方案。

四、研究结论：中国特色社会主义的超越

回顾历史，人类社会发展到今天，经历了三次比较大的变革：“第一次大变革是由智人演化为原始人，社会进入原始社会。人类社会的第二次大变革是原始社会经由三次社会大分工，进入以农耕经济为基础的传统社会（农业社会）。”“人类社会的第三次大变革就是现代化，亦即传统社会经由现代化进入现代社会的过程。所谓现代化，是指世界范围内，以工业化为其发端，以及由此引发的，以各个民族（国家）实体为其载体的，整个社会的一系列巨大变革。这种变革的结果是以现代大工业为基础的现代社会（工业社会）。”[①]从这一历史中，我们可以得出什么结论呢？

（一）从原始狩猎和采集活动中走出来的人类，一开始都是迈向农业文明社会，并且随着农业文明的发展，建立在农业文明基础上的手工业文明和商业文明也逐步发展起来。商业文明在农业社会和工业社会都可以存在，只是交换的物品不同而已。中国在殷商时期，建立在奴隶劳动基础之上的青铜器手工业也很发达，并在此基础上，殷商进行青铜器贸易，积累了大量的财富，形成所谓“大邑商”；古希腊时期，建立在农业基础上的商业贸易也很

① 吴忠民：《现代化意味着什么》，《中共中央党校（国家行政学院）学报》2019年第3期。

发达，并且更多的是依靠商业贸易，希腊文明成为地中海地区最灿烂的文化中心。

（二）大约从轴心时代开始，中国和西欧走上了不同的道路。中国由于经历了殷周之变，在政治上确立了建立在农业文明基础之上的血缘等级制度，在文化上确立了维护这种等级制度的周礼，在经济形态上则走上了“重农抑商”的农业文明发展道路。之后，中国社会的这种发展模式，经过春秋战国“百家争鸣”之后，被儒家思想进一步强化，成为中国封建社会的主流，一直统治中国几千年。从历史结果上看，“重农抑商”的农业文明发展道路，使得中国创造出无可匹敌的农业文明，汉唐的繁华，令人惊叹；宋元的强盛，亦登峰造极。即使到了封建社会晚期，“自康熙（1662—1722）经雍正（1723—1735）至乾隆（1736—1795）的130多年，形成了中华民族历史上又一个辉煌盛世，史称康乾盛世。这一时期，中国社会的各个方面在原有的体系框架下达到极致。乾隆末年，中国经济总量占世界第一位，人口占世界1/3，对外贸易长期出超，以致英国迟迟不能扭转对华贸易的逆差”[①]。依靠强大的经济、文化和科技实力，中国构建出以华夏文明为中心的天下等级秩序，维持着亚欧大陆东部的和平、稳定与繁荣。但是，由于缺乏商业文明的催化，中国社会一直没能够从农业文明发展到工业文明阶段。

反而是西欧社会，走的是农业文明、手工业文明和商业文明并重的发展道路，这条道路使得西欧农业文明的发展一直受到商业文明的侵袭，而无法到达农业文明发展的顶峰。但是，在农业文明基础上发展起来的手工业，在商业文明的长期浸润和刺激下，终于在经历漫长的中世纪之后，催生出现代工业，从此使西欧走到了工业文明的新阶段，开启了人类社会工业文明的历史进程，把人类文明的历史提升到资本主义发展阶段。

（三）西欧通过走资本主义条件下的工业文明发展道路，实现了对中华农业文明的超越，从此，人类社会进入到西方中心主义时代，中国沦落为半殖民地半封建社会。为了救亡图存、振兴中华，中国人民在先进知识分子的

① 学习时报编辑部：《落日的辉煌——十七、十八世纪全球变局中的“康乾盛世”》，《理论导报》2000年第8期。

带领下，开始向西方学习。在经历屡次的失败之后，在十月革命的指引下，在中国共产党的领导下，中国先后取得了新民主主义革命的胜利和社会主义革命的胜利，确立了社会主义基本制度，中华民族完成了有史以来最为广泛而深刻的社会变革，为当代中国一切发展进步奠定了根本政治前提和制度基础。进入改革开放的历史新时期之后，中国坚持走中国特色社会主义道路，在短短40多年的时间内，走完了西方资本主义国家几百年走过的现代化历程，以崭新的姿态屹立于世界的东方。中国特色社会主义道路的成功证明，通往现代化的道路不止资本主义一条，走社会主义道路一样可以实现现代化。中国特色社会主义道路，拓展了发展中国家走向现代化的途径，给世界上那些既希望加快发展又希望保持自身独立性的国家和民族提供了全新选择。这就是中国特色社会主义道路所具有的世界意义。

（四）通过农业文明和工业文明的更替，以及资本主义现代化道路和社会主义现代化道路的比较，可以看出五个特点。其一，商业文明和农业文明、工业文明具有本质的不同。农业文明和工业文明都发生在生产领域，而商业文明发生在交换领域。发生在交换领域的商业文明，在从农业文明向工业文明转型的过程中，发挥了积极的推动作用。其二，当文明转型成功之后，由于商业文明的逐利性特征，开始对农业文明和工业文明产生腐蚀性。中国农业文明之所以能够达到别国难以企及的高度，一个重要的原因是由于中国农业文明走的是一条“重农抑商”的道路，但同时带来的后果是，在从农业文明向工业文明转型的过程中，由于缺乏商业文明的刺激，导致中国在农业文明的循环里故步自封。相反，西欧却在商业文明的刺激下，从手工业文明最终发展到现代大工业文明，从而率先实现了从农业文明向工业文明的转型。其三，和农业文明有不同的道路一样，工业文明的道路也不止一条。就当前全球范围来看，存在着资本主义工业文明和社会主义工业文明两条道路。资本主义工业文明由于放任商业文明逐利性特征的发展，在创新性上具有很大优势；但同时，逐利性特征的过度发展，也导致资本主义工业文明出现去工业化、空心化发展倾向，导致资本主义工业文明出现根本性危机。从这个意义上看，资本主义这次出现的危机，决不仅仅是金融危机，而是资本主义工业文明危机。其四，中国特色社会主义道路意味着通往现代化的道路不止一条，通过社会主义制度也可以实现现代化，而且成效更快。中国特色社会主义道路，或者说是中国特色现代化道路，由于坚持的核心价值观是以人民为中心，因此，其所努力构建的社会发展模式为社会主义市场经济体制，而不是自由主义价值观下的放任的市场经济体制。因此，可以在很大程度上约束商业文明的逐利性，从而克服商业文明对工业文明的腐蚀和空心化，带来社会主义现代化对资本主义现代化的全面超越。其五，需要引起我们重视的是，当今社会进入到第四次工业革命，以大数据、云计算、人工智能、物联网为代表的先进技术正在越来越深刻地改变社会的生产模式、消费模式，零边际成本社会呼之欲出，市场经济正在开始向共享经济转型，种种特征表明，工业社会正在悄悄地向信息社会转型。在社会转型的过程中，上一次是商业文明发挥了关键的催化作用，这一次会是什么能够成为社会转型的催化剂？是技术、信息，还是商业，或者是几者的复合体？这是我们需要密切关注的重大战略问题。有了百年前文明转型落后而几乎亡国灭种的教训，这一次我们一定要及早布局，抓住文明转型的机会，从而实现中华民族伟大复兴的中国梦！这是我们这代人的历史责任和使命担当！

第二篇

「中国道路的实践进程」

中国道路是党和人民历尽千辛万苦取得的根本成就，经历了长期的历史实践和探索。新中国成立初期，是探索适合中国情况的社会主义建设道路的起点。改革开放新时期，工作重心转移到经济建设上来，发展放在最紧迫的突出位置，中国特色社会主义道路的探索达到了新的高度。党的十八大以来，中国特色社会主义进入新时代，改革开放和社会主义现代化建设取得历史性成就，也开启了全面建设社会主义现代化国家的新征程。

新中国70年与中国道路

严书翰（中央党校科学社会主义教研部原主任，教授，博士生导师）

本文摘自《前线》2019年第12期

新中国成立70年来，中国共产党领导人民坚持把马克思主义基本原理与中国的具体实际相结合，走出了一条中国特色社会主义道路，取得了各方面的胜利。用正确的历史观认识中国特色社会主义道路的开拓和形成及其世界历史意义，对于继续推进中国特色社会主义，克服各种风险挑战，是极其重要的。

一、中国道路的开拓、形成和发展

中国特色社会主义道路是在改革开放后形成和发展起来的。党的十一届三中全会以后，在邓小平指导下，我们党重新确立了实事求是的思想路线，作出了改革开放的伟大决策，并围绕“什么是社会主义、怎样建设社会主义”开展了深入的理论思考和实践探索。世纪之交，以江泽民同志为主要代表的中国共产党人把中国特色社会主义道路全面推向21世纪。新世纪新阶段，以胡锦涛同志为主要代表的中国共产党人高举中国特色社会主义伟大旗帜，进一步丰富和发展了中国特色社会主义道路。

进入新时代，以习近平同志为核心的党中央，在总结党的十八大以来全方位成就和深层次变革的基础上，对深化和拓展中国特色社会主义道路作出了独创性贡献，其最主要的亮点有三：一是在中国特色社会主义道路中增加了建设社会主义生态文明的目标。二是把促进人的全面发展写进中国特色社会主义道路。在马克思、恩格斯的话语体系中，人的自由全面发展、自由人的联合体与共产主义社会是同义语，把促进人的全面发展作为建设和发展中国特色社会主义的重要内容，是对中国特色社会主义道路的丰富和发展。三是揭示了中国特色社会主义道路的深刻内涵。党的十九大报告全面论述了“八个明确”和“十四个坚持”，这是习近平新时代中国特色社会主义思想的核心内容，其中几乎每一条都与中国特色社会主义道路有密切联系。

有一种观点认为，既然中国道路就是指中国特色社会主义道路，也就没有必要与新民主主义革命道路联系在一起。这是不对的。任何一条道路的开辟和形成，必然是有历史联系的，它是多种因素包括历史因素起作用的结果，决不是一座从天而降的“飞来峰”。概括地讲，没有新民主主义革命道路的成功就没有新中国的诞生，就没有社会主义建设道路的探索，也就谈不上中国特色社会主义道路的开拓和形成。把形成中国特色社会主义道路的前后若干阶段有机结合起来并加以考察和研究，这是坚持历史唯物主义的必然要求。

旗帜决定方向，道路决定命运。道路错误，我们不仅达不到目标，还可能中断中华民族伟大复兴的进程。习近平总书记在庆祝中华人民共和国成立70周年大会上的讲话中指出，在今后前进征程上，我们要继续做到“三个坚持”“一个贯彻”和“两个不断”。“三个坚持”之一，就是坚持中国特色社会主义道路。正是从这个意义上说，开辟和形成中国特色社会主义道路具有重大的意义，我们要有这样的理论自觉和道路自信。

二、用正确的历史观认识改革开放前后两个阶段

从中国特色社会主义道路的开拓和形成看，它可以划分为改革开放前后两个阶段（或称两个时期）。为什么总有人用改革开放前后两个历史阶段来相互否定？这里面有两种情况：一是认识问题。有的人由于不能辩证地认识这两个历史阶段在进行社会主义建设的指导思想、方针政策、实际工作上的差别而产生了困惑或糊涂认识，这可以通过学习党的十一届六中全会通过的《关于建国以来党的若干历史问题的决议》和习近平总书记关于这方面的重要论述，达成统一的认识。二是历史虚无主义作祟。多年来，国内外一些人大搞历史虚无主义，他们打着“反思历史”“还原历史”等旗号，对中华民族史、中国共产党史、中国革命史、新中国史、改革开放史

等极尽攻击、歪曲之能事，他们“乱史”的目的在于“改道”。古人说“灭人之国，必先去其史”，这句话可以用来揭露那些历史虚无主义者的真正面目。

正确认识改革开放前后两个历史阶段，必须用正确的历史观，要坚持做到这三条：一是“两个如果没有”，如果没有1978年我们党果断实行并坚定不移地推进改革开放，中国特色社会主义就不可能形成今天这样的大好局面；如果没有1949年建立新中国并进行社会主义革命和建设，积累了重要的思想、物质、制度条件，和正反两方面的经验，改革开放也很难顺利推进。二是“两者不可割裂”，虽然这两个历史阶段在进行社会主义实践的指导思想、方针政策、实际工作上有很大差别，但两者决不是彼此割裂的，更不是根本对立的。我们党在社会主义建设实践中提出了许多正确主张，当时没有真正落实，改革开放后得到了真正贯彻，将来还要继续坚持和发展。三是“两个不能否定”，不能用改革开放后的历史阶段否定改革开放前的历史阶段，也不能用改革开放前的历史阶段否定改革开放后的历史阶段。改革开放前的社会主义实践探索为后一个时期积累了条件，改革开放后的社会主义实践探索是对前一个时期的坚持、改革、发展。

用正确的历史观教育党员干部，这是马克思主义政党的根本要求，也是当前党员领导干部的现状决定的。党的十八大以来，以习近平同志为核心的党中央高度重视用历史尤其是社会主义发展史来教育党员干部。这里要特别提到两个“1·5讲话”：第一个“1·5讲话”是指2013年1月5日习近平总书记在新进中央委员会的委员、候补委员学习贯彻党的十八大精神研讨班上的重要讲话，他把中国特色社会主义放在世界社会主义500年发展史的6个时间段中加以考察，这对于党员干部理解中国特色社会主义是从哪里来，又往哪里去，从而把握中国特色社会主义发展规律，具有令人信服的逻辑力量。第二个“1·5讲话”是指2018年1月5日习近平总书记在新进中央委员会的委员、候补委员和省部级主要领导干部学习贯彻习近平新时代中国特色社会主义思想和党的十九大精神研讨班上的重要讲话，他贯通历史与现实，阐述了坚持和发展中国特色社会主义要一以贯之。树立正确的历史观，可以使党员领导干部深刻理解中国特色社会主义道路的内在逻辑，以更加坚定的理想信念努力使中国特色社会主义展现更加强大、更有说服力的真理力量。

三、中国道路开拓和形成的世界历史意义

中国特色社会主义道路是科学社会主义中国化的生动实践和重大成果，其意义是十分重大的。

从世界社会主义发展看，中国特色社会主义使科学社会主义焕发出强大生机和活力。20世纪八九十年代发生的苏东剧变，使世界社会主义发展遭受重挫。当时攻击马克思主义、鼓吹社会主义历史终结、唱衰中国的舆论不绝于耳，真可谓“万花纷谢一时稀”。但是，马克思主义从未被打倒，社会主义历史并未终结，中国不但没有崩溃，反而呈现出“风景这边独好”的画卷，这一切与中国特色社会主义道路密切相关。虽然现在我们还不能笼统地说世界社会主义运动已经走出低潮，但是，一个占世界人口五分之一的国家在70年时间里通过开辟和形成中国特色社会主义道路，使原先经济文化落后的东方大国成为当今世界第二大经济体，这个世界历史意义举世公认。

从发展中国家走向现代化上看，中国特色社会主义道路为广大发展中国家提供了中国智慧和中国方案。当今世界上绝大多数发展中国家都选择走西方现代化道路，但是这些国家现代化的实践并不成功，他们或长期陷入“中等收入陷阱”不能自拔，或丧失独立自主权利，或贫富分化严重甚至发生动荡，等等。因此，如何既融入世界现代化潮流，又保持自身独立，成了广大发展中国家不可回避的两难选择。中国用几十年时间走完了发达国家几百年走过的工业化历程，中国特色社会主义道路的成功雄辩地告诉世人，现代化模式是多种多样的，没有必要对西方现代化模式唯马首是瞻。中国特色社会主义道路的成功，给世界上那些既希望加快发展又希望保持自身独立的国家和民族提供了全新选择，为解决人类问题贡献了中国智慧和中国方案。

从实现中华民族伟大复兴的宏伟目标上看，中国特色社会主义道路是唯一正确的路径。在近代以后中国社会的剧烈运动中，资本主义、改良主义、无政府主义等“你方唱罢我登场”，都没能解决中国的前途和命运问题。俄国十月革命胜利后，中国先进分子从马列主义的科学真理中看到了解决中国问题的出路，在马克思主义与中国工人运动和民族解放潮流相结合中产生了中国共产党，这使得中国革命的面貌为之一新。中国共产党领导中国人民推翻了三座大山，建立了新中国。经过40多年的改革开放，我国综合国力、国际地位空前提升，人民生活显著改善。正因为我们沿着中国特色社会主义道路阔步前进，中华民族才得以以崭新姿态屹立于世界的东方。只要我们坚定不移地沿着这条道路继续走下去，中华民族伟大复兴的中国梦就一定能够实现。

四、中国道路要坚持底线思维防范化解重大风险

要走好新时代长征路，必须坚持底线思维防范化解重大风险。要深刻领会和贯彻习近平总书记关于坚持底线思维防范化解重大风险的重要论述。2014年4月15日，习近平总书记在主持召开中央国家安全委员会第一次会议上发表重要讲话，他在讲话中阐述了总体国家安全观的丰富内涵和外延，提出构建集11种安全为一体的国家安全体系。在2018年“1·5讲话”中强调，增强忧患意识、防范风险挑战要一以贯之，并提出党员领导干部要坚持五个“必须做到”。在2019年“1·21讲话”中对防范化解7个领域重大风险作出深刻分析，并提出明确要求。2019年9月3日，习近平总书记在中央党校（国家行政学院）中青年干部培训班开班式上发表重要讲话，他在讲话中强调，在前进道路上我们面临的风险考验只会越来越复杂，甚至会遇到难以想象的惊涛骇浪。我们面临的各种斗争不是短期的而是长期的，至少要伴随我们实现第二个百年奋斗目标全过程。这些重要论述为我们在当前和今后一段时期内防范化解重大风险提供了总的遵循。

坚持底线思维防范化解重大风险，跨越“第二大经济体陷阱”。习近平总书记强调：“各种风险我们都要防控，但重点要防控那些可能迟滞或中断中华

民族伟大复兴进程的全局性风险，这是我一直强调底线思维的根本含义。”[①]“第二大经济体陷阱”就是这种可能迟滞或中断中华民族伟大复兴进程的全局性风险。回顾近一百多年世界现代化历程，可以清楚地看出，后发国家在崛起过程中会遭遇到守成国家的打压，这是客观存在的历史事实，是需要深入研究的国际现象。1985年9月，美国与日、英、法、德四国签署的《广场协议》成为美国打压第二大经济体的典型事例。在《广场协议》里英、法、德都对美国作出了让步，日本作为当时的第二大经济体，是美国打压的重点，因而让步最大，其核心内容是实现日元对美元的升值。《广场协议》的签署表明，在20世纪经济全球化浪潮中已经出现了“第二大经济体陷阱”这个国际现象。需要指出的是，美国打压第二大经济体有两种情况：一种是与美国制度和意识形态基本相同的国家，如日本；另一种是与美国制度和意识形态不同的国家，如苏联。美国使用的手法也不一样，对日本主要是在经济方面施压并辅之以外交手段，而对苏联可谓无所不用其极，包括意识形态渗透、实行金融货币战、挑起苏联民族之间和加盟共和国之间的矛盾等等，最为致命的是，把苏联拖入了与以美国为首的西方世界的军备竞赛。回顾这段历史，可以达到“以史为镜，可以知兴替”，可以做到“前事不忘，后事之师”。

当前，我国也要积极应对“第二大经济体陷阱”，要保持清醒的头脑和坚定的战略定力。从综合国力上看，我国是世界第二大经济体、制造业第一大国、货物贸易第一大国、商品消费第二大国、外资流入第二大国、外汇储备第一大国，我国已经迎来了从站起来、富起来到强起来的伟大飞跃。从未来发展战略上看，党的十九大对我国发展战略提出了更高的目标，形成了从全面建成小康社会到基本实现现代化，再到全面建成社会主义现代化强国的战略安排，这体现了以习近平同志为核心的党中央的高瞻远瞩，是全党集体智慧的结晶。党的十九大制定的“两步走”战略中的第一步，明确指出了从2020年到2035年我国在经济、政治、文化、社会、民生和生态文明等方面要达到的目标，这些目标是经过反复论证、具有科学依据的，是可以实现的宏伟目标。我们完全可以说，实现党的十九大制定的第一步发展战略目标之

---

① 《习近平新时代中国特色社会主义思想学习纲要》，学习出版社、人民出版社，2019，第246页。

日，也就是中国跨越“第二大经济体陷阱”之时。

站在新的历史方位展望未来，我们要以坚定的信念和无比的自信继续昂首走在中国特色社会主义道路上，继续把我们的人民共和国巩固好、发展好，继续为实现“两个一百年”奋斗目标，实现中华民族伟大复兴的中国梦而努力奋斗。

中国道路的进程、实质与特色

骆郁廷（武汉大学原党委副书记中央马克思主义理论研究与建设工程首席专家，教授，博士生导师）

本文摘自《江海学刊》2020年第2期

新中国70年的发展道路主要是走出了一条中国特色社会主义道路。我国在坚持中国特色社会主义的发展道路上取得了经济长期快速发展和社会长期持续稳定的奇迹。深入探索中国特色社会主义道路，揭示中国奇迹的道路奥秘，研究中国特色社会主义道路的探索是从什么时候开始、中国道路的实质是什么、中国道路的特色是什么，这是新时代坚定走中国特色社会主义道路的战略需要。

一、中国道路的进程

中国特色社会主义道路的探索，从什么时候开始？这是一个需要立足新中国发展历史和实践深入探索和回答的问题。新中国70年的发展道路，是不断探索、形成和发展中国特色社会主义道路的过程，经历了新中国、新时期、新时代三个不同的历史阶段，也实现了从站起来、富起来到强起来的历史跨越。

第一个历史阶段是新中国的建立和发展。以毛泽东同志为核心的党中央，团结带领全党全国人民，推翻了半殖民地半封建社会的旧中国，消除了帝国主义、封建主义、官僚资本主义“三座大山”对于中国人民的残酷而沉重的压迫剥削，建立了人民当家作主的新中国——中华人民共和国，即工人阶级领导的、以工农联盟为基础的人民民主专政的社会主义国家。中国人民从此站起来了。

经过大力发展社会主义工业化，实现对农业、手工业和资本主义工商业的社会主义改造，建立了我国社会主义的基本制度，主要是具有中国特色的社会主义基本经济制度，以及具有中国特色的社会主义政治制度，等等。工人阶级领导的，以工农联盟为基础的人民民主专政是我们的国体，表明了工人阶级的领导地位和工农联盟的基础地位，工人阶级是经由自己的先锋队——中国共产党来实现对国家的领导。人民代表大会制度则是中国的根本政治制度，是中华人民共和国国体的政治实现形式。如果说新中国社会主义基本经济制度的建立还较多地受到了苏联模式影响的话，那么，新中国社会主义的政治制度则带有明显的中国特色，并且保持了长期稳定，保证了我国社会政治秩序的持续稳定，是中国特色社会主义民主政治发展道路的重要探索。中国特色社会主义道路的探索，包括经济、政治、文化等多方面的发展道路的探索，我国社会主义民主政治的发展道路是其中的重要组成部分。因此可以说，中国特色社会主义道路的探索，特别是中国特色社会主义民主政治发展道路的探索，从新中国成立以后就已经开始了。中华人民共和国的成立，特别是社会主义改造的完成，标志着中国特色社会主义道路发展进程的开始。

第二个历史阶段是改革开放新时期。以邓小平同志为核心的党中央，团结带领全党全国人民，开展了“实践是检验真理的唯一标准”的大讨论，重新确立了党的一切从实际出发、实事求是的思想路线，解放了全党全国人民的思想，实现了党和国家工作重点的转移，从“以阶级斗争为纲”转移到“以经济建设为中心”上来。确立了坚持以经济建设为中心，坚持四项基本原则，坚持改革开放的“一个中心、两个基本点”为核心内容的党的基本路线，探索坚持以公有制为主体、多种所有制经济共同发展，坚持按劳分配为主体、多种分配方式并存的基本经济制度，并突破了把计划与市场割裂开来、把社会主义与市场经济对立起来的错误观念，视计划与市场皆为经济发展的手段，把社会主义同市场经济结合起来，探索和建立了社会主义市场经济体制的基本经济制度，走出了一条具有中国特色的社会主义发展道路，特别是社会主义市场经济的发展道路。中国人民从此富起来了。

第三个历史阶段是中国特色社会主义新时代。以习近平同志为核心的党中央，团结带领全党全国人民，奋进新时代，解决新矛盾，实现新使命，致力于推进新时代中国特色社会主义事业发展，着力探索回答“新时代坚持和发展什么样的中国特色社会主义、怎样坚持和发展中国特色社会主义”的时代主题，着力解决人民日益增长的美好生活需要和不平衡不充分的发展之间的矛盾，提出了从二〇二〇年起，用三十年时间分两步走实现新中国成立一百年奋斗目标的战略部署，统筹推进治党治国治军、改革发展稳定、内政外交国防等各项任务，坚持走新时代中国特色社会主义发展道路，全面建设社会主义现代化强国，实现中华民族伟大复兴的中国梦。中华民族迈向了强起来的新阶段。

由此可见，新中国成立70年来，中国特色社会主义发展道路的探索，经历了新中国、新时期和新时代三个历史阶段，从新中国创立，实行社会主义改造开始，到了改革开放新时期，中国特色社会主义道路的探索，特别是经济发展道路的探索达到了新的高度。新时代开启了全面深化改革、开放引领改革、充满生机活力的新篇章，赋予新时代中国特色社会主义以新的时代内涵。

二、中国道路的实质

中国特色社会主义道路的实质是什么？这是中国道路探索和回答的根本问题。中国道路的实质，就是把马克思主义普遍真理与中国具体实践相结合，走具有中国特色的社会主义发展道路。这条道路不仅是我们中国走向现代化的道路，是中华民族伟大复兴的道路，也是我们中国探索和发展社会主义的道路。

邓小平指出："把马克思主义的普遍真理同我国的具体实际结合起来，走自己的道路，建设有中国特色的社会主义，这就是我们总结长期历史经验得出的基本结论。"[①]如果没有马克思主义普遍真理，不坚持马克思主义的普遍真理，不坚持科学社会主义的基本原理，不运用马克思主义关于科学社会主义的普遍真理指导中国的实践，我们的社会实践可能具有中国特色，但不一定是社会主义。同样，如果我们不立足中国实践，不从中国的国情出发走社会主义道路，我们可能走的是社会主义道路，但不具有中国特色，不符合中国国情，也不能使我们走向成功，这一道路也不能称之为中国特色社会主义道路。因此，中国特色社会主义道路一定是马克思主义关于科学社会主义

① 《邓小平文选》第三卷，人民出版社，1993，第3页。

的普遍真理同中国社会主义建设具体实践的结合，这一道路两个方面都不能偏废，它的实质是矛盾的普遍性和特殊性的结合。正像矛盾的普遍性离不开矛盾的特殊性，矛盾的普遍性存在于矛盾的特殊性之中，矛盾的特殊性也离不开矛盾的普遍性，矛盾的特殊性始终受到矛盾普遍性的规定和制约一样，中国特色社会主义道路也始终离不开马克思主义科学社会主义的普遍真理同中国社会主义建设具体实践的结合，否则就不是真正的中国特色社会主义道路。中国共产党人坚持以马克思主义的普遍真理为指导，从中国的具体实际出发，立足中国国情，探索中国社会主义的发展道路，就走出了我们今天跟世界任何一个国家，包括其他社会主义国家都不同的发展道路，我们才有了发展的生机活力，取得了举世瞩目的伟大成就。

我们既不走封闭僵化的老路，也不走改旗易帜的邪路，而要坚定不移地走中国特色社会主义道路。我们搞的是社会主义而不是别的什么主义，我们走的是中国特色社会主义道路，而不是别的什么道路。走中国特色社会主义道路，既要始终坚持马克思主义关于科学社会主义的普遍真理，又要始终坚持从中国的国情和具体实践出发，并且始终坚持把两者紧密结合起来。“鞋子合不合脚，自己穿了才知道。”[①]中国特色社会主义道路已被实践证明，是一条符合中国国情和中国人民根本利益的正确道路。

中国特色社会主义道路，它的核心内容是什么呢？这就是“一个中心、两个基本点”的党的基本路线。党的基本路线是中国特色社会主义发展的生命线。我们今天之所以能取得这么大的成就，就在于我们在探索中国特色社会主义道路的过程中形成了“一个中心、两个基本点”为核心内容的党的基本路线。“一个中心、两个基本点”既是我们党的基本路线的核心内容，又是中国特色社会主义道路的核心内容。坚持中国特色社会主义发展道路，首先就要坚持以经济建设为中心，大力发展生产力。社会主义的根本任务是解放和发展生产力，走中国特色社会主义发展道路，就应坚持以经济建设为中心，始终把发展生产力放在第一位。生产力是社会发展中起决定作用的因素，生产力的发展必然推动经济关系和整个社会的发展。我们在发展社会主

---

① 《习近平谈治国理政》第一卷，外文出版社，2018，第273页。

义的过程中曾经走过一些弯路，究其原因，就是脱离了对我国基本国情和社会主要矛盾的正确判断，偏离了把发展生产力作为社会主义根本任务的轨道。坚持以经济建设为中心，大力发展生产力必然要求实行改革开放。改革开放是社会主义制度的自我完善，实现改革开放不仅是发展社会主义生产力的需要，也是坚持和完善中国特色社会主义制度的需要。以经济建设为中心是“兴国之要”，四项基本原则是“立国之本”，改革开放是“强国之路”。“兴国之要”“立国之本”“强国之路”是一个整体，坚持以经济建设为中心，大力发展生产力离不开坚持四项基本原则的“立国之本”和改革开放的“强国之路”，离开了就不能真正发展生产力；坚持四项基本原则的“立国之本”离不开改革开放赋予的时代内涵，否则就不能真正巩固“立国之本”；坚持改革开放的“强国之路”也始终离不开四项基本原则的“立国之本”，离不开社会主义制度的坚持和完善，离开了就可能走偏方向。坚持“兴国之要”“强国之路”“立国之本”三位一体，有利于发展社会主义社会的生产力，有利于增强社会主义国家的综合国力，有利于提高人民群众的生活水平。因此，坚持中国特色社会主义道路，就要把握中国特色社会主义道路的实质和核心，坚持马克思主义普遍真理同中国具体实践的紧密结合，始终坚持党的“一个中心、两个基本点”的基本路线。

三、中国道路的特色

中国道路的特色是什么？中国道路的特色，就在于把马克思主义关于科学社会主义的普遍真理，运用于分析和解决中国社会主义建设的实际问题，走出了具有中国特色的社会主义发展道路。中国道路的特色体现在政治、经济、文化、社会、生态文明发展的各个方面。

习近平总书记明确指出：“中国特色社会主义最本质的特征是中国共产党领导，中国特色社会主义制度的最大优势是中国共产党领导。”[①]中国特色

① 习近平：《决胜全面建成小康社会　夺取新时代中国特色社会主义伟大胜利——在中国共产党第十九次全国代表大会上的报告》（2017年10月18日）。

社会主义道路是在中国共产党的领导下，把马克思主义普遍真理与中国的具体实际相结合探索走出的一条适合中国国情的发展道路。中国共产党的领导是中国特色社会主义最本质的特征，也是中国社会主义道路最鲜明的特色。正是在中国共产党的领导下，我们在政治、经济、文化、社会、生态文明等各方面都走出了具有中国特色的发展道路。

中国特色社会主义政治发展道路，就是在坚持中国共产党的领导下，探索出了中国特色社会主义民主政治发展的道路，实现坚持党的领导、人民当家作主、依法治国三者的有机统一。这种中国特色的政治发展道路在中国政治制度创新中得到了集中体现，中国共产党领导的多党合作与政治协商制度、人民代表大会的根本政治制度、民族区域自治制度、基层群众自治制度，都集中体现了中国特色社会主义民主政治发展道路，体现了中国政治发展道路与西方政治发展道路的根本区别。西方的多党制、三权分立等构成的政治制度、政治结构和发展模式，是一个资本主导、政党分赃、相互掣肘、效率极低的政治发展模式，代表和维护的是垄断资产阶级的利益。中国特色社会主义的民主政治和发展道路与此完全不同，代表的是最广大人民的根本利益，创造了新中国70年来经济长期快速发展和社会持续稳定的奇迹，充分体现了社会主义政治发展道路和模式的优越性。

中国特色社会主义经济发展道路，就是坚持公有制为主体、多种所有制经济共同发展，坚持按劳分配为主体，多种分配方式并存，建立和发展社会主义市场经济，把计划和市场结合起来，坚持在国家宏观调控下发挥市场对资源配置的决定性作用。中国特色社会主义经济发展道路的最大特色，就在于把社会主义与市场经济结合起来。过去，搞社会主义的不搞市场经济，搞市场经济的不是社会主义。现在，中国在改革开放中，大胆地闯、大胆地试，第一次把社会主义和市场经济结合起来，把社会主义制度的优越性与市场机制的竞争活力结合起来，把“有形的手”和“无形的手”结合起来，把政府的宏观调控与市场的有效调节结合起来，把全社会生产的有政府状态和企业经济组织的高效率结合起来，既能集中力量办大事，又能充分激发微观经济活力，使社会主义市场经济的优越性得到集中而充分的体现。

中国特色社会主义文化、社会和生态文明的发展道路也各具特色。中国特色社会主义文化的发展道路，就是坚持为人民服务、为社会主义服务的“二为”方向，贯彻百花齐放、百家争鸣的“双百”方针，实施中华优秀传统文化创造性转化和创新性发展的“双创”方略，发展面向现代化、面向世界、面向未来的民族的科学的大众的文化，一手抓公益性文化事业，一手抓经营性文化产业，繁荣发展中国特色社会主义文化。中国特色社会主义的社会发展道路，就是构建共建共治共享的社会治理格局，加强和创新社会治理，完善党委领导、政府负责、社会协同、公众参与、法治保障的社会治理体制，提高社会治理社会化、法治化、智能化、专业化水平，保障和改善民生，解决好社会矛盾，处置好突发事件，维护好社会稳定，促进社会公平正义，建设社会主义和谐社会。中国特色社会主义的生态发展道路，就是坚持以正确处理人与自然的关系为核心，把开发资源与保护生态有机结合起来，走人与自然和谐共处、资源节约型和环境友好型的可持续发展道路。

可见，我国社会主义政治、经济、文化、社会、生态文明的发展道路都充分彰显了中国特色。实践证明，中国特色社会主义道路是新中国70年来不断发展之路，也是新时代实现中华民族伟大复兴的必由之路。坚定不移地沿着这条道路前行，是新时代中国人民的必然选择。

中国道路的探索历程和经验启示

郭建宁（北京大学马克思主义学院原院长、清华大学马克思主义学院特聘教授）

本文摘自《前线》2020年第4期

道路决定命运，道路就是党的生命。党的十八大以来，习近平总书记多次指出：中国特色社会主义不是从天上掉下来的，是党和人民历尽千辛万苦、付出巨大代价取得的根本成就。当前，世界面临“百年未有之大变局”，中国特色社会主义的生机和活力进一步彰显。回顾中国道路的探索历程，总结历史经验，具有重要现实意义。

一、新中国前30年对社会主义道路的探索

20世纪50年代，围绕什么是适合中国国情的社会主义建设道路问题，以毛泽东同志为主要代表的中国共产党人进行了艰辛探索，取得了宝贵经验，集中体现在两篇文章和一次会议上。

《论十大关系》是探索适合中国国情的社会主义道路的起点。毛泽东《论十大关系》的主题是“以苏为鉴”，探索适合中国情况的社会主义建设道路，文章开宗明义地指出：“特别值得注意的是，最近苏联方面暴露了他们在建设社会主义过程中的一些缺点和错误，他们走过的弯路，你还想走？过去我们就是鉴于他们的经验教训，少走了一些弯路，现在当然更要引以为戒。”这意味着，《论十大关系》开创了探索适合中国国情的社会主义道路的新起点，具有重大的理论和现实意义。但同时，也要看到，《论十大关系》虽然提出了“以苏为鉴”，但是实现对苏联模式的真正超越是党的十一届三中全会后的改革开放，是在坚持和发展中国特色社会主义的时期。

中共八大是判断和提出我国社会主义社会主要矛盾的起点。1956年9月召开的中国共产党第八次全国代表大会，是在生产资料所有制社会主义改造基本完成，我国进入社会主义建设时期召开的一次重要会议。会议提出随着

社会主义制度在我国基本建立，主要矛盾“已经是人民对于经济文化迅速发展的需要同当前经济文化不能满足人民需要的状况之间的矛盾”。1981年党的十一届六中全会通过的《关于建国以来党的若干历史问题的决议》，对我国社会主要矛盾作了更为规范的表述：“在社会主义改造基本完成以后，我国所要解决的主要矛盾，是人民日益增长的物质文化需要同落后的社会生产之间的矛盾。”2017年，党的十九大报告提出：中国特色社会主义进入新时代，我国社会主要矛盾已经转化为人民日益增长的美好生活需要和不平衡不充分的发展之间的矛盾。几十年来，中国共产党人关于社会主要矛盾的认识和判断不断深化，以人民为中心的价值旨归更加凸显。

《关于正确处理人民内部矛盾的问题》是尝试探讨国家治理问题的起点。1957年2月，毛泽东同志在最高国务会议上作了《关于正确处理人民内部矛盾的问题》的报告。报告指出必须区分敌我矛盾和人民内部矛盾这两类不同性质的矛盾，强调正确处理人民内部矛盾是国家政治生活的主题，还提出了正确处理人民内部矛盾的一系列具体方法，比如“统筹兼顾，适当安排”“百花齐放，百家争鸣”“互相监督，长期共存”等。这些论述实际上已经开始涉及社会主义条件下的国家治理问题，具有重要意义。当然今天面对新时代新形势新发展，推进国家治理体系和治理能力现代化有了更加丰富的内涵，正确处理人民内部矛盾也需要有新的理念和视野，这就是全面深化改革，促进社会公平正义，建设法治国家，完善和发展中国特色社会主义制度，推进国家治理体系和治理能力现代化等。

二、改革开放与中国特色社会主义在新时代的发展

“周虽旧邦，其命维新”，中华民族是一个充满变革和开放精神的民族，中华文明是人类历史上唯一一个绵延5000多年至今未曾中断的文明。一直以来，中国人民胸怀伟大梦想，不仅创造了博大精深的中华文明，也创造了新中国70多年来的光辉成就，改革开放40多年来的伟大奇迹。经过长期努力，中国特色社会主义进入了新时代。

1978年党的十一届三中全会，拨乱反正，解放思想，中国进入了改革开

放的新时期，把工作重心转移到经济建设上来，把发展放在最紧迫的突出位置。从“贫穷不是社会主义”“抓住机遇”“发展是硬道理”到发展是“第一要务”“第一要义”，始终坚持聚精会神搞建设，一心一意谋发展。2012年党的十八大以来，改革开放和社会主义现代化建设取得历史性成就，中国特色社会主义进入新时代。新时代我国经济社会发展的基本特征就是适应社会主要矛盾的转化，坚持创新驱动，实现高质量发展，带领人民创造美好生活。正是抓住了发展这个主题，我国用几十年的时间走完了西方发达国家几百年的工业化历程，创造了在一个经济文化比较落后的东方古国建设社会主义现代化国家的伟大奇迹。2020年将全面建成小康社会，开启全面建设社会主义现代化国家的新征程。

改革开放是我们党的一次伟大觉醒，这个伟大觉醒孕育了我们党从理论到实践的伟大创造。中国特色社会主义不断取得重大成就，进入新时代，具有丰富意义。从中华民族的历史维度看，意味着近代以来历经磨难的中华民族迎来了从站起来、富起来到强起来的历史性飞跃；从社会主义的发展来看，意味着社会主义在中国焕发出强大生机活力并不断开辟发展新境界；从中国道路的世界意义来看，意味着中国特色社会主义拓展了发展中国家走向现代化的途径，为解决人类问题贡献了中国智慧、提供了中国方案。

新中国成立初期，毛泽东曾感叹：“现在我们能造什么？能造桌子椅子，能造茶碗茶壶，能种粮食，还能磨成面粉，还能造纸，但是，一辆汽车、一架飞机、一辆坦克、一辆拖拉机都不能造。”[①]70多年沧海桑田，地覆天翻。今天的中国，是世界第二大经济体，制造业第一大国、货物贸易第一大国、外汇储备第一大国。2019年国内生产总值达到99万亿元，人均国内生产总值70892元，按年平均汇率折算达到10276美元，突破1万美元大关。全世界超过2/3的高铁轨道铺设在中国，高速公路总里程位居世界第一。更值得一提的是，中国共产党已向全国人民作出郑重承诺，2020年如期实现现行标准下的农村贫困人口全部脱贫。从温饱不足走向全面小康，从一穷二白走向繁荣富强，从百废待兴走向伟大复兴，在中国共产党的领导下，中国人民创造

---

① 《毛泽东文集》第六卷，人民出版社，1999，第329页。

了彪炳史册的伟大奇迹，谱写了感天动地的奋斗史诗。

习近平总书记在庆祝改革开放40周年大会上的讲话中指出：“建立中国共产党、成立中华人民共和国、推进改革开放和中国特色社会主义事业，是五四运动以来我国发生的三大历史性事件，是近代以来实现中华民族伟大复兴的三大里程碑。”这其中，改革开放前的30年是铺垫、是准备、是积累，为以后的发展打下了基础。改革开放后，特别是党的十八大以来，是腾飞、是巨变、是飞跃。这其中，从中国社会主义基本制度的确立，到改革开放的伟大实践，再到中国特色社会主义进入新时代的历史进程，社会主义发展道路贯彻始终，是发展的阶段性和路线连续性的统一。

历史与现实证明，只有社会主义才能救中国，只有中国特色社会主义才能发展中国，只有坚持与发展中国特色社会主义才能实现中华民族伟大复兴的中国梦。伟大奇迹不是天上掉下来的，也不是别人恩赐的，是中国共产党带领中国人民推进理论创新、制度创新、科技创新、文化创新以及其他各方面的创新取得的。改革创新，革故鼎新，守正创新，我们开创了中国特色社会主义新局面，开辟了21世纪马克思主义、当代中国马克思主义新境界。方向决定前途，道路决定命运。我们要始终把命运掌握在自己手中，就要有志不改、道不变的坚定，就要一以贯之坚持和发展中国特色社会主义，坚定不移推进改革开放，砥砺奋进实现中华民族伟大复兴。我们走在大路上，意气风发、斗志昂扬，没有任何力量能够阻挡中国人民和中华民族的前进步伐。

三、中国特色社会主义道路发展历程的经验启示

历史是清醒剂，历史是教科书。深刻总结新中国成立70多年来社会主义发展道路的宝贵经验，对于启示我们在新的历史起点上把新时代中国特色社会主义继续推向前进，具有特别重要的意义。

必须坚定不移走自己的路，始终坚持和发展中国特色社会主义。在一个拥有5000多年文明史、14亿多人口的大国进行社会主义建设，找到适合自己的发展道路实属不易。中国道路是独特性和综合性的统一。一方面，独特

的历史背景、独特的文化传统、独特的基本国情，决定中国发展道路的独特性。正如习近平总书记所指出的："当代中国的伟大社会变革，不是简单延续我国历史文化的母版，不是简单套用马克思主义经典作家设想的模板，不是其他国家社会主义实践的再版，也不是国外现代化发展的翻版。"[①]中国道路既不是传统的，也不是外来的，更不是西化的，而是我们独创的，是一条人间正道。另一方面，文明因交流而丰富，因互鉴而多彩。我们以世界的眼光，开放的胸怀，平和的心态，包容的态度，吸纳人类文明一切优秀成果，博采众长，为我所用。

中国特色社会主义的实践表明了以下几点。首先，中国道路是一条脉络清晰的现代化之路。从一穷二白到解决温饱，从全面小康到基本实现社会主义现代化，再到建设富强民主文明和谐美丽的社会主义现代化强国，层层推进。其次，中国道路是一条带领中国人民站起来富起来强起来的振兴之路。以实现经济高质量发展、强国强军为目标，将创新发展放在国家发展全局的核心位置，把关键技术、核心技术牢牢掌握在自己手里，占领发展的制高点，赢得国际竞争的战略主动权和比较优势。再次，中国道路是一条为人类文明作出新贡献的正义之路。中国道路是独立自主的创新，为人类社会的更好发展提供了中国智慧、中国经验、中国方案。最后，中国道路是一条永远在路上的行进之路。要注意掌握马克思主义思想方法和工作方法，抓住主要矛盾，善于化危为机，办好自己的事，在探索开拓中不断发展壮大。

必须坚持以人民为中心，把人民对美好生活的向往作为奋斗目标。"以人民为中心"是中国共产党人的根本宗旨和价值追求，是中国共产党人最大的"初心"，具体表现为：以人民为中心的发展理念，集中体现了习近平新时代中国特色社会主义思想的显著特征和价值取向；依靠人民创造历史伟业，集中体现了中国共产党的执政之基、力量之源；带领人民创造美好生活，集中体现了中国共产党的初心使命、奋斗目标；以造福人民为最大政绩，集中体现了中国共产党人的政绩观、价值观、人民观。

"得民心者得天下"，民心连着党心，中国人民是中国共产党执政最大的

① 习近平：《在纪念马克思诞辰200周年大会上的讲话》（2018年5月4日）。

底气，也是最深厚的根基。要始终坚持群众路线这一党的根本工作路线，始终同人民群众保持血肉联系，顺从民心、尊重民意、关注民情、致力民生，将人民对美好生活的向往作为党员干部的奋斗目标。

必须勇于自我革命，把党建设得更加坚强有力。我们党在庆祝新中国成立70周年之际，在全党范围内深入开展了“不忘初心、牢记使命”主题教育。这场主题教育以把党建设成为始终走在时代前列、人民衷心拥护、勇于自我革命、经得起各种风浪考验、朝气蓬勃的马克思主义执政党为目标，坚持真理、修正错误、正视问题、刀刃向内、刮骨疗毒，努力消除一切损害党的先进性和纯洁性的因素。

越是长期执政，越不能忘记党的初心和使命，越不能丧失自我革命精神。我们即将迎来建党100周年，作为一个拥有9000多万党员的百年大党，只有继续保持勇于自我革命的本色，才能始终保持我们党的先进性和纯洁性，才能始终发挥中国特色社会主义制度的最大优势，才能始终保证中国特色社会主义这艘巨轮保持正确方向，战胜一切惊涛骇浪，驶向更加广阔的远方，拥有更加美好的未来。

马克思主义使命型政党与马克思主义中国化

李海青（中央党校马克思主义学院马克思主义中国化研究所所长、教授）

本文摘自《思想先声》公众号第73期

中国共产党是马克思主义中国化的核心主体，是马克思主义中国化最为重要的组织者、推动者、领导者。一部马克思主义中国化的历史就是一部中国共产党把马克思主义基本原理同中国具体实际相结合，不断在理论创新中推进中华民族伟大复兴、实现其政党使命的历史。也正是在中国共产党的领导下，中国革命、建设与改革才取得了一个又一个的伟大胜利，马克思主义中国化的伟大事业才得以不断取得历史性进展。党的十九大报告指出："在近代以后中国社会的剧烈运动中，在中国人民反抗封建统治和外来侵略的激烈斗争中，在马克思列宁主义同中国工人运动的结合过程中，一九二一年中国共产党应运而生。从此，中国人民谋求民族独立、人民解放和国家富强、人民幸福的斗争就有了主心骨，中国人民就从精神上由被动转为主动。"就此而言，要想深入理解近现代以来中国社会的发展进程，深入把握马克思主义中国化的历史与逻辑，就必须深刻认识中国共产党的政党类型与运作特点，舍中国共产党而谈马克思主义中国化是不得要领的。那么，中国共产党是一个什么类型的政党呢？作为一个百年大党，中国共产党具有什么根本特点呢？这些问题都需要作为马克思主义中国化的基本问题予以严肃对待与认真思考。

一、马克思主义使命型政党的基本内涵

中国共产党是一个什么类型的政党呢？当然，从不同角度，对于政党类型可以有不同划分。从其最核心的意义上而言，中国共产党是一个典型的马克思主义使命型政党。区别于主要关注当下事情、现实问题，以满足民众现实利益诉求为手段，以获得或维持执政地位为目的的现实型政党，使命型政

党基于自身意识形态有着长远的历史使命与宏伟的目标蓝图，并且这种使命与蓝图具有很大程度的超越性、系统性，并非短时期内或轻而易举所能实现。正是因为超越性的使命并非能够一蹴而就，在实现最终使命或宏伟蓝图的过程中，使命型政党往往不得不在中观层面再进一步划分相继的阶段与步骤。归根结底，使命型政党的存在包括领导与执政活动本身最终就是为了实现自身所认定的历史使命与目标蓝图，实现历史使命与目标蓝图是使命型政党自身认定的存在依据或者说存在意义。当然，在极为宽泛的意义上，也可以说任何政党的存在都追求某种目的，具有某种使命。但是，使命型政党意义上的使命不是短期的、即时性的，不是具体问题应激性推动的，不是基于单纯利益尤其是物质利益驱使的，而是特指在某种系统而完备的世界观、价值观、人生观指导下，被共同体成员认为具有某种神圣意味，认为应该为之奋斗、奉献乃至牺牲的那种高远甚至具有很大超越性的价值使命。这种对高远使命的强调使得使命型政党的理论特质与运行体制同主张彼岸超越的宗教具有某种相似性：伟大使命、真理启示、道德纯洁、层级组织、广大信众，以及不可避免地面对世俗的不断调适与改革！与使命型政党的内涵相对应，所谓马克思主义使命型政党是指以马克思主义为指导，以对人类社会发展规律的认知与把握为前提，以人民至上为价值宗旨，以实现自身民族、国家的解放或发展为自觉使命，以推进世界大同、实现共产主义、实现每一个人的自由全面发展为最终使命，具有强烈的历史主体意识与舍我其谁的责任担当情怀的一种政党类型。这一点，从马克思主义创始人的理论与实践直至今天中国共产党人的理论与实践都可以得到清晰明确、并不困难的验证。对历史使命的自觉认定、勇于担当、坚毅履行很大程度决定了马克思主义使命型政党思想建设、组织架构的主要特点以及对党员党性的具体要求。历史使命的认定、承担与实现是大道、是根本、是主线，体现在马克思主义使命型政党建设的方方面面，贯穿于马克思主义使命型政党建设过程的始终。可以说，离开了历史使命这一本质性维度，马克思主义政党建设就失去了价值依托与目标指向，就丧失了灵魂与内核，就无法有效开展与推进。正是在这个意义上，习近平总书记在党的十九大报告中才高度强调，使命呼唤担当，使命引领未来，要不忘初心，牢记使命。

中国共产党以其百年的历史表明，它是一个典型的、具有充分代表性的马克思主义使命型政党。之所以如此认为，是因为在国际共产主义运动的历史与现实中，有些政党虽然在意识形态上宣称以马克思主义为指导，但其对马克思主义的理解往往并不准确，对社会发展规律的把握往往并不深刻，人民至上的宗旨往往得不到有效实现，高远的历史使命更是难以有效担负，甚至最终导致重大挫折乃至根本性失败。换言之，这些政党虽然具有马克思主义使命型政党的某些特征，但缺乏典型性与代表性。与之相反，中国共产党则以理论与实践证明自己不愧为马克思主义使命型政党的表率与榜样。

二、中国共产党的三重使命

对于中国共产党而言，自其诞生起就担负着三重历史使命。

（一）中华民族的独立与伟大复兴。实现中华民族的独立与解放，推进中国的现代化事业与中华民族的伟大复兴，这是由近现代中国的历史形势与中华民族的历史处境所决定的历史使命。中国共产党作为一个多民族国家的政党组织、作为中国人民和中华民族的先锋队应该而且必须担负起这一重任，马克思主义中国化所对应的正是这一使命。党的十九大报告指出：“中国共产党人的初心和使命，就是为中国人民谋幸福，为中华民族谋复兴。这个初心和使命是激励中国共产党人不断前进的根本动力。”“实现中华民族伟大复兴是近代以来中华民族最伟大的梦想。中国共产党一经成立，就把实现共产主义作为党的最高理想和最终目标，义无反顾肩负起实现中华民族伟大复兴的历史使命，团结带领人民进行了艰苦卓绝的斗争，谱写了气吞山河的壮丽史诗。”当然，这一重历史使命在现实中也是通过不同的阶段性步骤与目标才能逐步实现的。2012年11月15日，习近平总书记在十八届中央政治局常委同中外记者见面时的讲话中也专门谈到对民族的责任问题，谈到民族复兴的奋斗历程：“近代以后，我们的民族历经磨难，中华民族到了最危险的时候。自那时以来，为了实现中华民族伟大复兴，无数仁人志士奋起抗争，但一次又一次地失败了。中国共产党成立后，团结带领人民前仆后继、顽强奋斗，把贫穷落后的旧中国变成日益走向繁荣富强的新中国，中华民族伟大复兴展现出前所未有的光明前景。我们的责任，就是要团结带领全党全国各族人民，接过历史的接力棒，继续为实现中华民族伟大复兴而努力奋斗。”

（二）对人类的更大贡献。在长达五千多年的历史长河中，中华民族所创造的灿烂文明对人类进步作出了巨大贡献。但近现代以来，严重的内忧外患导致中华民族走向了衰落。正如新中国成立后毛泽东指出的：中国是一个大国，它的人口占全世界人口的四分之一，但是它对人类的贡献是不符合它的比重的。在1956年发表的《纪念孙中山先生》一文中，毛泽东指出：“一九一一年的革命，即辛亥革命，到今年，不过四十五年，中国的面目完全变了。再过四十五年，就是二千零一年，也就是进到二十一世纪的时候，中国的面目更要大变。中国将变为一个强大的社会主义工业国。中国应当这样。因为中国是一个具有九百六十万平方公里土地和六万万人口的国家，中国应当对于人类有较大的贡献。”1978年6月10日，邓小平在会见卢旺达总统哈比亚利马纳时也指出：“我们作为一个真正的社会主义国家，是不会只照顾自己的。衡量我们是不是真正的社会主义国家，不但要使我们自己发展起来，实现四个现代化，而且要能够随着自己的发展，对人类作更多的贡献。”

中国的社会主义现代化道路既有其特殊性，又有其一般性。就其一般性而言，中国社会主义现代化所回答和解决的很多问题，也是当前发展中国家所普遍面临的问题，尤其是各个社会主义国家共同面临的问题。只要在经济文化落后国家要实现发展，尤其是要建设社会主义，就不能回避而必须直面这些问题。正是从这一意义上讲，中国特色社会主义的开创和发展，所回答和解决的已经不仅仅是关于中国社会主义建设的问题，其也在一定程度上回答和解决了经济文化相对落后国家如何发展的问题，就社会主义国家来说则是如何建设、巩固和发展社会主义这一重大课题。因此，中国特色社会主义不仅对中国社会主义事业的健康发展具有重大的指导意义，也必将越出一国的范围而对世界产生积极的影响。对于具有世界历史眼光的邓小平来说，改革开放的意义，从来就不仅仅局限于中国自身。他曾充满自信地指出：“现在我们干的是中国几千年来从未干过的事。这场改革不仅影响中国，而且会影响世界。”[①]“我们的改革不仅在中国，而且在世界范围内也是一种试验，我们相信会成功。如果成功了，可以对世界上的社会主义事业和不发达国家的发展提供某些经验。”[②]党的十九大报告指出：“中国共产党是为中国人民谋幸福的政党，也是为人类进步事业而奋斗的政党。中国共产党始终把为人类作出新的更大的贡献作为自己的使命。”这是由共产党的国际主义性质所决定的历史使命。党的十九大报告也指出，中国特色社会主义进入新时代，意味着中国特色社会主义道路、理论、制度、文化不断发展，拓展了发展中国家走向现代化的途径，给世界上那些既希望加快发展又希望保持自身独立性的国家和民族提供了全新选择，为解决人类问题贡献了中国智慧和中国方案。这也说明，马克思主义中国化的伟大事业不仅对于中国历史发展自身具有关键性意义，而且也具有重要的世界意义。当然，要想对于人类作出更大贡献，切实解决自身问题、有效推进中华民族的伟大复兴是一个必要的前提条件。

（三）实现共产主义。马克思主义使命型政党的最终使命是实现共产主义，实现每个人的自由全面发展。这一理想的实现之日，也就是马克思主义政党完成自身使命，退出历史舞台之时。在共产主义社会中，生产力高度发达，物质产品极大丰富，社会必要劳动时间大为缩短，自由时间大为增加，剥削与阶级本身已经被消灭，每个人都能够实现自由全面发展，人类社会关系高度和谐优化。这种理想图景就是马克思、恩格斯在《共产党宣言》中所描绘的：“代替那存在着阶级和阶级对立的资产阶级旧社会的，将是这样一个联合体，在那里，每个人的自由发展是一切人的自由发展的条件。”这段名言最鲜明地体现了马克思主义的价值旨归，那就是每个人的自由全面发展。在《德意志意识形态》中，马克思、恩格斯还对未来理想社会中人的生活进行了诗意的描绘：“而在共产主义社会里，任何人都没有特殊的活动范围，而是都可以在任何部门内发展，社会调节着整个生产，因而使我有可能随自己的兴趣今天干这事，明天干那事，上午打猎，下午捕鱼，傍晚从事畜

---

① 《邓小平文选》第三卷，人民出版社，1993，第118页。
② 《邓小平文选》第三卷，人民出版社，1993，第135页。

牧，晚饭后从事批判，这样就不会使我老是一个猎人、渔夫、牧人或批判者。”利益的一致与共享、社会关系的高度和谐、人的全面发展、普遍幸福的生活，这就是理想社会的状态，也是马克思主义的价值追求。实现共产主义是由人类社会发展规律以及工人阶级的地位作用所决定的历史使命，中国共产党作为一个马克思主义政党、作为中国工人阶级的先锋队应该而且必须自觉肩负起这一最终使命，马克思主义的科学社会主义本身所对应的正是这一使命。当然，要想实现这一最终使命，中国共产党首先需要在马克思主义中国化进程中担负起民族复兴这一民族国家的历史发展所赋予的使命。如果自身民族的问题都无法有效解决，更勿论最终的人类解放与发展了。

以上这三重使命，实现中华民族伟大复兴是针对民族国家的，对人类的更大贡献是针对国际交往的，实现共产主义是针对整个人类未来前景的，使命的范围愈益拓展，理想愈益宏大。这三重使命的实现都以马克思主义中国化为现实基础，都是中国共产党作为马克思主义使命型政党的特质所要求的。

三、马克思主义使命型政党的主要特点

马克思主义使命型政党的主要特点决定了中国共产党的领导机制与执政逻辑，决定了中国共产党在中国近现代历史上的作用，决定了马克思主义中国化的理论与实践，决定了中国共产党在推进中国特色社会主义事业中所取得的伟大成就。那么，中国共产党作为一个马克思主义使命型政党具有哪些主要特点呢？

（一）对伟大使命的明确认知与自觉担当。使命型政党因使命而生，因使命而在。1847年，世界上第一个马克思主义政党，即共产主义者同盟通过了由马克思、恩格斯参与起草的《共产主义者同盟章程》，规定同盟的目的是：推翻资产阶级，建立无产阶级统治，消灭旧的以阶级对立为基础的资产阶级社会和建立没有阶级、没有私有制的新社会。依照这一规定，按照对历史规律的认知，在实践中消灭资本主义，过渡到共产主义，实现人的自由全面发展，这就是最终的伟大使命，这是马克思主义使命型政党的使命！由此可见，马克思主义政党在诞生之初，就明确认识到了自身所应肩负的历史使命。

在马克思主义政党发展史上，对于使命的认知也有一个不断时代化与国别化的过程。在马克思主义使命型政党诞生之初，实现生产关系与社会形态的根本变革，消灭私有制、建立每一个人都能实现自由全面发展的新社会被视为当然的、唯一的历史使命与理想目标。但是，后来的事实证明，这一使命之实现远比当初所认为的更加漫长、更具难度，宏大而长远。这种情况下，马克思主义使命型政党就必须在不放弃远大使命的前提下确定自身所处的具体时代与历史阶段，并基于这一现实的时代与阶段再确立一定时期内可实现的目标与使命。也正是通过这一阶段性使命的持续确立与不断实现，最终的使命才能得以完成，高远的目标才能得以实现。在此意义上，马克思主义使命型政党始终面临一个时代使命与最终使命之间的张力，而这就要求现实的马克思主义政党既要志存高远，又要脚踏实地。正如习近平总书记就今日中国共产党的使命所指出的："我们既要坚定走中国特色社会主义道路的信念，也要胸怀共产主义的崇高理想，矢志不移贯彻执行党在社会主义初级阶段的基本路线和基本纲领，做好当前每一项工作。革命理想高于天。没有远大理想，不是合格的共产党员；离开现实工作空谈远大理想，也不是合格的共产党员。"[①]除了使命的时代化以外，马克思主义使命型政党还面临一个使命的国别化问题。马克思主义是一种具有世界性影响的思潮，现实中，以马克思主义为指导的政党存在于国情有所差别的不同国家，这些政党首先要以马克思主义为指导确立基于本国历史条件的使命与目标，我们所讲的马克思主义中国化即指此意。也正是基于这种使命的国别化，我们党才提出了中华民族伟大复兴的伟大目标。当然，不论是使命的时代化还是使命的国别化，都是在最终使命这一前提下确立的。

（二）对历史规律的理论探求与实践遵循。马克思主义使命型政党所担负的使命并不是一种单纯的主观认定，而是基于历史规律的揭示。正是基于历史规律，使命才是真实的，才是可以实现的，才是具有感召力的。历史规律使马克思主义使命型政党的建立具有了历史依据，没有历史层面的规律认知，就不可能产生以之为指导的共产党组织。就此而言，在马克思主义的理

① 《习近平谈治国理政》，外文出版社，2014，第23页。

论视域中，历史规律之于使命型政党的建立具有内在的根本意义。

在马克思主义的理论源头处，对规律的认识与揭示就是其最为突出的理论特质之一。在马克思墓前的讲话中，恩格斯明确提到了马克思的两大发现：一个是揭示了人类社会发展规律的唯物史观，一个是揭示了现代资本主义生产方式和它所产生的资产阶级社会的特殊的运动规律的剩余价值理论。这两大发现指明了历史的发展方向，指出了无产阶级受剥削的秘密。规律是可知的，方向是明确的，前途是光明的，按照规律而行事当然是充满希望的，马克思主义使命型政党遂顺应历史趋势而诞生。可以说，规律是马克思主义使命型政党的支柱性范畴，而把握规律则是马克思主义使命型政党标志性的话语表述方式。

把握规律、担负使命、实现目标，这是一种极其强大的理论自信，可以说，自马克思开始，这一理论基因就在马克思主义政党发展史中显性遗传、一直存续，而整个马克思主义中国化的历史也就是以马克思主义为指导，探索、认知与运用中国革命、建设与改革规律的过程。比如毛泽东在1936年所著《中国革命战争的战略问题》一文中对此就有精彩的表述："战争的规律——这是任何指导战争的人不能不研究和不能不解决的问题。革命战争的规律——这是任何指导革命战争的人不能不研究和不能不解决的问题。中国革命战争的规律——这是任何指导中国革命战争的人不能不研究和不能不解决的问题。我们现在是从事战争，我们的战争是革命战争，我们的革命战争是在中国这个半殖民地半封建的国度里进行的。因此，我们不但要研究一般战争的规律，还要研究特殊的革命战争的规律，还要研究更加特殊的中国革命战争的规律。大家明白，不论做什么事，不懂得那件事的情形，它的性质，它和它以外的事情的关联，就不知道那件事的规律，就不知道如何去做，就不能做好那件事。"正是基于对中国革命规律的深刻认知，以毛泽东同志为主要代表的中国共产党人才创立了以农村包围城市，武装夺取政权的革命道路，提出了新民主主义理论，形成了毛泽东思想这一马克思主义中国化第一次历史性飞跃的伟大理论成果。

改革开放以来，我们党在持续的探索中先后形成了包括邓小平理论、"三个代表"重要思想、科学发展观和习近平新时代中国特色社会主义思想在内的中国特色社会主义理论体系。尤其是党的十八大以来，习近平总书记多次强调要深刻认识和把握共产党执政规律、社会主义建设规律、人类社会发展规律，在纷繁复杂的形势下坚持科学指导思想和正确前进方向，把中国改革不断推向前进。也正是基于对“新时代坚持和发展什么样的中国特色社会主义、怎样坚持和发展中国特色社会主义”这一重大时代课题的科学解答和规律性把握，我们党才形成了习近平新时代中国特色社会主义思想这一马克思主义中国化的最新成果。作为实现中华民族伟大复兴的行动指南与指导思想，习近平新时代中国特色社会主义思想的主要内容即是党的十九大报告强调指出的“八个明确”和“十四个坚持”。“八个明确”是对“新时代坚持和发展什么样的中国特色社会主义”的规律性认知，“十四个坚持”是对“新时代怎样坚持和发展中国特色社会主义”的规律性认知。党的十八大以来我们之所以能够取得历史性、开创性的巨大成就，这种对改革发展规律的全面深刻把握是至为重要的原因。

（三）对指导思想的极度重视与发展创新。历史规律揭示使命与方向，而历史的规律与逻辑恰恰是由马克思主义这一科学理论体系予以揭示的。马克思主义深刻地揭示了人类社会的矛盾运动与发展规律，揭示了资本主义社会向共产主义社会演进的必然性，描绘了未来社会的美好图景，揭示了无产阶级的历史地位与作用，尤其是强调了无产阶级政党的巨大历史作用。换言之，马克思主义使命型政党是在马克思主义的理论视域中诞生的，没有马克思主义对历史规律的揭示，对历史方向的阐明，就不可能诞生把握规律、担负使命的使命型政党。正如恩格斯指出的：我们党有个很大的优点，就是有一个新的科学的世界观作为理论的基础。正是在此意义上，马克思主义使命型政党自其诞生之日起就高度重视思想建党，强调马克思主义的指导地位以及对各种错误思想的批判。而中国共产党作为典型的马克思主义使命型政党，更是如此。

在整个马克思主义中国化的进程中，中国共产党始终注重从思想上建党，不断提高全党的马克思主义理论水平。这是中国共产党作为马克思主义政党加强自身建设的一条基本经验，也是中国共产党从弱小到强大、从幼稚到成熟、从胜利到胜利，不断焕发出强大感召力、凝聚力、战斗力的重要法宝。20世纪20年代初，在中国共产党建党时，产业工人只占全国人口的百分之几，个体农业经济占绝对优势，农民和其他小资产阶级群众占人口绝大多数。党自诞生时起，就处在小资产阶级的汪洋大海之中。在大革命时期，党有很大的发展，产业工人出身的仍居少数。大革命失败后，党的主要力量长期生活和战斗在农村，出身于农民和其他小资产阶级的党员在党内越来越占绝大多数，这使得党内绝对平均主义、主观主义、个人主义、自由主义、宗派主义等非无产阶级思想有所滋长。面对这样的国情、党情，怎样使中国共产党真正成为具有马克思主义品质的无产阶级政党，是那时党的建设迫切需要解决的问题。而解决这一矛盾的唯一正确的办法，就是要着重从思想上建党，强调党员不仅要在组织上入党，而且要在思想上入党，不断用马克思主义理论特别是无产阶级思想克服和改造各种非无产阶级思想，永葆党的工人阶级先锋队性质。也正是因为找到了思想建党这个法宝，我们党才有效地克服了党内存在的各种错误思想，把党建设成为一个坚强的工人阶级政党。

早在1929年12月，毛泽东在古田会议上就明确提出要将党内思想教育列为最迫切的任务之一，坚决纠正党内的各种错误思想，首次提出了思想建党的要求。1935年12月召开的瓦窑堡会议，确定了从思想上建党的方针，系统论述了思想建党的基本原则和基本方法，明确提出“应该使党变为一个共产主义的熔炉”，这标志着毛泽东关于从思想上建党理论的形成。抗日战争时期，毛泽东写下了一系列重要著作，为我们从思想上建党提供了科学的理论基础和强大的思想武器。尤其是延安整风运动，不仅确立了实事求是的思想路线，而且创造了通过整风解决党内思想矛盾的新形式，提出了“团结—批评—团结”的原则和“惩前毖后、治病救人”的方针，使从思想上建党的理论更加完备、成熟。思想建党原则的提出，不仅使我们党始终保持了先进性，而且冲破了在党组织发展上的桎梏，使党的力量迅速发展壮大。一切愿意为共产党的主义与使命而奋斗的人，不问他们的阶级出身如何，只要具有了无产阶级思想，都可以加入共产党。从这个意义上说，思想建党既是永葆党的先进性的根本保证，又是壮大党的组织、提高党的社会影响力的根本保证。

思想建党是中国共产党人在马克思主义原理基础上的伟大创造，在马克思主义中国化过程中，也正是始终强调以马克思主义及其中国化的创新理论成果来教育全党，统一全党思想认识，提高全党思想觉悟，中国共产党人才真正做到了理想信念上的无比坚定与无坚不摧。正如习近平总书记指出的：“指导思想是一个政党的精神旗帜。95年来，中国共产党之所以能够完成近代以来各种政治力量不可能完成的艰巨任务，就在于始终把马克思主义这一科学理论作为自己的行动指南，并坚持在实践中不断丰富和发展马克思主义。这使我们党得以摆脱以往一切政治力量追求自身特殊利益的局限，以唯物辩证的科学精神、无私无畏的博大胸怀领导和推动中国革命、建设、改革，不断坚持真理、修正错误。无论是处于顺境还是逆境，我们党从未动摇对马克思主义的信仰。”①

对于马克思主义使命型政党而言，思想建党包括以下几个方面的内容：其一是指通过思想教育、理论学习与实践体验使全党特别是领导干部牢固树立马克思主义的世界观、价值观、人生观，尽可能熟悉、理解马克思主义的基本观点、基本原理与基本方法；其二是指马克思主义政党能够将马克思主义基本原理、方法与时代条件及具体国情相结合，推进马克思主义的不断发展创新，并以这种创新性成果教育全党、统一思想。党的十八大以来，中国特色社会主义进入了新时代，习近平总书记指出：“在新的时代条件下，我们要进行伟大斗争、建设伟大工程、推进伟大事业、实现伟大梦想，仍然需要保持和发扬马克思主义政党与时俱进的理论品格，勇于推进实践基础上的理论创新。时代是思想之母，实践是理论之源。我们要在迅速变化的时代中赢得主动，要在新的伟大斗争中赢得胜利，就要在坚持马克思主义基本原理的基础上，以更宽广的视野、更长远的眼光来思考和把握国家未来发展面临的一系列重大战略问题，在理论上不断拓展新视野、作出新概括。”②其三是指使全党特别是领导干部能够将马克思主义及其发展的创新成果以时间、地点、条件为转移应用于现实，制定合理政策，切实提高运用理论解决实际问题的能力。

---

① 《习近平谈治国理政》第二卷，外文出版社，2017，第33页。

② 《习近平谈治国理政》第二卷，外文出版社，2017，第62—63页。

概而言之，这种思想建党，是通过各种途径、方式使全体党员对马克思主义及其发展成果切实入心、入脑、入行，其目的就在于最大程度地统一全党思想、明确方向，使大家心往一处想、劲往一处使，努力实现伟大使命与宏伟蓝图。中国改革之所以成就巨大，很大一个原因就在于中国共产党能够通过思想建党来解放思想、统一认识、汇聚力量。新时代要实现民族复兴的伟大使命，全党必须要把思想建设作为党的基础性建设，深刻领会习近平新时代中国特色社会主义思想的精神实质和丰富内涵，用党的创新理论武装头脑，巩固共同奋斗的思想基础。

（四）对群众路线的牢固树立与贯彻执行。马克思主义的一个基本观点，就是揭示了被以往的历史理论所忽视的广大人民群众在人类社会发展中的创造性主体地位。中国共产党作为马克思主义使命型政党，在马克思主义中国化的历史进程中，形成了一切为了群众，一切依靠群众和从群众中来，到群众中去的群众路线，高度重视建立与人民群众亲密无间的一体性血肉联系。群众路线是党的生命线和根本工作路线，是马克思主义中国化事业不断取得胜利的重要法宝，也是我们党不断焕发生机与活力、永葆先进性的力量源泉。群众路线不仅是一种价值观，同时也是一种方法论。

群众路线作为一种价值观，强调一切为了群众，人民至上。《共产党宣言》中就明确指出，共产党人“没有任何同整个无产阶级的利益不同的利益。他们不提出任何特殊的原则，用以塑造无产阶级的运动”。换言之，共产党人没有自己的私利，其所追求的是在社会发展基础之上工人阶级和广大劳动人民的解放、每个人的自由全面发展。对于共产党人的这一立场宗旨与价值追求，毛泽东用中国化的语言形象地将之称为“为什么人”的问题。“为什么人的问题，是一个根本的问题，原则的问题。”[①]“共产党就是要奋斗，就是要全心全意为人民服务，不要半心半意或者三分之二的心三分之二的意为人民服务。”[②]如果说“全心全意为人民服务”的概括简明、通俗，更为大众化，邓小平对于共产党的这一性质宗旨则做出了更为规范化的文件表

① 《毛泽东选集》第三卷，人民出版社，1991，第857页。
② 《毛泽东思想年编（一九二一——一九七五）》，中央文献出版社，2011，第840页。

述。在1956年党的八大所作的《关于修改党的章程的报告》中，邓小平明确指出："同资产阶级的政党相反，工人阶级的政党不是把人民群众当作自己的工具，而是自觉地认定自己是人民群众在特定的历史时期为完成特定的历史任务的一种工具。"

确实，只有没有私利地全心全意为人民服务，甘于做人民群众的工具，共产党才能当好人民的代表，才能赢得群众的信任，人民才能把自身解放和发展的领导权委托给共产党。全心全意为人民服务的这种精神最典型的体现在毛泽东《为人民服务》一文的以下名言之中："人总是要死的，但死的意义有不同。中国古时候有个文学家叫做司马迁的说过：'人固有一死，或重于泰山，或轻于鸿毛。'为人民利益而死，就比泰山还重；替法西斯卖力，替剥削人民和压迫人民的人去死，就比鸿毛还轻。"刘少奇在被称为共产党人的"道德经"的《论共产党人的修养》中也强调："在我们共产党员看来，为任何个人或少数人的利益而牺牲，是最不值得、最不应该的。但是，为党、为阶级、为民族解放，为人类解放和社会的发展，为最大多数人民的最大利益而牺牲，那就是最值得、最应该的。我们有无数的共产党员就是这样视死如归地、毫无犹豫地牺牲了他们的一切。'杀身成仁'、'舍生取义'，在必要的时候，对于多数共产党员来说，是被视为当然的事情。这不是由于他们的个人的革命狂热或沽名钓誉，而是由于他们对于社会发展的科学的了解和高度自觉。"就此而言，中国共产党作为使命型政党对于人民群众有一种深沉的价值承诺，有深刻的伦理观作为自己的价值基础。脱离开这种价值承诺，脱离开这种奉献与牺牲精神，就无法理解作为使命型政党的中国共产党之存在本身。

实际上，这种基于使命而产生的伦理精神在马克思主义创始人的著作中就已经开始显现。马克思在中学毕业论文《青年在选择职业时的考虑》中的那句名言我们早已非常熟悉：如果我们选择了最能为人类福利而劳动的职业，那么，重担就不能把我们压倒，因为这是为大家而献身；那时我们所感到的就不是可怜的、有限的、自私的乐趣，我们的幸福将属于千百万人，我们的事业将默默地，但是永恒发挥作用地存在下去，面对我们的骨灰，高尚的人们将洒下热泪。青年马克思也曾经自喻为为人类盗火而被缚的普罗米修斯。可以说，这种基于使命的牺牲精神贯穿于自马克思以来直至今天马克思主义政党一脉相承的价值理念之中。

中国共产党领导的新民主主义革命是为了人民的解放与自由，其领导下的改革同样也是。1978年改革的开启就是基于对民众现实利益的高度关切。众所周知，传统社会主义模式不仅无法实现经济社会的持续健康发展，而且严重压抑了社会成员的主体意识和主体能力，造成了普遍的贫穷与大众温饱问题的难以解决。正如邓小平1978年9月在反思以往经验教训时深刻指出的："我们是社会主义国家，社会主义制度优越性的根本表现，就是能够允许社会生产力以旧社会所没有的速度迅速发展，使人民日益增长的物质文化生活需要能够逐步得到满足。……如果在一个很长的历史时期内，社会主义国家生产力发展的速度比资本主义国家慢，还谈什么优越性？我们要想一想，我们给人民究竟做了多少事情呢？"[①]1982年9月，邓小平在陪同朝鲜劳动党中央委员会总书记金日成到四川参观访问的途中，曾经就"什么是社会主义、怎样建设社会主义"的问题一连提出了六个反问：一问"国家这么大，这么穷，不努力发展生产，日子怎么过？"，二问"我们人民的生活如此困难，怎么能体现出社会主义的优越性？"，三问"社会主义必须大力发展生产力，逐步消灭贫穷，不断提高人民的生活水平。否则，社会主义怎么能战胜资本主义？"，四问"不努力搞生产，经济如何发展？"，五问"社会主义、共产主义的优越性如何体现？"，六问"我们干革命几十年，搞社会主义三十多年，截至一九七八年，工人的月平均工资只有四五十元，农村的大多数地区仍处于贫困状态。这叫什么社会主义优越性？"[②]。这六个问题的提出表明以邓小平同志为主要代表的中国共产党人已经深深认识到传统的体制与做法必须改变，改革势在必行。而这样一个改革意味着对传统社会主义模式的深刻"革命"，意味着必须探索一条从中国自身实际出发，能够有效推动经济社会发展、有效满足社会成员物质需求的社会主义新路。也正是因为当年的改革满足了人民最为迫切的现实利益诉求，解决了人们的温饱问题，其才赢得了人们的广泛拥护和支持。

---

① 《邓小平文选》第二卷，人民出版社，1994，第128页。

② 《邓小平文选》第三卷，人民出版社，1993，第10—11页。

不仅改革的开启是基于对民众现实利益的高度关切，改革的深化与推进过程也始终坚持人民至上的价值理念。随着温饱问题的逐步解决以及经济市场化改革的持续推进，人们的民主、法治、公平、正义、安全、环境等方面的要求逐渐凸显，原有的需要本身也在逐步升级。正是基于满足人民逐步凸显的各方面利益诉求之需要，中国特色社会主义建设布局逐步拓展。党的十八大提出的经济建设、政治建设、文化建设、社会建设、生态文明建设“五位一体”的建设总布局正是在改革开放以来不断凸显的民众各领域利益诉求的基础上逐步确立与探索形成的。进而言之，不论是“五位一体”的总布局也好，或是创新、协调、绿色、开放、共享的新发展理念也好，还是全面建成小康社会、全面深化改革、全面依法治国、全面从严治党的“四个全面”战略布局也好，其提出与形成最终都是为了满足改革进程中民众在各领域不断凸显的利益诉求。

党的十八大以来，我们党对于改革的人民立场做出了富有时代内涵的创新性诠释，提出了以人民为中心的发展思想，做出了新时代我国社会主要矛盾已经转化为人民日益增长的美好生活需要和不平衡不充分的发展之间的矛盾的重大判断。在这样一个改革的关键时期，深刻理解并牢固树立以人民为中心的发展思想，对于改革的深入推进无疑具有极为重要的价值定向意义！正如习近平总书记强调指出的，以人民为中心的发展思想，不是一个抽象的、玄奥的概念，不能只停留在口头上、止步于思想环节，而要体现在经济社会发展各个环节。

群众路线作为一种方法论，正如毛泽东指出的：“在我党的一切实际工作中，凡属正确的领导，必须是从群众中来，到群众中去。这就是说，将群众的意见（分散的无系统的意见）集中起来（经过研究，化为集中的系统的意见），又到群众中去作宣传解释，化为群众的意见，使群众坚持下去，见之于行动，并在群众行动中考验这些意见是否正确。然后再从群众中集中起来，再到群众中坚持下去。如此无限循环，一次比一次地更正确、更生动、更丰富。这就是马克思主义的认识论。”[①]人民群众是实践的主体，“从群众

① 《毛泽东选集》第三卷，人民出版社，1991，第899页。

中来，到群众中去”，实际上就是“从实践中来，到实践中去”。分散的意见转化为系统的意见的过程，实际上就是从感性认识上升到理性认识的过程。因此，从群众中来，到群众中去的无限循环，也就是实践、认识、再实践、再认识的往复无穷的过程。对于这一实践认识论与根本工作方法的高度强调及在其指导下调查研究的有效开展，是我们党在革命、建设和改革时期正确路线、方针、政策得以制定的重要保证。历史上正反两方面的经验教训证明，对于群众路线我们应毫不动摇地坚持。但在新的历史条件与时代形势下，对于群众路线的理解也必须与时俱进，不断深化。这是中国共产党作为马克思主义使命型政党更好推进马克思主义中国化的必然要求。

所谓新的历史条件与时代形势是就我国改革开放以来特别是社会主义市场经济体制建立与完善以来的现代化进程而言的。与这一进程相适应，中国社会条件所发生的以下变化对于我们重新理解群众路线尤为重要。

其一，社会成员的公民个体身份逐渐凸显。公民身份与群众意义上的人民身份有相同之处，但也有所差异。两者都包含民众当家作主的意思。但人民作为一个范畴更具政治性、抽象性与集体性，任何一个单独的个体都无法称为人民，而只是人民中的一分子。公民则是一个宪法和法律范畴，其具有具体而明确的权利义务规定。正是由于人民概念的抽象性，才必须用公民这一概念来使之具体化，使人民的当家作主能够通过公民身份得以实现，获得实际意义与效能。中国现代化进程中公民身份的凸显实际上意味着“一切为了群众，一切依靠群众”的政治理念必须落实于具体的法治理念，落实于社会成员个体的公民权利才能落到实处。“为了群众”指向公民个体的各项权利，“依靠群众”也只有在切实尊重与保障公民各项权利的基础上才能充分激发社会成员的积极性、自主性与创造性。在此，人民身份的政治性化为了公民身份的法治性，人民身份的集体性化为了公民身份的个体性，人民身份的抽象性化为了公民身份的具体性。群众路线借助于公民身份这一理念获得了新的时代性内涵。就此而言，今天我们要更好地理解与贯彻群众路线，就必须在厘清人民概念适用性的基础上，同时实现理解基点上的创造性转换，即从宏观的人民身份转向具体的公民身份。

其二，公民身份的凸显意味着社会成员公民意识的唤起与增强。随着经济市场化的不断推进，随着中国政治文明的不断发展，社会成员的权利意识、自主意识、参与意识不断发展，社会成员在自己的权利捍卫与争取上也更为积极主动。社会群体与阶层的分化、社会利益矛盾的日常化，要求民主法制等现代制度机制的不断健全完善。换言之，在这种情况下，公众的意见表达与利益诉求要求现代制度本身的积极构建。正是在这一历史条件下，作为一种作风建设的群众路线显示出其创造性转换的必要。群众路线强调领导干部本身要“从群众中来，到群众中去”，依靠的是领导干部本身的积极性与主观能动性，突出的是一种作风建设。既然如此，群众路线的贯彻执行就面临一个领导干部想不想、能不能、愿不愿的问题，领导干部个人的素质、能力、态度与作风就起着决定性的作用。在这种情况下，如果缺乏有效的制度依托，主导性完全在领导干部一方，群众路线的运作就具有极大的偶然性与很强的随意性。即使领导干部没有有效贯彻执行群众路线，顶多是个作风问题而非原则问题与法律问题。由于缺乏强有力的民众参与机制与惩戒机制，领导干部贯彻落实群众路线的压力与动力就会成为问题。特别是在缺乏有效监督制约的情况下，群众路线的发扬容易沦为主观主义、形式主义与官僚主义。现实中存在的诸多官民矛盾实际上表明，仅仅停留于对待群众的作风、态度与方法层面，对于问题的实际解决是远远不够的。相反，只有不断加强民主法治建设，才能使领导干部在制度约束的情况下切实增强为民的积极性与主动性，更好地为民谋利。就以上分析而言，今天我们要更好地理解与贯彻群众路线，就必须实现理解基点上的创造性转换，即从作风建设转向制度建设。只有如此，民意的表达与民权的维护才更少地依赖于领导干部个人，而更多地依赖制度本身。就此而言，制度问题确实更带有根本性、全局性、稳定性和长期性。

其三，随着中国现代化进程的推进，中国的社会结构愈益分化，从原来的政治、经济、文化、社会的诸领域合一到现在诸领域分离，中国社会作为一个有机体的复杂程度愈益增大，利益与价值观日益多样化。在这种情况下，由于领导干部本身能力与时间的限制，由于现实情况的全面性与复杂性，仅仅依赖领导干部本身“从群众中来，到群众中去”的调查研究往往难以达到对问题与情况的全面、深刻与准确把握。领导干部掌握的信息再多，代表性再强，也无法完全代表方方面面的具体利益诉求。就此而言，虽然细致认真的调查研究能够采集大量社情民意以增强决策的科学性，群众路线在一定程度上具有部分的民主替代功能——因为民主的基本功能之一就是民众的利益表达与意见反映，但调查研究并非制度化的民主机制本身，群众路线也无法实现对民主功能的有效替代。基于此，应明确调查研究“自上而下有余”而“自下而上不足”的局限，切实加强民主制度建设，积极推进公民参与的广度与深度，依托制度来了解民众意见与利益诉求。综合以上，新时代对群众路线的理解必须与时俱进，尤其要从制度建设的高度来创新群众路线。

（五）对民主集中的制度要求与组织建构。马克思主义使命型政党不是许多党员简单的数目的总和，而是由全体党员按照一定规律组织起来的统一的有机体。民主集中制是中国共产党的根本组织制度。

对于民主集中制的内涵和基本原则，中国共产党党章有非常明确的阐述：民主集中制是民主基础上的集中和集中指导下的民主相结合。它既是党的根本组织原则，也是群众路线在党的生活中的运用。党章把民主集中制的基本原则概括为六点：“（一）党员个人服从党的组织，少数服从多数，下级组织服从上级组织，全党各个组织和全体党员服从党的全国代表大会和中央委员会。（二）党的各级领导机关，除它们派出的代表机关和在非党组织中的党组外，都由选举产生。（三）党的最高领导机关，是党的全国代表大会和它所产生的中央委员会。党的地方各级领导机关，是党的地方各级代表大会和它们所产生的委员会。党的各级委员会向同级的代表大会负责并报告工作。（四）党的上级组织要经常听取下级组织和党员群众的意见，及时解决他们提出的问题。党的下级组织既要向上级组织请示和报告工作，又要独立负责地解决自己职责范围内的问题。上下级组织之间要互通情报、互相支持和互相监督。党的各级组织要按规定实行党务公开，使党员对党内事务有更多的了解和参与。（五）党的各级委员会实行集体领导和个人分工负责相结合的制度。凡属重大问题都要按照集体领导、民主集中、个别酝酿、会议决定的原则，由党的委员会集体讨论，作出决定；委员会成员要根据集体的决定和分工，切实履行自己的职责。（六）党禁止任何形式的个人崇拜。要保证党的领导人的活动处于党和人民的监督之下，同时维护一切代表党和人民利益的领导人的威信。”

之所以采用民主集中制的组织原则，根本而言是由使命型政党的本质特点所决定的。一方面，使命型政党要实现伟大使命与宏伟蓝图，就必须尽可能充分激发调动广大党员与各级组织的积极性、能动性和创造热情，就必须尊重广大党员的主体地位与各项权利，否则就无法有效凝聚共识、集思广益、汇集力量、化解危机、应对挑战、实现目标。进而言之，马克思主义政党作为现代意义的政党，组织原则上也应该遵循、体现现代民主政治的基本理念。从以上而言，民主自然是必要的。另一方面，使命型政党要把已有的思路与决定迅速有效地贯彻落实，保证全党统一行动，组织性、纪律性、中央权威又是必不可少的。就此而言，集中更是必要的。当然，任何的民主程序都会走向集中以形成共识并付诸行动，但使命型政党所强调的集中远不止于这一最基本的要求与内涵，而是尤其强调组织的严密有序、决策的迅速有效、执行的坚决有力、纪律的严明规范，这是使命型政党的政治优势与力量所在。只有如此，才能避免党内的宗派主义、自由主义、分散主义，使全体党员与人民群众劲往一处使，汇集力量，最大可能地实现宏伟目标。

政党面临的形势越复杂、挑战越严峻，就越会强调这种组织性、纪律性、统一性。革命战争年代如此，今天改革深化的攻坚阶段也是如此。正如习近平总书记反复强调的：“我们党是靠革命理想和铁的纪律组织起来的马克思主义政党，纪律严明是党的光荣传统和独特优势。我们党有八千五百多万党员，在一个幅员辽阔、人口众多的发展中大国执政，如果不严明党的纪律，党的凝聚力和战斗力就会大大削弱，党的领导能力和执政能力就会大大削弱。……新的历史条件下，我们党要团结带领人民全面建成小康社会、基本实现现代化，同样要靠铁的纪律保证。党面临的形势越复杂，肩负的任务越艰巨，就越要加强纪律建设，越要维护党的团结统一，确保全党统一意志、统一行动、步调一致前进。”[①]尤其是要同党中央保持高度一致，自觉维护中央权威。

---

① 《习近平关于严明党的纪律和规矩论述摘编》，中央文献出版社、中国方正出版社，2016，第3—4页。

既然强调民主集中制，强调自上而下的集中统一，政党领袖与干部精英的角色就显得尤为突出。相比于普通党员与一般干部，他们的位置更为关键，作用更为重要。使命型政党首先要有通晓使命、能力卓越的精英，他们构成政党的核心部分。可以说，政党领袖与干部精英的能力、素质、格局、境界如何，对于民主集中制的有效运作，对于自上而下的谋划、管理、教育、组织、引领，对于使命与目标的完成，对于马克思主义中国化，具有极大甚至是决定性的影响。中国共产党的领袖“肩负的历史使命、责任及所处的特殊地位，决定了其在马克思主义中国化进程中的关键作用。而一个成熟的中央领导集体，则是推进马克思主义中国化事业的根本组织保障”[①]。正是基于此，使命型政党在治党方面必须抓住政党领袖与党内精英这部分关键少数，一旦这一部分人出现大的问题，后果很难预料，有时甚至不堪设想。“邓小平同志说过：‘在中国来说，谁有资格犯大错误？就是中国共产党。’那么在党内，谁有资格犯大错误？我看还是高级干部。高级干部一旦犯错误，造成的危害大，对党的形象和威信损害大。”[②]“党的建设的不断发展与完善，党的组织既能够充分发挥领袖作用，又能够有效制约领袖行为的领袖与组织之间健康和谐的关系，是顺利推进马克思主义中国化的重要条件。而这个关键，就是要健全党内民主制度。马克思主义中国化的过程，不仅是领袖引领和推动的过程，也是全党共同发挥作用的过程。中国社会主义革命和建设的经验教训表明，什么时候党内民主生活正常，什么时候马克思主义中国化的事业就会健康发展；反之，什么时候党内民主生活不正常，个人崇拜、个人迷信盛行，马克思主义中国化的事业就会遭到挫折。”[③]突出抓重点、强调抓关键，反映了马克思主义使命型政党一个典型的治党策略，即我们在前面章节强调过的梯度治党：在对全党统一要求的基础上，针对党内不同群体与对象又有不尽相同的、区别化的治理策略。从普通党员到领导干部再到高级领导干部，能力要求愈益突出、品性要求愈益提高、制度要求愈益

---

① 张国宏：《马克思主义中国化十论》，浙江大学出版社，2010，第227页。

② 《习近平关于严明党的纪律和规矩论述摘编》，中央文献出版社、中国方正出版社，2016，第95—96页。

③ 张国宏：《马克思主义中国化十论》，浙江大学出版社，2010，第233页。

严明、责任要求愈益严格，从而体现为在统一基础上各方面要求随党内职务与地位相伴上升的梯度化治党格局。这一梯度治党的战略，在我们党的建设历史上一直就有所探索，党的十八大以后则更为显性化。应该说，这是使命型政党本身的内在要求。

（六）对党性修养的高度强调与典型示范。马克思主义政党要实现伟大的历史使命，不论是最终实现共产主义，还是实现阶段性的宏伟蓝图，都需要进行艰难而伟大的斗争。而要想通过这种艰难而伟大的斗争实践去改变世界、变革社会，不断加强党员个体在思想理论、政治立场、利益观念、纪律意识、政治品格等方面的修养极为必要。只有通过不断的党性修养，党员个体才有可能确保对党忠诚、对人民忠诚，才有可能实现党性与阶级性的统一、党性与人民性的统一，才有可能保持先进性和纯洁性。具体而言，之所以需要不断强化个体的党性修养，一方面是因为现实中，使命之光荣、形势之复杂、任务之艰巨，非志虑忠纯者不能担当、应对与实现；另一方面是因为现实的党员来源构成复杂，各种错误、腐朽思想不可避免地渗透、流布于党内，而且即使是经过锻炼的老党员也往往不可避免会受到旧的思想意识的影响，凡此种种，必然影响党员个体党性修养的增强与提高，进而影响整个党的战斗力。提高党性修养的方式有多种，但树立典型示范是尤具特色的一种。典型示范是使命型政党一种重要的治理方式。使命型政党要想实现使命，不仅要求全体党员信念坚定，自省自律，而且要求在其中树立典型，发挥示范作用。这是理想建党与道德建党的内在要求。权力选定模范，宣传模范，塑造模范，发挥其引领与示范作用！

当然，在今天的时代形势下，要求每一个党员都具有高度的党性修养与高尚的道德境界也不完全现实，所以在党性修养方面，党的十八大以来的一个重要原则就是明确底线与高线。底线具有负面清单，包括纪律底线、道德底线、政策底线、法律底线，党员和党组织不可触碰、不能逾越。高线则是高的标准，属于正面倡导，发挥理想信念和道德情操引领作用。就党性修养来讲，下有底线，上不封顶，守底线和坚持高标准相结合，换言之，有一定的弹性空间。

以上集中分析了马克思主义使命型政党的六个特点：对伟大使命的明确

认知与自觉担当、对历史规律的理论探求与实践遵循、对指导思想的极度重视与发展创新、对群众路线的牢固树立与贯彻执行、对民主集中的制度要求与组织建构、对党性修养的高度强调与典型示范。这六个方面既涉及理想也涉及现实，既涉及理论也涉及实践，既涉及思想也涉及制度，既涉及全党也涉及个体，既涉及政党自身也涉及人民群众，所有这些最终都指向历史使命的实现。只有系统把握以上六个方面，才能更好地理解中国共产党的自身特点与运作逻辑，更好地理解中国共产党作为马克思主义使命型政党如何推进马克思主义中国化。

第三篇

「中国道路的内涵解读」

在全球范围内引人瞩目和热议的中国道路有着丰富的内涵，它的最本质特征是中国共产党领导，最显著特征是以人民为中心的思想，最鲜明特征是改革开放，其精神实质在于解放思想、实事求是，它涉及经济建设、政治建设、文化建设、社会建设、生态文明建设等领域，是一条以马克思主义为指导，实现中华民族伟大复兴梦想的必由之路，也是一条与各国各民族相互学习借鉴，建设持久和平、共同繁荣的人类命运共同体的和谐世界之路。

中国道路及其本源意义

韩庆祥（中央党校原校务委员会委员、一级教授，中央党校专家工作室领衔专家）

本文摘自《中国特色社会主义研究》2020年第2期

理清中国道路的核心要义及其政治意义、学理价值和实践意义，就必须深入学理层次进行研究。首先，对马克思主义发展史作出一个全新的判断，即对“道路”的探寻是贯穿马克思主义发展史的一条根本主线。其次，运用“定性—定位—定标—定法—定力”的分析框架，揭示中国道路的核心要义及其生成机制。最后，从学理上提出一个全新的论断，即中国道路具有本源意义，并对这一本源意义进行全方位的揭示：近代以来，中国的根本问题是针对“中国向何处去”而选择一条正确的道路问题；马克思主义中国化历史发展的逻辑，其核心是围绕中国道路这一主线展开的；中国共产党历史发展的逻辑、新中国历史发展的逻辑，其底色和本质是追寻正确的中国道路；改革开放历史发展的逻辑，从根本上就是探究实现社会主义现代化发展之正确道路的逻辑；中国道路具有世界历史意义，它具有历史性贡献、引导性贡献、发展性贡献、文明性贡献和理论性贡献。

学术界、理论界对中国道路问题较为关注，时常把中国道路看作是一个根本性问题。然而，由于人们多把中国道路仅看作是一个政治问题而非学术问题，还没有从学理上加以深入理解和阐释，致使中国道路成为人们熟知并非真知、知其然而不知其所以然的一类问题。在把中国道路首先看作是政治问题的前提下，如何把中国道路也看作是一个学术问题，进而把中国道路由政治话语转化为学术话语？如何从学理上理解和把握中国道路及其意义？迄今为止，学术界还未真正解决好这些问题，因而还没有从学理上对中国道路作出一个精准、精炼、彻底、合乎逻辑且令人信服的阐释，更没有认识到中国道路所具有的本源意义。本文认为，把中国道路看作一个学术问题，进而从学理上加以深入探讨，不仅有助于从外延上拓宽中国道路问题研究的学术空间，而且有助于从根本上深刻认识到中国道路所具有的本源意义。

一、对“道路”的探寻是贯穿马克思主义发展史的一条根本主线

马克思主义发展史到底是一种什么样的发展史？答案种种，然而还没有哪一本著作把马克思主义发展史从根本上明确看作是对道路问题探寻的历史。

空想社会主义之所以是空想，主要体现在两个方面：一是它对未来理想目标的设想没有建立在现实的基础之上；二是它关于未来理想目标的实现较为注重人的理性、改良、道德教育、宣传舆论、天才人物的作用，没有真正找到切实可行的科学道路。于是，实现社会主义理想目标的道路问题就成为需要后人继续深入探寻的一个根本性问题。

马克思、恩格斯把社会主义由空想变为科学，创立了科学社会主义。科学社会主义对空想社会主义的变革主要体现在道路问题上。一是马克思、恩格斯把对未来理想社会之理想目标的设想建立在现实的基础上，这一现实就是对社会基本矛盾的理解，就是对资本主义社会发展规律和人类历史发展一般规律的把握；二是马克思、恩格斯找到了一条实现社会主义理想目标的根本路径，这就是《共产党宣言》所确立的：全世界无产者联合起来，通过无产阶级革命，消灭私有制，消灭剥削，进而解放无产阶级，解放全人类，促进每个人自由而全面发展。在马克思、恩格斯那里，科学社会主义就是关于无产阶级解放条件的学说，其核心就是致力于探寻实现社会主义、共产主义与人的自由全面发展的道路。

马克思晚年集中思考和研究的是东方社会跨越“卡夫丁峡谷”问题，其实质就是关于东方社会的发展道路问题。1867年，《资本论》第一卷出版后，俄国学者正在思考俄国废除奴隶制后向何处去的道路问题。他们对《资本论》中所提出的由封建生产方式向资本主义生产方式转变的历史必然性、对俄国农村公社的命运尤其是俄国社会的发展道路等问题展开了激烈争论。1881年初，俄国革命民主主义者查苏利奇致信马克思，希望马克思能说明对俄国农村公社的发展道路和发展命运的看法。马克思针对他们提出的问题，也着重对东方社会发展道路问题进行思考，并作了回应。“一方面，土地公有制使它有可能直接地、逐步地把小地块个体耕作转化为集体耕作，并且俄

国农民已经在没有进行分配的草地上实行着集体耕作。俄国土地的天然地势适合于大规模地使用机器。农民习惯于劳动组合关系，这有助于他们从小地块劳动向合作劳动过渡；最后，长久以来靠农民维持生存的俄国社会，也有义务给予农民必要的垫款，来实现这一过渡。另一方面，和控制着世界市场的西方生产同时存在，就使俄国可以不通过资本主义制度的卡夫丁峡谷，而把资本主义制度所创造的一切积极的成果用到公社中来。”[①]

列宁把科学社会主义由理论付诸实践，十月革命就是科学社会主义在俄国的具体实践。列宁在晚年从实践到理论所探寻的根本主题，就是小农经济占优势的俄国向社会主义过渡的道路问题。列宁指出：当时俄国小农经济占优势。要使小农经济向社会主义过渡，必须利用国家资本主义。他指出："一切民族都将走向社会主义，这是不可避免的，但是一切民族的走法却不会完全一样，在民主的这种或那种形式上，在无产阶级专政的这种或那种形态上，在社会生活各方面的社会主义改造的速度上，每个民族都会有自己的特点。”[②]这里所谓的走法，实质上就是道路问题。

自1921年中国共产党登上历史舞台以后，马克思主义的发展就具体体现为马克思主义基本原理与中国具体实际相结合及其发展历程上，亦即马克思主义在中国的历史发展。十月革命一声炮响，给中国送来了马克思列宁主义。马克思主义在中国的历史发展进程首先表现为马克思主义基本原理与中国革命具体实际相结合，这是在新民主主义革命时期实现的。这一次结合的核心问题，就是关于中国革命的道路问题。当时毛泽东和王明的争论实质上就是关于中国革命走什么样的道路这一根本问题。2014年4月1日，习近平在比利时布鲁日欧洲学院演讲时，回顾了当时中国是如何选择社会主义道路的：1911年，孙中山先生领导的辛亥革命推翻了统治中国几千年的君主专制制度。旧的制度推翻了，中国向何处去？中国人苦苦寻找适合中国国情的道路。君主立宪制、复辟帝制、议会制、多党制、总统制都想过了、试过了，结果都行不通。最后，中国选择了社会主义道路。

---

① 《马克思恩格斯选集》第三卷，人民出版社，2012，第824—825页。

② 《列宁专题文集·论社会主义》，人民出版社，2009，第398页。

1956年初，在中国社会主义基本制度将要确立这一历史时刻，毛泽东把在新中国如何建设社会主义的道路问题提到了重要议事日程，这一问题成为以毛泽东同志为主要代表的中国共产党人所面对的最为紧迫的根本问题，这实际上也是马克思主义基本原理与中国社会主义建设具体实际相结合的问题。1956年4月，在中央政治局扩大会议上，毛泽东曾经说过，他认为最重要的教训是独立自主，调查研究，摸清本国国情，把马克思列宁主义的基本原理同我国革命和建设的具体实际结合起来。

这意味着，毛泽东特别强调要把马克思主义基本原理同中国社会主义建设的具体实际结合起来；这一结合的核心问题，就是应该独立思考中国自己的社会主义建设道路问题，这表明我们党在精神上具有一定的独立性和主动性。在这一问题上，我们党既反省、反思了一定历史时期对"苏联模式"的照搬，又强调了要破除迷信，反对本本主义、教条主义。这次结合，毛泽东明确将其称之为第二次结合。毛泽东强调：汲取苏共二十大的经验教训，"最重要的是要独立思考，把马列主义的基本原理同中国革命和建设的具体实际相结合"。对此，毛泽东深有体会地说："民主革命时期，我们走过一段弯路，吃了大亏之后才成功地实现了这种结合，取得了革命的胜利。现在是社会主义革命和建设时期，我们要进行第二次结合，找出在中国进行社会主义革命和建设的正确道路。"①第二次结合的主要理论成果，根据顾海良教授的研究，一是社会主义社会基本矛盾理论；二是统筹兼顾、注重综合平衡理论；三是以农业为基础、工业为主导、农轻重协调发展理论。在笔者看来，这其中最为核心的，是社会主义社会基本矛盾理论。因为对社会主义社会基本矛盾及其性质的理解，是关系社会主义如何搞法的一个重大问题。这个问题实质上就是社会主义建设的道路问题。

1978年我国开启改革开放和社会主义现代化建设新步伐以后，马克思主义在中国的发展就体现为马克思主义基本原理与新时期中国改革开放的具体实际相结合，这次结合的实质和核心就是对实现社会主义现代化的道路问题的探究。根据历次党代会的主题，完全可以明确地把这条道路确定为中国特

---

① 《十七大以来重要文献选编》(上)，中央文献出版社，2009，第253—254页。

色社会主义道路。

党的十八大的召开，是马克思主义在中国发展的一个新的里程碑。新就新在是“中国特色社会主义新时代”，是“我国发展新的历史方位”，是实现“强起来”的新时代，是我国由大国向强国实现伟大飞跃的新的历史方位。在这一新时代或新的历史方位，马克思主义的发展就具体体现为马克思主义基本原理与我国新时代中国特色社会主义实践相结合，与大国成为强国即实现“强起来”的历史实践相结合。这次结合具有里程碑意义，其结合之实质和核心就是要进一步深入探究实现“强起来”的具体道路问题。党的十九大报告第四部分及其之后的内容主要就是对全面建成社会主义现代化强国、实现中华民族伟大复兴之具体道路的阐述。

由上可以看出，马克思主义发展史从根本上就是对道路问题探寻的历史。

二、运用“五定”总体框架揭示中国道路的核心要义及其生成机制

既然对道路的探寻是贯穿马克思主义发展史的一条根本主线，那么，从学理上来讲中国道路的生成机制是什么？究竟什么是中国道路的核心要义？或者说如何从学理上揭示中国道路的核心要义及其生成机制？中国道路，就广义而言，主要包括中国革命的道路、中国社会主义建设的道路、社会主义现代化建设的道路与和平发展道路；就狭义而言，主要是指当代中国致力于实现社会主义现代化、实现中华民族伟大复兴的中国特色社会主义道路。这里，本文按照一个完整的逻辑框架，从五个维度力图对中国道路尤其是狭义上的中国特色社会主义道路的核心要义及其生成机制作出学理上的揭示。

（一）定性：坚持中国共产党领导。揭示中国道路，首先要对中国道路进行定性，这主要回答“谁来领航”“往哪领航”的问题。这一维度讲的是中国道路的本质逻辑。性质决定着方向，方向决定着道路。方向问题是中国道路的首要问题。

中国道路在性质上既不是走资本主义的邪路，也不是走封闭僵化的老路。中国共产党领导是中国特色社会主义最本质的特征，中国共产党领导是

中国特色社会主义制度最大的优势。此外，是中国共产党探寻并开创了中国道路。显然，坚持中国共产党领导是中国道路最本质的特征，它体现着中国道路的根本性质。

中国共产党登上中国历史舞台，就开始探寻中国革命的道路问题；1956年，中国共产党开始主动探究在中国建设社会主义的道路问题；1978年我国开启改革开放以后，中国共产党真正开始探寻并开创了中国特色社会主义道路。由于找到了正确的道路，就使得中国发生了翻天覆地的变化。历史的逻辑确实如此：没有中国共产党，就没有新民主主义革命的胜利；没有中国共产党，就没有新中国；没有中国共产党，就没有改革开放。中国共产党正是在探寻中国道路并创造历史成就的过程中呈现出领导力的，也是在运用总体方略实现战略目标的历史进程中实现其领导力的。因此，只有读懂中国共产党，才能理解中国道路；只有理解中国道路，才有助于理解中国共产党。在中国道路中，之所以必须坚持中国共产党领导，是因为中国共产党不仅是中国道路的真正探寻者、开创者与领航者，而且其指导思想具有引领力、奋斗目标具有感召力、组织资源具有动员力、实现蓝图具有恒定力、自我革命具有净化力。在中国道路的核心要义中，坚持中国共产党领导具有总体性地位与核心性作用。

（二）定位：立足历史方位。揭示中国道路，在搞清楚“谁来领航”“往哪领航”之后，逻辑上就必须进一步为中国道路进行定位，即搞清楚“我在哪里”（“我在何处”）。这一维度，讲的是中国道路的历史逻辑，实际上是关于中国道路的历史坐标问题。这里所讲的历史坐标实质上就是中国道路所处的历史方位。确定历史方位至关重要，因为只有首先搞清楚“我在哪里”（“我在何处”），才能进一步搞清楚“走向何方”。这在实质上讲的是中国道路的总依据、立足点问题。

历史方位既然是历史坐标，它就确定着中国道路所处的历史阶段。在不同历史阶段，中国道路会有不同走法，同一条根本相同的道路也会有具体不同的走法。中国道路是中国共产党在不同历史阶段且解决不同的社会主要矛盾和根本问题的进程中开创出来的。在1978年改革开放初期，即在我国“欠发展”的历史方位，我们党主要是解决人民日益增长的物质文化需要同落后的社会生产之间的矛盾，由此所要解决的根本问题或首要根本任务，就是解放和发展社会生产力，解决的方法是发展科学技术，利用市场机制。党的十八大以后，中国特色社会主义进入了新时代，我国发展进入了“发展起来以后”新的历史方位。此时，我们党与时俱进地把人民日益增长的美好生活需要和不平衡不充分的发展之间的矛盾作为社会主要矛盾，由此把逐步实现全体人民共同富裕、不断促进人的全面发展作为全面建成社会主义现代化强国、实现中华民族伟大复兴的根本支柱，作为新时代新的历史使命和奋斗目标，把贯彻落实新发展理念、实施“两大布局”（统筹推进“五位一体”总体布局和协调推进“四个全面”战略布局）作为总体方略。显然，中国道路既具有相对稳定性，也具有开放性和未完成性，具有与时俱进的品格，它不是封闭保守僵化的，而是开放创新发展的，是向世界开放的。

立足历史方位的中国道路具有三大实践功能。第一，保持清醒头脑，不冒进、不保守。明确历史方位，就知道“我在何处”。“所以人类始终只提出自己能够解决的任务，因为只要仔细考察就可以发现，任务本身，只有在解决它的物质条件已经存在或者至少是在生成过程中的时候，才会产生。”[①]我们只能根据自己所处的历史方位来确定奋斗目标。这样，就既不会冒进，也不会保守。第二，坚持与时俱进，不停滞、不封闭。随着历史进步和实践发展，我们要与时俱进地确定奋斗目标，并全力以赴地实现这一奋斗目标，中国道路也随之得以拓展。比如，随着民族历史日趋成为世界历史，中国道路的世界维度会日益展现。只有这样，才会不停滞、不封闭。第三，明确工作重点，不迷失、不折腾。明确工作重点，就可以紧紧围绕工作重点做好工作，并以抓重点带好面上的工作。这样，既不迷失方向，也可避免瞎折腾。中国共产党人十分重视历史方位问题，并以此来与时俱进地拓展中国道路，推进中国发展。

（三）定标：把解放和发展生产力、逐步实现全体人民共同富裕和促进人的全面发展作为实现社会主义现代化、实现中华民族伟大复兴的三大根本支柱。揭示中国道路，在搞清楚“我在何处”之后，逻辑上就需要对中国道路进行“定标”，回答“走向何方”的问题。确定“我在何处”，就是为了明

---

① 习近平：《关于坚持和发展中国特色社会主义的几个问题》，《求是》2019年第7期。

确“走向何方”。这一维度讲的是中国道路的目标逻辑。道路自然包含道路所指向和达到的战略目标。战略目标是中国道路的题中应有之义。没有战略目标的道路不能称其为道路。

确定战略目标，既要以实事求是地把握社会主要矛盾和所解决的根本问题为基础和前提，也要以对“历史方位”的定位为基础和前提，确定战略目标，与确定历史方位直接相关，这叫作“定位”决定“定标”。在什么样的历史方位，就确定什么样的战略目标。也就是说，我们党所确定并实现的战略目标是历史的、与时俱进的。在“欠发展”的历史方位，邓小平首先判定我国的社会主义依然处在“初级阶段”，因而其首要根本任务和奋斗目标就是“解放和发展生产力”。习近平把中国特色社会主义确定为进入了新时代，我国发展进入了新的历史方位，即我国“发展起来以后”的历史方位。由此，他把“逐步实现全体人民共同富裕，建设富强民主文明和谐美丽的社会主义现代化国家”、实现中华民族伟大复兴、促进人的全面发展作为新时代中国共产党的战略目标。这样的逻辑次序可归结为：解放和发展生产力——逐步实现全体人民共同富裕——促进人的全面发展。解放和发展生产力、逐步实现全体人民共同富裕和促进人的全面发展，从根本上影响着实现社会主义现代化、实现中华民族伟大复兴。所以，在中国道路中，解放和发展生产力、逐步实现全体人民共同富裕和促进人的全面发展，是实现社会主义现代化、实现中华民族伟大复兴的三大根本支柱。

中国道路中的战略目标，主要表达的是中国道路的目标追求和价值取向。解放和发展生产力、逐步实现全体人民共同富裕、促进人的全面发展，都是社会主义的目标追求和价值取向。这种战略目标超越了以资本为主导的逻辑，走出了一条把物的发展和人的发展统一起来的以人民为中心的全面现代化道路，这是中国道路的核心。因为现代化首先是解决“物”的问题，然后在逻辑上进一步解决“人”的问题；这种战略目标凝聚着中国共产党和中国人民的共同目标追求，凸显了社会主义和现代化的本质属性，从而使社会主义和现代化互相促进、相辅相成；它注重共同富裕和每个人的全面发展，更具有感召力和凝聚力；它所呈现出的现代化是全面发展的现代化，涉及经济、政治、文化、社会、生态方方面面。它具有三大实践功能，一是明确前进方向，激发人们的主动性、能动性；二是明确奋斗目标，振奋人心、鼓舞斗志；三是画出最大同心圆，具有凝心聚力作用。

（四）定法：把贯彻落实新发展理念并实施“两大布局”作为总体方略。揭示中国道路，接下来的逻辑，就是对中国道路进行“定法”，回答“如何走法”的问题。这一维度，讲的是中国道路的实践逻辑。所谓定法，就是确定实现战略目标的根本路径和方法，亦称总体方略。这是中国道路的一个核心内容。

战略目标确定之后，接着在逻辑上就要确定实现战略目标的总体方略。为实现战略目标，就必须进一步确定好实现战略目标的总体方略。为实现上述所讲的战略目标，习近平提出了贯彻落实新发展理念，统筹推进“五位一体”总体布局、协调推进“四个全面”战略布局。这实际上讲的就是实现战略目标的总体方略。在这一总体方略中，统筹推进“五位一体”总体布局是“总框架”，新发展理念是“路线图”，“四个全面”战略布局是“牛鼻子”。统筹推进“五位一体”总体布局，意味着中国道路在我国经济、政治、文化、社会和生态领域都有具体的体现。新发展理念在中国道路中具有十分重要的地位，它从“路线图”的高度来讲如何使大国成为强国进而实现中华民族伟大复兴，它体现了中国特色和社会主义本质的有机统一，体现了经济社会发展和生态文明建设的有机统一，体现了国内发展和国际发展的有机统一，体现了中国视野和世界眼光的有机统一，是对我国发展起来以后的发展新格局作出的顶层设计和战略谋划。协调推进“四个全面”战略布局，意味着要紧紧扭住“四个全面”战略布局这个“牛鼻子”，来统筹推进“五位一体”总体布局，来贯彻落实新发展理念。

（五）定力：整合推动力量，使党的领导力量、市场配置力量和人民主体力量形成合力。揭示中国道路，在逻辑上，还要进一步揭示中国道路所蕴含的推动力量，即蕴含的“定力”，回答“动力何来”的问题。这一维度，讲的是中国道路的制度逻辑。所谓定力，就是揭示实现战略目标的推动力量。路是要走的，道路是走出来的，走就需要力量来推动。没有力量推动，战略目标及总体方略都实现不了。推动力量是中国道路中不可或缺的一项重要内容。这种推动力量可概括为：积极整合党的领导力量、市场配置力量和人民主体力量并形成合力。其中，党的领导力量是根本，市场配置力量是手段，人民主体力量是目的。

把推动力量作为中国道路的核心要义之一有其重要依据。第一，具有历史依据。中国特色社会主义的开创是从社会结构转型开始的。现代化的本质是“社会结构转型”，即由传统的社会结构转向现代的社会结构。当代中国通过开创中国特色社会主义以实现社会主义现代化的进程，本质上就是中国“社会结构转型”的进程。1978年改革开放以后，我国开创了中国特色社会主义。1992年，我国正式明确要建立社会主义市场经济体制。社会主义市场经济体制的出现，逐渐改变了我国传统的社会结构，使中国传统社会结构发生转型。这种转型，首先体现在市场配置的力量在生长。随着市场配置力量的生长，最直接的影响，就是人民的主体力量也不断增长。因为市场配置力量的生长，会不断增强人民的利益、能力、自立意识，以及主体、独立、自主、平等、民主意识，进而会使人民的各种诉求不断觉醒和增强。当前，人民的能力、自立、自主、民主意识的增强，就是人民主体力量增强的具体体现。随着市场配置力量、人民主体力量的不断增强，会内在要求政府转变传统职能，由管制型政府向在中国共产党领导下且仍具有主导作用的公共服务型、治理型政府转变。这样，整个中国的社会结构就会发生如下变化：即逐渐形成以党的领导力量、市场配置力量和人民主体力量为核心要素而构成的新型社会结构。这种结构，构成中国特色社会主义道路中的本质力量结构。第二，具有理论依据。中国特色社会主义首先是社会主义，科学社会主义的基本原则不能丢，丢了就不是社会主义。科学社会主义的基本原则，就是坚持劳动人民立场，它把人民群众当作社会历史发展的主体，当作社会历史发展的动力，当作推动社会历史发展的力量源泉，当作社会历史发展的目的。由此，中国道路必须注重人民主体力量。这是中国特色社会主义之所以称其为社会主义的本质或根据。离开这一点，就不是社会主义，也谈不上中国特色社会主义道路。中国特色社会主义之为“中国特色”，从根本性来看，在经济上主要体现为市场经济。因为在科学社会主义的基本原则中，在马克思、恩格斯对社会主义的理解中，是找不到市场经济的。由于中国特殊的国情，由于中国要集中力量解放和发展生产力，也由于只有解放和发展生产力才能真正实现社会主义，所以，我们就利用了市场经济和市场机制，这就使中国的社会主义具有了“中国特色”。所以，注重市场配置力量，就成为中国道路之“中国特色”的一个核心要义。不仅如此，中国特色社会主义之为“中国特色”，从根本性上说，在政治上主要体现为党的领导。坚持中国共产党领导（以及更好发挥政府的作用），是中国特色社会主义的本质特征和根本要求，是中国特色社会主义制度的最大优势。历史和实践表明，在1978年以来中国特色社会主义建设实践中，在正确决策的前提下，党和政府集中一切资源和力量解难题、办大事、加速度，大力解放和发展生产力，是中国特色社会主义之“中国特色”最鲜明的本质特征。实际上，中国特色社会主义体现在经济、政治和社会领域，就分别是建立社会主义市场经济体制、坚持中国共产党领导和充分发挥人民群众的主体力量。换一种表述，就是注重市场配置力量、党的领导力量和人民主体力量。第三，具有实践依据。党政军民学、东西南北中，党是领导一切的。所以，在中国道路所蕴含的核心力量结构中，党的领导力量是首要的。人民是中国共产党执政的最大底气，人民是中国共产党最根本的依靠力量，人民对美好生活的向往就是我们党的奋斗目标，为中国人民谋幸福是中国共产党人的初心。民心是最大的政治，要把人民放在我们党心目中最高的位置。由此，只有读懂人民，才能真正读懂中国共产党。在中国道路所蕴含的核心力量结构中，人民主体力量是必不可少的。在党的基本路线中，坚持以经济建设为中心，就必须坚持改革开放，而改革之一的经济体制改革之大方向是建立社会主义市场经济体制，其目的是让市场在资源配置中发挥决定性作用，更好发挥政府的作用。由此，市场配置力量在经济领域至关重要，应成为中国道路所蕴含的核心力量结构中的一个重要因素。因此，党的领导力量、市场配置力量和人民主体力量构成中国道路中的三种根本力量。中国道路不仅注重党的领导力量、市场配置力量和人民主体力量，而且注重整合这三种力量并形成合力。只有整合并形成合力，才能真正实现战略目标，也才能真正显示出中国道路的独特优势和重大作用。

要正确处理政党、市场和人民的关系，就需要从制度上给出合理的设计。从制度设计上，这种关系，就是中国共产党要有效合理利用和驾驭资本，坚持以人民为中心，解放和发展生产力。制度上的合理设计，能够避免阶级分化和社会冲突，能够更好地促进公平正义和维护社会和谐。可见，从制度角度看，中国道路的核心，就是要构建一套既能让中国共产党驾驭市场经济、又能保证政治权力为人民谋幸福的制度体系，它构成中国道路的制度支撑。由此，从根本上说，中国道路的制度逻辑，就是构建政党、市场、人民三大核心要素之间的制度体系。

综上所述，从学理上可以把中国道路的核心要义及其形成机制概括为：坚持中国共产党领导，立足历史方位，把解放和发展生产力、逐步实现全体人民共同富裕和促进人的全面发展，作为实现社会主义现代化、实现中华民族伟大复兴的三大根本支柱，自觉贯彻落实新发展理念，实施“两大布局”，整合党的领导力量、市场配置力量和人民主体力量并形成合力。这些核心要义具有严密的内在逻辑，构成一个有机整体。

三、中国道路的本源意义

在详尽考察、分析马克思主义发展史、马克思主义中国化历史发展的逻辑、中国共产党历史发展的逻辑、新中国历史发展的逻辑、我国改革开放历史发展的逻辑、世界历史发展的逻辑，以及近代以来中国所面临的“向何处去”这一根本问题之后，就会发现：中国道路具有本源意义，它是解释上述发展逻辑和根本问题的一种“框架”、一把“钥匙”。回溯中国共产党成立近100年来的历史，首先要从总体上解答好三个影响中国发展命运的根本性问题，这就是马克思主义为什么行、中国特色社会主义为什么好、中国共产党为什么能。要解答好这三个根本性问题，理论必须彻底，理论只要彻底，就能说服人。所谓彻底，就是要抓住问题的根本；问题的根本，就是必须从中国道路中寻找问题的本源，寻找问题的真实答案。这里所讲的本源意义，是指中国道路是理解近代以来中国的总体性问题的根本、根底、根据和基础。

（一）马克思主义中国化历史发展的逻辑，核心是围绕中国道路这一主线展开的。马克思主义中国化历史发展的逻辑，本质上是马克思主义与中国具体实际相结合的逻辑。它涉及马克思主义和中国具体实际两个根本方面。如上文所述，马克思主义的发展史，从根本上就是对道路问题探寻的历史。

近代以来中国的具体实际，也就是中国的根本问题，归根到底，就是对中国道路的探寻。近代以来，中国就处在迷茫彷徨当中，其主要原因就是没有找到一条救国之路。当时，各种各样、五花八门的“主义”在中国都尝试过，也都在解决一个根本问题：中国向何处去？因为旧的制度被推翻以后，“中国向何处去”的道路问题便成为根本性的问题。当时许多仁人志士都在苦苦寻找适合中国国情的道路，但各种各样的方案都行不通。就是说，当时没有一个“主义”和“方案”能解决中国的道路问题。

马克思主义传播到中国来，就开启了马克思主义中国化的历程，且一下子就在中国落地、扎根、开花、结果了。为什么？其中最根本的就是马克思主义在与中国具体实际相结合的马克思主义中国化过程中，找到了能解决中国问题的正确的中国道路。

马克思主义中国化即马克思主义与中国具体实际的第一次结合，是在新民主主义时期进行的。这次结合的实质，是关于中国革命的道路问题。这一时期，中国共产党人最关注的，是采取什么样的革命道路才能实现民族独立、人民解放。当时在党内就中国革命的道路问题展开了激烈争论，争论的焦点是采取城市武装暴动的道路，还是采取农村包围城市的道路。历史、实践与中国共产党人最终选择了农村包围城市的革命道路，于是便实现了马克思主义中国化的第一次飞跃，其成果就是毛泽东思想。

马克思主义中国化即马克思主义与中国具体实际的第二次结合，是在1956年社会主义改造完成以后的中国建设社会主义时期。这次结合，毛泽东明确将其概括为第二次结合，而且认为结合的核心，就是在中国建设社会主义的道路问题。这一时期，有一个在中国建设社会主义的道路之选择问题。到底是选择“苏联模式”，还是走“独立自主、自力更生”的道路？当时苏联是世界上第一个建立社会主义制度的国家，“向苏联学习”在当时的中国是社会共识，“苏联模式”对当时中国的影响比较大。1956年2月，苏共二十大召开，是苏联历史乃至国际共产主义运动历史上的一个重要转折点，会上主要批判了对斯大林的个人崇拜。中国方面认为，苏共二十大在破除斯大林的个人崇拜并揭露其错误的严重性方面具有积极意义，同时又认为赫鲁晓夫全盘否定斯大林的做法是不对的。因此，中共中央一方面采取维护斯大林的立场；另一方面开始以苏为鉴，反对本本主义和教条主义，并自觉主动地探索适合中国国情的建设社会主义的独立的正确道路。

根据最为权威的表述，应当说毛泽东所讲的“第二次”结合，与1978年改革开放新时期我们党的政治文献所讲的“第二次”结合，既有区别，也有内在的逻辑联系。毛泽东所说的“第二次”结合，其实就是要探索在中国建设社会主义的具体道路，这条道路就是具有中国特点的社会主义道路。这与改革开放新时期我们所讲的中国特色社会主义道路具有异曲同工之处，都是对在中国怎样建设社会主义的道路问题的探索。然而，毛泽东所讲的在中国建设社会主义的具体道路只是一种初步的思考和探索，还没有形成一种完整的实践形态和理论形态，它是向我们党的政治文献所讲的真正意义上的“第二次”结合的过渡，因而还是一种“知性感悟”，还没有真正从总体上、根本上达到“理性自觉”。不过，前者为后者提供了启示，这就是在中国建设社会主义必须具有中国特点。因此，马克思主义与中国具体实际真正意义上的第二次结合的历史节点是1978年我国开启的改革开放。这种意义上的结合，就是马克思主义中国化进程中把马克思主义与中国改革开放具体实际相结合，其成果就是在我国“欠发展”历史方位为实现“富起来”而形成的邓小平理论、“三个代表”重要思想、科学发展观。这里的第二次结合及其形成的党的创新理论成果，其实质就是开创并发展、完善中国特色社会主义道路，它实现了马克思主义中国化的第二次飞跃。

马克思主义中国化即马克思主义与中国具体实际的新的伟大飞跃，是在中国特色社会主义进入新时代逐步进行的。这次结合的实质和核心，是关于实现“强起来”的道路问题。经过长期努力，中国特色社会主义进入了新时代，这是我国发展新的历史方位。在这一新时代或新的历史方位，马克思主义与新时代中国特色社会主义实践相结合，正在实现马克思主义中国化的新的伟大飞跃。从总体上讲，强调这是一次新的飞跃，就在于党的十九大报告所讲的，它在中华人民共和国发展史上、在中华民族发展史上、在世界社会主义发展史上、在人类社会发展史上、在中国共产党创新理论发展史上，具有重大意义。这里讲的在发展史上的重大意义，意味着中国特色社会主义进入新时代是具有里程碑意义且要载入史册的，而载入史册的，往往都是具有标识性、代表性的。中国特色社会主义进入新时代，在本质上就蕴含着要实现马克思主义中国化的新的伟大飞跃，这种飞跃是具有标识性和代表性的。具体来讲，强调这是一次新的飞跃，理由在于：

第一，历史方位及其解决的社会主要矛盾不同。社会主要矛盾，是对社会发展整体状况进行总体概括的一个重要概念。在我国“欠发展”的历史方位，坚持和发展中国特色社会主义，主要是解决人民日益增长的物质文化需要同落后的社会生产之间的矛盾；而在我国“发展起来以后”的历史方位，则主要是解决人民日益增长的美好生活需要和不平衡不充分的发展之间的矛盾。前者意在解决我国“欠发展”的问题，即落后的社会生产问题，致力于把蛋糕做大；后者意在解决我国“发展起来以后”的问题，即发展不平衡不充分的问题，致力于推进全面协调充分发展，使人民过上美好生活，实现强起来。“发展起来以后”“美好生活需要”“不平衡不充分的发展”，显然分别是比“不发展”“物质文化需要”“落后的社会生产”高一个层级的概念，或者二者属于不同层级的概念。第二次飞跃主要解决我国“欠发展”历史方位的社会主要矛盾，新的伟大飞跃则致力于解决我国“发展起来以后”历史方位的社会主要矛盾。第二，历史使命（历史任务、奋斗目标）不同。第一次飞跃主要肩负着实现“站起来”的历史使命，第二次飞跃主要肩负着实现“富起来”的历史使命，而新的伟大飞跃则主要肩负着实现“强起来”的历史使命，因为我们迎来了从富起来到强起来的伟大飞跃。换言之，“强起来”就是对“富起来”的伟大飞跃。第三，道路的历史内涵不同。第一次飞跃的核心是探寻新民主主义革命时期使中华民族（中国人民）站起来的革命道路问题，第二次飞跃的核心是探寻我国“欠发展”历史方位实现中华民族（中国人民）富起来的道路问题，而新的伟大飞跃的核心是探寻“我国发展起来以后”的历史方位实现中华民族（中国人民）强起来的道路问题。第四，主线不同。新时代中国特色社会主义与新时期（改革开放之初）中国特色社会主义既有联系，都坚持一个主题，即坚持和发展中国特色社会主义，也有不同。新时期中国特色社会主义主要是围绕如何实现“富起来”这一主线，来坚持和发展中国特色社会主义，而新时代中国特色社会主义则主要是围绕如何实现“强起来”“民族复兴”这一主线来坚持和发展中国特色社会主义。第五，现代化阶段不同。1956年前后，我国所讲的现代化，还处于现代化的谋划阶段，而且主要是对经济建设或产业布局方面的谋划；1978年之初，我国所建设的社会主义现代化，主要处于现代化起飞阶段；以2012年党的十八大召开为历史节点，我国社会主义现代化建设进入新时代，进入新的历史方位，这就是全面建设社会主义现代化强国的时代，可称之为现代化强国阶段。之所以讲要实现新的伟大飞跃，是由于实现社会主义现代化的阶段不同。第六，中国特色社会主义在人们心中的地位不同。1978年改革开放初期，人们较多地是从初级阶段、基本国情、生产力发展水平、社会主要矛盾等方面为中国特色社会主义进行辩护，论证其历史必然性和价值合理性，相对注重中国特色社会主义的“中国特色”；而在新时代，人们则基于“极不平凡”“解决难题”“办成大事”“历史性成就”“历史性变革”“迎来了从富起来到强起来的伟大飞跃”“伟大旗帜高高举起”“拓展发展中国家走向现代化的途径”“提供全新选择”“为解决人类问题贡献中国智慧和中国方案”“不断走近世界舞台中央并为人类作出更大贡献”等，更加坚定了对中国特色社会主义的自信，相对注重中国特色社会主义的“中国贡献”“世界意义”与“主体性”。第七，中国在世界中的地位不同。在“欠发展”的历史方位，中国处在世界舞台边缘，如果再不发展，就有被开除球籍的危险，所以1978年改革开放初期，我们强调追赶现代化；在新时代或新的历史方位，中国日益走近世界舞台中央，不断为解决人类问题贡献中国智慧和中国方案。由此，我国积极参与全球治理，积极推动构建新型国际关系，积极推动构建人类命运共同体，在世界舞台上的影响力不断提升，逐渐改变了在国际话语权中“西强我弱”的不利局面。

通过上述考察分析，可以得出这样的结论：在马克思主义中国化历史发展的逻辑进程中，由于找到了不同历史时期的正确道路并促使中国走向成功，这就为回答“马克思主义为什么行”提供了真实的答案。

（二）中国共产党历史发展的逻辑、新中国历史发展的逻辑，其本质、底色和中轴就是对正确的中国道路的追寻。对道路的探寻，不仅是马克思主义发展史的一条根本主线，也是近代以来贯穿于中国共产党历史发展逻辑、新中国历史发展逻辑的一条根本主线。只有读懂中国道路，才能为理解和把握近代以来中国共产党历史发展逻辑和新中国历史发展逻辑提供一把钥匙。

只有读懂中国道路，才能真正理解中国共产党历史发展的逻辑。自从中国共产党成立那天起，中国共产党人就开启了探寻中国发展道路的历史。中国共产党发展的历史，从根本上就是对中国道路探寻的历史。中国共产党的发展历史大致可以划分为新民主主义革命时期、新中国成立后的社会主义改造和1956年后对中国社会主义建设道路探索时期、改革开放时期、中国特色社会主义新时代等四个历史时期。贯穿这四个历史时期的一条主线，就是对中国道路的探索。在新民主主义革命时期，中国共产党探索的根本主题是关于中国革命的道路。在中国共产党领导下，最终找到了一条农村包围城市的新民主主义革命道路，其结果是中华民族站起来了。新中国的成立尤其是1956年之后，中国共产党人探索的核心主题，就是在中国进行社会主义改造和社会主义建设的道路问题。1978年改革开放新时期，中国共产党人探寻的根本主题，是实现社会主义现代化的道路问题，我们终于找到了这条道路，这就是中国特色社会主义道路。党的十八大召开，意味着中国特色社会主义进入了新时代。新时代在坚持中国特色社会主义道路的基础上，中国共产党人继续探寻全面建成社会主义现代化强国、实现中华民族伟大复兴的中国特色社会主义道路之新的历史形式，依然是至关重要的。正如习近平所强调的："道路问题是关系党的事业兴衰成败第一位的问题，道路就是党的生命。"[①]我们党在革命、建设、改革各个历史时期，坚持从我国国情出发，探索并形成了符合中国实际的新民主主义革命道路、社会主义改造和社会主义建设道路、中国特色社会主义道路，这种独立自主的探索精神，这种坚持走自己路的坚定决心，是我们党不断从挫折中觉醒、不断从胜利走向胜利的真谛。鲁迅先生有句名言：其实地上本没有路，走的人多了，也便成了路。中国特色社会主义，是科学社会主义理论逻辑和中国社会发展历史逻辑的辩证统一，是根植于中国大地、反映中国人民意愿、适应中国和时代发展进步要求的科学社会主义，是全面建成小康社会、加快推进社会主义现代化、实现中华民族伟大复兴的必由之路。只要我们坚持独立自主走自己的路，毫不动

---

① 《习近平谈治国理政》，外文出版社，2014，第21页。

摇坚持和发展中国特色社会主义，我们就一定能在中国共产党成立100年时全面建成小康社会，就一定能在新中国成立100年时建成富强民主文明和谐美丽的社会主义现代化强国。

只有读懂中国道路，才能真正把握新中国历史发展的逻辑。这一逻辑，就是迎来了从站起来、富起来到强起来的伟大飞跃。1949年新中国的成立，标志着中华民族站起来了，从此要继续迎来实现富起来的伟大飞跃，这将会带来历史性变革，并寻求实现富起来的根本道路。由此，1978年我国开启了改革开放和社会主义现代化建设新时期，把中国特色社会主义作为实现富起来的根本道路。从新时期到党的十八大召开，中国特色社会主义进入了新时代，标志着中华民族富起来了，从此又要继续迎来从富起来到实现强起来的伟大飞跃，这也会带来历史性变革，并寻求实现强起来的根本道路。这一变革，就是十八届三中全会所讲的推进全面深化改革，也是党的十九大报告所讲的历史性变革。这种历史性变革主要体现在：在总体上，把贯彻落实新发展理念看作是关乎我国发展全局的一场深刻变革；在经济领域，推进供给侧结构性改革，实施高质量发展，使经济发展进入新常态；在政治领域，既加强党对一切的领导，又推进全面从严治党，还致力于建设法治国家，从而使中国共产党成为最高政治力量；在文化领域，积极加强意识形态建设，注重用习近平新时代中国特色社会主义思想武装全党、教育人民；在社会领域，既积极促进公平正义、增进人民福祉，增强人民群众的获得感、幸福感、安全感，又推进社会治理创新；在科技创新领域，通过几十年的不懈努力，在许多关键领域获得技术领先地位，进而成为世界上强大的科技创新中心；在军事领域，积极推动中国军队最大规模的改革，强调全面从严治军，即政治建军、改革强军、科技兴军、依法治军；在外交政策和国际战略领域，积极参与全球治理，建设“一带一路”，构建人类命运共同体。在这些变革中，会不断丰富新时代中国特色社会主义道路新的历史内涵。换言之，这些历史性变革背后的内在逻辑，就是新时代中国特色社会主义道路的进一步发展和完善。

正是在中国共产党领导下我们找到了实现中华民族从站起来、富起来到强起来的正确道路，并促使国家走向成功，这就为回答“中国共产党为什么能”提供了真实的答案。

（三）改革开放历史发展的逻辑，从根本上就是探究实现社会主义现代化发展之正确道路的逻辑。只有读懂中国道路，才能真正理解中国改革开放历史发展的逻辑。改革开放历史发展的逻辑，从根本上就是以中国特色社会主义道路实现社会主义现代化、实现中华民族伟大复兴的逻辑，这实际上也是改革开放历史发展的本真底色。1978年改革开放之初，以邓小平同志为主要代表的中国共产党人主要致力于探寻实现社会主义现代化的中国道路，这条道路终于找到了，那就是中国特色社会主义道路。我们所讲的中国特色社会主义，首先讲的是中国特色社会主义道路，所以，坚定“四个自信”，把坚定道路自信置于首位。习近平指出：“改革开放之初，我们党发出了走自己的路、建设中国特色社会主义的伟大号召。”[①]其实，邓小平的历史性贡献是多方面的，其中最伟大的贡献，就是他领导全党全国人民成功开创了中国特色社会主义道路。1982年9月，在党的十二大开幕式上，邓小平明确指出：“把马克思主义的普遍真理同我国的具体实际结合起来，走自己的道路，建设有中国特色的社会主义，这就是我们总结长期历史经验得出的基本结论。”[②]正如习近平指出的：“中国发展的实践证明，当年邓小平指导我们党作出改革开放的决策是英明的、正确的，邓小平不愧为中国改革开放的总设计师，不愧为中国特色社会主义道路的开创者。”[③]实际上，道路问题是邓小平理论所解答的最根本的问题。如果作认真深入的思考就会发现，邓小平理论体系中的基本理论观点都是围绕选择、坚持、拓展中国特色社会主义道路而展开的。江泽民把“建设一个什么样的党、怎样建设党”，看作探索实践中国特色社会主义道路的核心内容，他指出：“中国的社会主义既不是苏联模式，也不是东欧模式，而是有中国特色的社会主义。走这条道路，是中国人民经过一百多年的奋斗与探索作出的历史性选择。”[④]21世纪以来，国内外形势发生了新的变化。如何紧紧抓住和利用好我国发展的重要战略机遇期，

① 《习近平谈治国理政》第三卷，外文出版社，2020，第8页。

② 《邓小平文选》第三卷，人民出版社，1993，第3页。

③ 《习近平关于全面深化改革论述摘编》，中央文献出版社，2014，第2页。

④ 《江泽民思想年编（一九八九—二〇〇八）》，中央文献出版社，2010，第69—70页。

战胜一系列严峻挑战，奋力把中国特色社会主义事业推进到一个新的发展阶段，是对以胡锦涛同志为总书记的党中央领导集体之智慧和勇气的极大考验。在这种情境下，胡锦涛于2012年7月24日在省部级主要领导干部专题研讨班开班式上鲜明地指出："毫不动摇走党和人民在长期实践中开辟出来的正确道路，不为任何风险所惧，不为任何干扰所惑。"为解决"实现什么样的发展、怎样实现发展"而提出的科学发展观，其实质、核心是探索中国科学发展的道路，这是新时期探索实践中国特色社会主义道路的又一突破。党的十八大以来，中国特色社会主义进入了新时代，我国发展进入新的历史方位。以习近平同志为核心的党中央紧紧围绕实现中华民族伟大复兴来坚持和发展中国特色社会主义，并基于实现中华民族伟大复兴而精进推进中国特色社会主义，继续书写中国特色社会主义新篇章，由此也把道路问题看作第一位的问题。习近平之所以把道路问题看作第一位问题，正如他所强调的："无论搞革命、搞建设、搞改革，道路问题都是最根本的问题。"[①]

（四）中国道路具有世界历史意义。1956年，毛泽东就指出：进入21世纪，中国的面目要大变，中国应当对人类有较大的贡献。英国历史学家汤因比也曾有类似的发问。几十年后，承继马克思主义对道路问题的一以贯之的持续探索，在马克思主义中国化的历史进程中，中国共产党人把马克思主义与中国具体实际相结合，终于找到了一条能实现社会主义现代化、实现中华民族伟大复兴的中国道路。这条道路为世界发展作出了重要贡献，因而具有世界历史意义。

第一，中国道路使科学社会主义在当代中国焕发勃勃生机。这是中国道路对科学社会主义、世界社会主义的历史性贡献。以《共产党宣言》发表为标志，科学社会主义已诞生170多年。20世纪80年代到90年代，社会主义在苏联解体、东欧剧变之后一度处于低潮，"社会主义失败论""中国崩溃论""历史终结论"等也曾狂躁一时。然而，中国共产党人顶住各种风暴和压力，坚定不移地走中国特色社会主义道路，并与时俱进地拓展和完善中国特色社会主义道路，不断创造中国奇迹，从而使中国特色社会主义道路越走

① 《深入学习习近平同志重要论述》，人民出版社，2013，第18页。

越宽广，使科学社会主义在当代中国焕发出生机活力。邓小平在党的十二大开幕词中第一次提出“建设有中国特色社会主义”的重大思想时，指出这是总结历史得出的结论。从那时起，中国共产党人就坚定不移地走中国特色社会主义道路。经过几代中国共产党人一以贯之的接力探索，中国特色社会主义进入了新时代。在新时代，中国共产党人更加以永不懈怠的精神状态和一往无前的奋斗姿态为实现强起来而持续奋斗，朝着实现中华民族伟大复兴的伟大梦想阔步前行，进而使社会主义包括科学社会主义、中国特色社会主义走向高潮。

第二，中国道路拓展了发展中国家走向现代化的路径。这是中国道路对发展中国家走向现代化的引导性贡献。实现现代化是世界各国共同的愿望。发展中国家如何走向现代化？这是一个实践课题，也是一个世界课题。“拉美现象”表明：许多发展中国家建设现代化陷入了对西方模式的路径依赖，用西方的“鞋”套本国的“脚”，最终以陷入困境而告终。当时一些拉美国家纷纷走西方的路，不但没有解决好自身的发展问题，反而导致两极分化、环境污染，使本国发展陷入低谷。1978 年以来，中国共产党根据中国的历史、文化、传统、国情，自主选择自己的发展道路，并坚定不移地走自己的路，既解决了中国“欠发展”的问题，又改变了长期以来西方现代化模式占主导地位并垄断话语权的格局，打破了“全球化=西方化、西方化=现代化、现代化=市场化”的思维定式和“美丽神话”；不仅使中国人民富起来了，而且将迎来从富起来到强起来的伟大飞跃。由此，中国道路给发展中国家的最大启示就是：世界上没有放之四海而皆准的发展模式，各个国家走向现代化的途径不是唯一的；发展中国家要走向现代化，不能再走西方的路，而应根据本国的历史、文化、传统、国情，自主选择自己的发展道路，并坚定不移地坚持走自己的路，注重本国发展道路的内生性、独立性、自主性和主体性。只有这样，本国才能获得其生存发展的主动权、主导权。

第三，中国道路给世界上那些既希望加快发展又希望保持自身独立性的国家和民族提供了新的选择。这是中国道路对那些希望解决好本国发展问题的国家和民族的发展性贡献。发展中国家都希望加快发展，又希望保持自身独立。要做到这两点，可以从中国道路中获得启示。中国道路坚持中国共产党领导，注重基于历史方位并与时俱进地确定战略目标，且采取有效的总体方略并以一张蓝图绘到底的恒力来实现战略目标，还注重市场配置力量，这显然有助于加快发展；同时，中国道路在坚持中国共产党领导的前提下，积极使党政主导力量、市场配置力量、人民主体力量形成合力，这又保持了中国发展的独立性。其他一些发展中国家希望加快发展，就要坚持本国执政党的正确领导，根据历史和时代的发展变化以及实践发展新要求，正确确定好本国发展的战略目标及其实现战略目标的总体方略，以合理的方式发展市场经济；同时，要保持自身发展的独立性，既要根据本国的历史、文化、传统、国情，自主选择本国的发展道路，把本国生存发展的主动权、主导权牢牢掌握在自己手中，又要坚持本国执政党的正确领导，坚持以本国人民为中心的发展思想，紧紧依靠本国人民，一切为了本国人民，坚持本国人民至上。

第四，中国道路为人类对美好社会制度的探索贡献了中国智慧。这是中国道路对人类发展的创新性贡献。2008年国际金融危机之后，整个世界面临三大根本性难题：全球经济增长动能不足；全球发展失衡；全球治理滞后，这就是所谓的“发展赤字、和平赤字、治理赤字”。中国道路蕴含着“动力、平衡和治理”三种根本机制，可为解决这三大难题贡献中国智慧。中国道路注重解决发展动力问题，蕴藏着强大的发展动力，汇聚着强大的发展能量，具有不断生成的动力机制。比如，坚持中国共产党的坚强正确领导，注重整合党政主导力量、市场配置力量、人民主体力量并形成合力，注重根据历史方位与时俱进地确定战略目标，并采取有效的总体方略予以实施，这必然汇聚成强大的发展动力。中国道路也注重解决发展的平衡问题，蕴含着保持平衡、和谐的因素，具有不断生成的平衡机制。比如，强调坚持中国共产党的领导，这种领导既注重激发经济社会发展的动力，也注重保持经济社会发展的平衡；在所确定的战略目标和总体方略中，也包含着对平衡、和谐、稳定问题的关注；还强调以人民为中心，而以人民为中心，就包含着一切为了人民，把人民对美好生活的向往作为奋斗目标，其中的美好生活，自然包含对共享发展、和谐社会的追求，对人民群众的获得感、幸福感、安全感的关注，对互利普惠的向往。中国道路还蕴含着治理机制，因为坚持中国共产党领导，就蕴含着中国共产党对国家、社会的治理；立足历史方位，意味着要坚持与时俱进，而与时俱进则意味着不断地推进全面深化改革，全面深化改革的总目标之一，就是推进国家治理体系和治理能力现代化；在总体方略中，包含着协调推进“四个全面”战略布局，在这一布局中，包含全面依法治国，其中就蕴含着治理；注重人民主体力量，更意味着要依靠人民积极参与国家治理和社会治理。这三种根本机制，能为解决全球经济增长动能不足、全球发展失衡、全球治理滞后提供中国智慧。与此同时，近年来一些西方国家出现了诸多困境。资本主导是导致西方困境的总根源。资本主义性质和基因决定了西方国家在各个领域必然遵循资本主导的逻辑。自资本主义在西欧兴起以来，一部世界近代史就是一部资本主导逻辑驱动下的资本主义全球扩张史。历史地看，资本创造了近代工业文明，推进了世界发展。然而就其实质来讲，资本的本性是通过运动实现价值增殖，而资本的运动是无休止的，哪里能够实现价值增殖，它就会出现在哪里。资本主导的逻辑以在全世界范围内追逐和攫取剩余价值为目的，而当西方从其主导的世界体系中过度攫取并挥霍超额利润，使得全球市场出现社会需要严重不足时，当某个阶段市场空间和技术创新的红利被攫取殆尽时，资本主义就必然出现困境。这种困境，在经济领域体现为实体经济不振，在政治领域体现为调节无力，在社会领域体现为贫富差距拉大，在意识形态领域体现为虚伪性暴露。西方困境说到底是以资本为主导的逻辑所导致的制度缺陷造成的，是基因缺陷，这恰恰为中国智慧的出场提供了宏大的世界性场景。中国及时启动改革开放，参与经济全球化，为世界作出了生存性贡献、发展性贡献、和平性贡献、文化性贡献。其核心原因就是在中国共产党领导下，中国找到了一条立足中国国情、解决中国问题、促进中国成功的中国特色社会主义道路。这条道路是中国为人类对更好社会制度的探索提供的中国智慧：注重利用资本但不被资本所俘获，注重运用资本但不让资本占主导，而是坚持中国共产党领导，坚持以人民为中心；是一条注重自主创新并具有内生动力的道路，是一条注重凝聚共识并调动各方积极性的道路，是一条既注重中国特色又尊重世界文明多样性的道路。

第五，中国道路正在为世界贡献一种正在形成的中华新文明。这是中国道路对世界的文明性贡献。在“地域历史”时代所形成的文明本质上都是

"地域文明"或"民族文明"，并不具有真正意义上的世界文明或人类文明。尽管某些国家号称西方文明是普世文明，但若具有历史判断力、实践辨别力和理论思维力，就容易发现：西方文明本质上就是"地域文明"。因为把地域文明说成是普世文明，不仅混淆了一般和个别的辩证关系，未认识到"任何一般都是个别的（一部分，或一方面，或本质）。任何一般只是大致地包括一切个别事物。任何个别都不能完全地包括在一般之中"[①]，它犯了前提性的错误，而且历史和实践也证明，用西方的"鞋"套自己的"脚"，往往都以失败而告终。马克思、恩格斯在《德意志意识形态》中指出：统治阶级"为了达到自己的目的不得不把自己的利益说成是社会全体成员的共同利益，就是说，这在观念上的表达就是：赋予自己的思想以普遍性的形式，把它们描绘成唯一合乎理性的、有普遍意义的思想"。当资本运作逻辑导致世界市场和世界交往不断扩大的时候，就逐渐会使"地域历史"走向"世界历史"。世界历史的出现，逻辑上也必然使"地域文明"走向"世界文明"或"人类文明"。当今世界，一些国家仍然固守于本国、本地区的"地域文明"而排斥其他文明，制造"文明冲突论"。当今中国自觉主动地反映世界历史发展趋势，在传承中华传统文明相对注重和谐、和合、和而不同、世界大同的基础上，与时俱进地体现时代精神和人类意识，克服自身文明中的不足，与其他文明互学互鉴，逐渐创造出以"和平发展、合作共赢、共创共建、各美其美、美美与共、世界大同"为核心理念的正在形成的中华新文明。从上述所揭示的中国道路的核心要义来看，中国道路既注重经济社会发展的创新动力，又注重经济社会发展的和谐或平衡，也注重为实现未来理想的战略目标注入现实的奋斗精神，还注重国家治理；不仅如此，中国道路强调各国发展道路的内生性、独立性、自主性、主体性和多样性，这蕴含着"世界多样""国家平等""文明互鉴""包容发展""互利普惠"的人类文明基因和天下情怀。这种基因和情怀蕴含着中华新文明的元素，经过不断培育和生长，可以形成中华新文明。

第六，中国道路终结了"西方中心论""历史终结论"，打破了西方对于

① 《列宁选集》第二卷，人民出版社，1995，第558页。

现代化道路解释权的垄断，把世界现代化道路从单选题变成多选题。这是中国道路对世界的理论性贡献。在我国改革开放初期，“西方中心论”“历史终结论”甚嚣尘上、盛极一时，它认为西方是整个世界的中心，西方道路是世界上最好的，西方标准就是世界标准，西方的今天就是世界的明天，西方的历史已经达到人类历史的制高点，非西方国家没有自己的历史，它们只有走西方道路才有出路。2008年国际金融危机发生以后，西方国家逐渐暴露出一系列自身难以克服的矛盾、难题。与此同时，非西方国家尤其是东方国家逐渐发展起来。改革开放以来，中国发展速度惊人，逐步缩小了与西方发达国家的差距，而且对世界历史发展的影响越来越大，正在出现“世界百年未有之大变局”。这表明：现代化的方向无法绕开，但道路可以选择；中国道路是在中国的历史性实践中逻辑地生成的，是具有完全自主知识产权的“中国智造”；中国道路作为一种全新的现代化路径，打破了西方对于现代化道路解释权的垄断，把世界现代化道路从单选题变成了多选题；中国道路终结了“西方中心论”“历史终结论”的神话，是对非西方国家走上独立自立现代化道路的有益探索，这是中国对世界的理论性贡献。

中国道路的内涵与意义

郭建宁（北京大学马克思主义学院原院长、清华大学马克思主义学院特聘教授）

本文摘自《江海学刊》2020年第2期

70年风雨兼程，70年风雨无阻，新中国70年接续奋斗的历史经验充分证明，道路关乎党的命脉、国家前途、民族命运、人民幸福。70年奋斗历程最重要的就是走出了一条中国特色社会主义发展道路，必须一以贯之坚持并不断发展创新。

一、中国道路是实现社会主义现代化之路

“周虽旧邦，其命维新”，中华民族充满变革和开放精神。“天行健，君子以自强不息；地势坤，君子以厚德载物”的变革和开放精神，使中华文明成为人类历史上唯一一个绵延五千多年至今未曾中断的灿烂文明。中国人民具有伟大的创造精神，博大精深的中华文明是中国人民创造的，新中国70年的光辉成就是中国人民创造的，40多年改革开放的伟大奇迹也是中国人民创造的。改革开放和中国特色社会主义使中国人民的创造精神、创新活力前所未有地迸发出来，经过长期努力，中国特色社会主义进入了新时代。

1956年4月的《论十大关系》，1956年9月的中国共产党第八次全国代表大会，1957年2月的《关于正确处理人民内部矛盾的问题》，集中体现了20世纪50年代以毛泽东同志为主要代表的中国共产党人关于中国社会主义发展道路探索的积极成果。《论十大关系》强调调动一切积极因素，把我国建设成为一个强大的社会主义国家。中共八大提出在我国社会主义基本制度建立后，主要矛盾“已经是人民对于经济文化迅速发展的需要同当前经济文化不能满足人民需要的状况之间的矛盾”。《关于正确处理人民内部矛盾的问题》阐述了必须区分敌我矛盾和人民内部矛盾这两类不同性质的矛盾，强调正确

处理人民内部矛盾是国家政治生活的主题。从“以苏为鉴”到中国道路，从“经济文化”到“美好生活”，从“两类矛盾”到国家治理，清晰地展现了新中国70年社会主义发展道路的内在逻辑。

1978年的十一届三中全会，拨乱反正，改革开放，中国进入了社会主义现代化建设的新时期。1978年的改革是从农村开始的，久困于穷，冀以小康，这就是邓小平在那个年代为什么一再强调贫穷不是社会主义，发展是硬道理的原因。1979年12月6日，邓小平会见日本首相大平正芳时首次使用“小康”这一概念，用“小康之家”“小康的状态”“小康的国家”表述中国式的现代化。1980年1月6日，邓小平在一次中共中央召集的干部会议上又提出“小康水平”，为“三步走”战略奠定了基础。从“解决温饱”到“小康水平”，从“总体小康”到“全面小康”，从“全面建设”到“全面建成”，表明小康社会奋斗目标不断明晰，中国社会主义现代化不断发展。

2012年党的十八大以来，党和国家事业发生历史性变革，取得历史性成就。中国特色社会主义进入新时代，这是我国发展新的历史方位。习近平在党的十九大报告中指出：“紧扣我国社会主要矛盾变化，统筹推进经济建设、政治建设、文化建设、社会建设、生态文明建设，坚定实施科教兴国战略、人才强国战略、创新驱动发展战略、乡村振兴战略、区域协调发展战略、可持续发展战略、军民融合发展战略，突出抓重点、补短板、强弱项，特别是要坚决打好防范化解重大风险、精准脱贫、污染防治的攻坚战，使全面建成小康社会得到人民认可，经得起历史检验。”“小康”讲的是发展水平，“全面”讲的是发展的平衡性、协调性、可持续性。在这个意义上说，全面建成小康社会就是要解决发展不平衡不充分的问题，把人民日益增长的美好生活需要变成现实，努力使经济发达（经济高质量发展）、政治清明（各方面制度更加成熟更加定型）、文化繁荣（国民素质与社会文明程度显著提高）、社会和谐（共建共治共享）、生态文明（生态环境质量总体改善）、科技领先（提升自主创新能力）、军事强大（建设世界一流军队）。在2020年全面建成小康社会的基础上，2035年基本实现社会主义现代化，2050年建成富强民主文明和谐美丽的社会主义现代化强国。

中国特色社会主义不断取得重大成就，从中华民族的历史维度看，意味着近代以来历经磨难的中华民族迎来了从站起来、富起来到强起来的历史性飞跃；从社会主义的发展来看，意味着社会主义在中国焕发出强大生机活力并不断开辟发展新境界；从中国道路的世界意义来看，意味着中国特色社会主义拓展了发展中国家走向现代化的途径，为解决人类问题贡献了中国智慧、提供了中国方案。

新中国成立初期，毛泽东曾感叹："现在我们能造什么？能造桌子椅子，能造茶壶茶碗，能种粮食，还能磨成面粉，还能造纸，但是，一辆汽车、一架飞机、一辆坦克、一辆拖拉机都不能造。"270年沧海桑田，地覆天翻。今天的中国，是世界第二大经济体，制造业第一大国、货物贸易第一大国、外汇储备第一大国。2019年国内生产总值达到99万亿元，人均GDP突破1万美元，多年来对世界经济增长贡献率超过30%。中国7亿多农村贫困人口脱贫，对全球减贫贡献率超过70%。全世界超过2/3的高铁轨道铺设在中国，高速公路总里程位居世界第一。从温饱不足走向全面小康，从一穷二白走向繁荣富强，从百废待兴走向伟大复兴，中国人民创造了彪炳史册的伟大奇迹，谱写了感天动地的奋斗史诗。从"四个现代化"到"三步走"发展战略，从基本实现社会主义现代化到建成社会主义现代化强国，"现代化"始终是关键词，中国道路是实现社会主义现代化之路。

新中国70年社会主义现代化发展道路贯通于从中国社会主义基本制度的确立到中国特色社会主义再到新时代中国特色社会主义的伟大实践和历史进程中。伟大奇迹不是天上掉下来的，也不是别人恩赐的，而是中国共产党和中国人民推进理论创新、制度创新、科技创新、文化创新以及其他各方面的创新取得的。改革创新，就是要革故鼎新，守正创新，我们开创了中国特色社会主义新局面，开辟了21世纪马克思主义、当代中国马克思主义新境界。

二、中国道路是站起来富起来强起来之路

1914年第一次世界大战爆发，1919年召开的巴黎和会通过了凡尔赛和约，竟然决定把第一次世界大战的战败国德国在中国山东的特权转让给日本。强

权压倒公理，消息传到国内，青年知识分子和学生们义愤填膺，呼喊中国绝不能在和约上签字，并决定5月4日举行游行来表达诉求。习近平在纪念五四运动100周年大会上的讲话中指出："五四运动时，面对国家和民族生死存亡，一批爱国青年挺身而出，全国民众奋起抗争，誓言'国土不可断送、人民不可低头'，奏响了浩气长存的爱国主义壮歌。"其中所引用的两句话出自北京大学哲学系22岁的学生罗家伦起草的《北京学界全体宣言》。这个宣言全文仅200余字，却产生了巨大影响。5月4日游行中最重要的一个口号"外争主权，内除国贼"就是罗家伦起草的宣言中的原话。在宣言结尾，罗家伦写道："中国的土地可以征服而不可以断送！中国的人民可以杀戮而不可以低头！国亡了！同胞起来呀！"其中，最后一个词是呼吁"起来呀"。

五四运动一开始是学生运动，但从6月起许多工人加入其中，最终五四运动发展成一场全社会参与的群众性反帝爱国运动。6月28日，北洋政府迫于社会各界的压力，最后没有出席巴黎和会的签字仪式，声势浩大的五四运动最终取得了胜利。五四精神的主要内容是爱国、进步、民主、科学。其中，爱国主义精神是五四运动的最大底色。五四运动促进了马克思主义在中国的传播，为1921年中国共产党的成立准备了条件。

到了抗日战争时期，1935年，中国放映了一部名为《风云儿女》的电影。电影中的一首插曲是《义勇军进行曲》，其后来成为中华人民共和国国歌。《义勇军进行曲》开头第一个词就是"起来"。

中国人应该如何"起来"？这就是党的十九大报告里阐述的"站起来、富起来、强起来"。在这三个"起来"中，"站起来"是前提。1949年以毛泽东同志为主要代表的中国共产党人创建新中国，中国人民从此站起来；1978年以邓小平同志为主要代表的中国共产党人实行改革开放，中国人民在改革开放新时期开始富起来；2012年党的十八大以来，以习近平同志为主要代表的中国共产党人进一步坚持和发展中国特色社会主义，推动党和国家事业发生历史性变革，中国特色社会主义进入新时代，迎来了从站起来、富起来到强起来的伟大飞跃。

站起来、富起来、强起来，是中华民族伟大复兴艰难历程的形象描述与通俗表达。一百多年来，一代又一代志士仁人不懈奋斗，浴血拼搏，为的就是实现中华民族伟大复兴。今天我们比任何时候都更接近中华民族伟大复兴的目标，但也面临许多风险和挑战。近年来，习近平总书记反复强调“世界百年未有之大变局”，在这一大变局中，基本的就是中美关系的大变局与大博弈。2019年5月21日，习近平总书记在赴江西考察并主持召开推动中部崛起工作座谈会上的讲话中指出：“领导干部要胸怀两个大局，一个是中华民族伟大复兴的战略全局，一个是世界百年未有之大变局，这是我们谋划工作的基本出发点。”面对世界百年未有之大变局，实现中华民族伟大复兴，如何破局，怎样解局，必须牢记初心使命，把握长期大势，抓住主要矛盾，增强忧患意识，坚持底线思维，发扬斗争精神，善于化危为机，做好自己的事。

实现中华民族伟大复兴必须走中国道路。在一个具有5000多年文明、14亿多人口的大国建设社会主义，找到适合自己的发展道路，实属不易。方向决定前途，道路决定命运。我们要把命运掌握在自己手中，就要有志不改、道不变的坚定。当今世界正经历百年未有之大变局，我国正处于实现中华民族伟大复兴的关键时期。站在决胜全面建成小康社会，建设社会主义现代化强国“两个一百年”的历史交汇期，实现中华民族伟大复兴的战略全局与世界百年未有之大变局两个大局的重合交汇期，如何保持战略定力，把自己的事情做好，党的十九届四中全会给予了明晰和坚定的回答。十九届四中全会是新中国成立以后、改革开放以来第一次专门集中研究坚持与完善中国特色社会主义制度、推进国家治理体系和治理能力现代化重大问题的中央全会并作出决定。《中共中央关于坚持和完善中国特色社会主义制度、推进国家治理体系和治理能力现代化若干重大问题的决定》（简称《决定》）第一次全面系统总结了中国特色社会主义制度的显著优势，第一次深刻论述了坚持和完善支撑中国特色社会主义制度的根本制度、基本制度、重要制度，第一次系统阐明了制度和国家治理建设的总体要求、战略重点、实现路径以及时间表路线图。《决定》从战略上回答了“坚持和巩固什么、完善和发展什么”的重大时代课题，构筑了中国制度和治理建设的学术体系、理论体系、话语体系，充分体现了清醒的制度自觉、坚定的制度自信、强烈的制度创新，开辟了中国之治的新境界。

实现中华民族伟大复兴，必须弘扬中国精神、凝聚中国力量。以爱国主义为核心的民族精神和以改革创新为核心的时代精神，是凝心聚力的兴国之魂、强国之魂。中国精神包括很多内容，比如革命时期形成的红船精神、井冈山精神、长征精神、延安精神、西柏坡精神，建设时期形成的大庆精神、“两弹一星”精神、红旗渠精神，改革时期形成的抗震救灾精神、奥运精神、载人航天精神，等等。《天耀中华》这首歌里有两句歌词：“风雨压不垮，苦难中开花。”为什么能够风雨压不垮？为什么能够苦难中开花？它背后就是有民族精神支撑。没有自强不息、敢于斗争、永远奋斗的精神，中华民族就无法立足于世界民族之林，不可能实现中华民族伟大复兴的中国梦。

三、中国道路是给人类文明作出贡献之路

中国道路是改革开放与和平发展的统一，中国始终不渝走和平发展道路，倡导构建人类命运共同体，为人类文明作出应有的贡献。

（一）中国道路为人类新文明提供中国可能。中国道路是独特性和综合性的统一，何谓独特性？独特的历史背景、独特的文化传统、独特的基本国情，决定中国发展道路的独特性。正如习近平总书记所说：“当代中国的伟大社会变革，不是简单延续我国历史文化的母版，不是简单套用马克思主义经典作家设想的模板，不是其他国家社会主义实践的再版，也不是国外现代化发展的翻版，不可能找到现成的教科书。”[①]中国道路既不是传统的，也不是外来的，更不是西化的，而是我们自主独创的。中国道路不是再版、翻版，而是中国的独立自主版、守正创新版、改革开放版、和平发展版。何谓综合性？文明因交流而丰富，因互鉴而多彩。海纳百川，有容乃大。我们以世界的眼光，开放的胸怀，平和的心态，包容的态度，吸纳人类文明一切优秀成果，博采众长，为我所用。坚持党的领导和马克思主义指导，发展和完善社会主义市场经济，弘扬和传承中华优秀传统文化，实现其创造性转化和创新性发展。

中国道路不仅具有独创性，也具有综合性。中国道路、中国理论、中国话语、中国方案共同构成了中国逻辑。这是世界历史进程中的“中国性”，

---

① 习近平：《在哲学社会科学工作座谈会上的讲话》（2016年5月17日）。

也是中国历史发展中的“当代性”。中国道路创造的中国奇迹，给人类新文明形态提供了中国可能，打破了西方对现代化的话语垄断，表明西方发展是现代化的一种模式而不是唯一模式。

（二）中国主张为人类社会更好发展提供中国方案。人类生活在同一个地球村里，马克思“世界历史”的论述表明每个国家每个民族的前途命运紧密关联。面对世界百年未有之大变局，开放包容、合作共赢还是冷战思维、零和博弈？习近平关于构建人类命运共同体的主张回答了这个关乎各国利益、人类命运的重大问题，“人类命运共同体”多次写进联合国会议相关文件。构建人类命运共同体，是中国坚持改革开放、走和平发展道路的战略要求，实现“两个一百年”的奋斗目标，实现中华民族伟大复兴，离不开和平的国际环境。构建人类命运共同体也是推动建设相互尊重、公平正义、合作共赢的新型国际关系的必然选择，推动全球治理朝着更加公正合理的方向发展，就要坚持世界命运由各国共同掌握，国际规则由各国共同书写，发展成果由各国共同分享，在共商共建共享中实现共赢。

（三）中国脱贫攻坚成就为人类反贫困提供中国样板。脱贫攻坚，造福人民，是中国特色社会主义的本质要求。全面建成小康社会，是第一个一百年的奋斗目标。改革开放以来，我国先后实施了《国家八七扶贫攻坚计划（1994—2000年）》《中国农村扶贫开发纲要（2001—2010年）》《中国农村扶贫开发纲要（2011—2020年）》，把发展作为解决贫困的根本途径，将扶贫开发纳入国家总体发展战略，走出了一条中国特色的减贫道路。2015年，联合国千年发展目标在中国基本实现。中国是全球最早实现千年发展目标中减贫目标的发展中国家，为世界减贫贡献率超70%，为全球减贫事业作出了重大贡献，树立了中国样板。2020年如期打赢脱贫攻坚战，这在中华民族几千年历史发展上将是首次整体消除绝对贫困现象，让我们一起来完成这项对中华民族、对整个人类都具有重大意义的伟业。

中国道路的哲学观念

赵剑英（中国社会科学出版社党委书记、社长）

本文摘自2017年7月13日《中国社会科学报》

1978年改革开放以来，中国共产党领导中国人民走出了一条独特的现代化发展道路即中国特色社会主义道路。今天看来，中国道路的成功不仅已被时间和实践所证明，而且更从当今中西方经济社会发展现状的对比中得到证明。从时间检验上看，中国经济社会的高速发展持续了40年，而且相对世界经济而言中高速的增长还在继续，中国发展的长期性和稳定性在世界现代经济史上不能不说是一个奇迹。40年这样的时间长度足以说明一个事物存在发展的稳定性、规律性和合理性。

一、从哲学上理解中国道路

从发展的结果来看，中国40年来发生了翻天覆地的变化，政治、经济、社会、文化发展取得了巨大成就，人民群众的物质生活水平、综合国力和国家的国际地位大幅提升。

从当今中西方发展对比来看，特别是2008年世界金融危机以来，西方发达资本主义国家的发展危机四起，所谓新自由主义、“普世价值观”在实践中四处碰壁。当今世界正处于前所未有的大变革大动荡时代。世界经济发展陷入长期低迷和失衡，各种“黑天鹅”事件不断，各种不确定性上升，证明资本主义固有的基本矛盾经过一个时期的缓和后又进入一个被激化的阶段。美国与其他发达资本主义国家之间的矛盾和利益争夺，以及发达国家与不发达国家之间掠夺和反掠夺的矛盾日益激烈。资本主义政治制度和社会治理受到空前质疑。

回眸中国，虽然我们也面临很多发展难题，但是中国发展道路和制度的活力远远胜于西方资本主义国家。这是不容否认的事实，原因何在？大家都在分析、探讨。在我看来，根本原因在于作为执政党的中国共产党执政理念的人民性，即中国的国家权力不是掌握在少数利益集团手里，不是为少数权贵服务的，这使得中国的治理体系更加合理。长期以来，西方国家从两方面重点攻击我们的国家治理：一是指责我们是非民主国家；二是指责我们是非个人自由主义（权利）本位。但事实证明，对于我们这样一个世界上人口最多的多民族国家来说，为应对自身经历的深刻变革和与之相互掺杂在一起的许多全球性复杂问题，强有力的国家治理能力是维护中国稳定发展的保障，没有稳定的社会秩序和较快速度的增长，人民的社会经济权利保障是根本无从谈起的。

中国发展的成功使我们有理由有底气对我们自己选择的中国特色社会主义道路自信，对我们不断创新的中国特色社会主义理论和不断完善的中国特色社会主义制度自信。中国特色社会主义作为一种新型制度文明形态正显示出蓬勃的生命力，我们为人类的发展和世界文明多样性贡献了中国方案和中国智慧，这自然也对西方资本主义意识形态和制度构成挑战。一个国家或民族的自信根本来源于文化自信，文化自信是民族自信的源头。中国道路的选择、中国理论的提出和制度的设计是中华文化在当代的创造性转化和创新性发展。我认为创新的奥秘就在于把马克思主义与中国国情、中国实际和时代特征相结合，在于把马克思主义与中国优秀传统文化相结合，实现了马克思主义的中国化、时代化、大众化。这种双重的结合是中华文化的创新与发展，其理论形态就是以毛泽东思想与中国特色社会主义理论体系为内容的当代中国的马克思主义。这一新型文化的精髓则是一系列的哲学观念。这些哲学观念是破解中国道路成功之谜的精神密码，它们主要有：实事求是、人民主体、人的自由全面发展、批判的革命的辩证法、依存共生等。梳理和分析这些哲学观念，我们可以更好地理解当今中华民族的发展智慧，更深层次地理解中国特色社会主义成功的根源，坚定我们的道路自信、理论自信、制度自信和文化自信。

二、实事求是

实事求是是马克思主义哲学中国化的集中体现，也是对中国革命、建设和改革开放发展影响最深远的当代中国哲学观念，它集中表达了马克思主义科学的认识论和方法论。

实事求是出自中国古代的典籍，原本是指一种严谨的治学态度和方法，毛泽东用这一成语概括了马克思主义的哲学观。实事求是是中国化马克思主义哲学的理论核心，一方面集中表达了辩证唯物主义和历史唯物主义的自然观、历史观以及科学的认识论和方法论，另一方面，它言简意赅，微言大义，体现了鲜明的中国传统文化特色。

实事求是思想路线是以毛泽东同志为主要代表的第一代中国共产党人在十分残酷的革命斗争实践中总结出来的，并在复杂的革命和建设进程中不断深化。中国共产党在每一个历史发展阶段、每到重大历史关头，都会带着新的问题对实事求是进行再强调和再阐释，对实事求是的每一次阐释都有新的意义，都是一次新的思想启蒙、思想解放，充分体现了正确的哲学观念在认识世界和改造世界中的智慧和力量

在社会主义建设早期，“左”倾错误再度兴起，社会主义建设脱离实际、急于求成、急躁冒进。尤其是“文化大革命”给社会主义建设带来严重灾难。在党的十一届三中全会上，邓小平同志作了《解放思想，实事求是，团结一致向前看》的重要讲话，重新确立了实事求是的思想路线。实事求是的思想路线使我们清醒认识到我国所处的发展阶段，即中国还处于并将长期处于社会主义初级阶段。从这一基本国情和基本特点出发，我们开辟了自己独特的发展道路即中国特色社会主义道路，确立了“一个中心、两个基本点”（以经济建设为中心，坚持改革开放，坚持四项基本原则）的基本路线，确立建立社会主义市场经济体制的改革目标，迎来了快速发展的黄金40年，创造了人类发展史上的奇迹。

经过40年的快速发展，中国不仅解决了温饱问题（7亿多贫困人口摆脱贫困），一部分人还先富了起来，国家也逐渐强大起来，但也积累了一些问题与矛盾：改革进入深水区，经济增长速度换挡期、结构调整阵痛期、前期刺激政策消化期三期叠加；信仰缺失、道德滑坡、贫富分化、环境污染等问题凸显；党内部分官员腐败严重，形式主义、官僚主义、享乐主义和奢靡之风突出，面临脱离实际、脱离群众的危险。针对中国的发展进入新的阶段，

面临新的形势和问题，2012年5月，习近平同志做了《坚持实事求是的思想路线》的重要讲话，他指出："我国已进入全面建设小康社会的关键时期和深化改革开放、加快转变经济发展方式的攻坚时期，我们面临的国内外形势更加复杂多变，新情况新问题新矛盾层出不穷。这些都对我们坚持和更好地贯彻实事求是的思想路线提出了新的要求。"这一重温实事求是的讲话是一次思想解放的再动员。习近平总书记强调"三个没有变"，即"我国仍处于并将长期处于社会主义初级阶段的基本国情没有变，人民日益增长的物质文化需要同落后的社会生产之间的矛盾这一社会主要矛盾没有变，我国是世界最大发展中国家的国际地位没有变"，再次郑重提醒全党全国人民，要认清和把握我国所处的历史方位和面临的新形势，避免重犯脱离实际的错误。党的十八届六中全会再次强调，实事求是的认识论和方法论要求我们"坚持从我国仍处于并将长期处于社会主义初级阶段这个基本国情出发，不断研究新情况、总结新经验、解决新问题，不断推进马克思主义中国化"。由此，必须全面贯彻执行党的基本路线，把以经济建设为中心同坚持四项基本原则、坚持改革开放这两个基本点统一于中国特色社会主义伟大实践，任何时候都不能有丝毫偏离和动摇。可见，政治路线的正确与清醒是以坚持实事求是这一科学的思想路线和哲学观念为前提的。

三、人民主体

中国共产党自成立之日起，就把全心全意为人民服务写在自己的旗帜上，始终坚持人民主体地位，始终代表人民的利益，具有鲜明的人民性。毛泽东提出全心全意为人民服务的宗旨；邓小平把人民利益作为每一个党员的最高准绳；江泽民提出中国共产党要始终代表中国最广大人民的根本利益；胡锦涛提出以人为本的科学发展观；习近平总书记提出坚持以人民为中心的发展思想和工作导向。2016年4月18日，习近平总书记在主持召开中央全面深化改革领导小组第二十三次会议并发表重要讲话时强调："把以人民为中心的发展思想体现在经济社会发展各个环节，做到老百姓关心什么、期盼什么，改革就要抓住什么、推进什么，通过改革给人民群众带来更多获得感。"

2014年10月15日，他在文艺工作座谈会上提出坚持以人民为中心的创作导向。2016年2月19日在党的新闻舆论工作座谈会上指出，坚持以人民为中心的工作导向，尊重新闻传播规律，创新方法手段，切实提高党的新闻舆论传播力、引导力、影响力、公信力。2016年5月17日在哲学社会科学工作座谈会上指出："我国哲学社会科学要有所作为，就必须坚持以人民为中心的研究导向。脱离了人民，哲学社会科学就不会有吸引力、感染力、影响力、生命力。"……从毛泽东到习近平关于中国共产党立党执政的宗旨的思想都是一脉相承的，概括起来就是"人民主体"这一哲学观念。

"人民主体"既是中国共产党坚持的马克思主义历史观、权力观，又是马克思主义价值观。它具有丰富的内涵：一是坚持人民历史主体地位。作为一种历史观，它认为人民群众是历史的创造者，是推动历史进步的根本动力。二是人民是权力的主体，是国家的主人。中国共产党来自人民、植根人民、依靠人民，人民群众是执政党的力量源泉。三是从价值观上看，坚持人民主体就是执政为民。全心全意为人民服务，实现人民群众的自由全面发展，"是我们党一切行动的根本出发点和落脚点，是我们党区别于其他一切政党的根本标志"。四是坚持人民主体就是要尊重人民的首创精神，坚持从群众中来、到群众中去的工作方法，充分发挥广大人民群众积极性、主动性、创造性。

坚持人民性这一哲学观念在中国具有十分深厚的土壤，与中国传统民本思想是十分契合的。民本思想还体现在重现世、重生活、重人伦的基本生命态度，是一种具有浓重道德色彩的人本关怀，把人放在一定的伦理人际关系中来定位，注重人的修养，肯定个体的心性完善。中国共产党强调在密切联系群众的关系中发展自己，强调在密切这一关系中自觉加强党性修养，具有强烈的道德情怀，这是中国共产党不同于西方政党的重要表现。

四、人的自由全面发展

实现人的自由而全面的发展，这是马克思、恩格斯构想的人类未来理想社会——共产主义社会最根本的特征。实现人的自由全面发展也是以马克思主义为指导的中国共产党的奋斗目标。在哲学社会科学工作座谈会上，习近平明确指出了这一点，他说："马克思主义坚持实现人民解放、维护人民利益的立场，以实现人的自由而全面的发展和全人类解放为己任，反映了人类对理想社会的美好憧憬。"

人的自由而全面的发展包含十分丰富的内容，中国共产党在探索中国的发展道路中始终践行这一哲学理念。

（一）中国共产党领导的中国革命把贫穷的劳苦大众从"三座大山"的压迫和奴役中解放出来，在政治权利上实现了人人平等，这是人民群众自由全面发展的基础和前提。改革开放以来，我们不断加强法治建设，实施依法治国战略，不断完善各种法律制度，进一步保障个人权利。党的十八届四中全会首次专题讨论依法治国问题，通过《中共中央关于全面推进依法治国若干重大问题的决定》，对加强社会主义民主政治制度建设和推进法治中国建设作出战略部署，使个人的各种权利得以全面保障。

（二）大力解放和发展生产力，提高人民群众的物质生活水平。摆脱对"物的依赖"是实现人的自由全面发展的物质前提。改革开放以来，邓小平从我国贫穷落后的国情出发，指出"贫穷不是社会主义"，社会主义的本质是"解放生产力，发展生产力，消灭剥削，消除两极分化，最终达到共同富裕"。在实现人民群众共同富裕上，我们采取的策略是让一部分人先富起来，先富带动后富，最终实现共同富裕。今天，中国人的温饱问题基本解决了，但还有一部分人仍处于贫困状态，我们正在向全面建成小康社会的目标努力奋进。

（三）提出共享发展，让每一个人都得以自由全面发展。目前，我国只有一部分人富裕了，绝大多数中国人民还没有富裕，并且贫富差距比较严重。基于此，习近平总书记提出共享发展理念。2016年1月18日，他在省部级主要领导干部学习贯彻党的十八届五中全会精神专题研讨班上的讲话中指出："共享理念实质就是坚持以人民为中心的发展思想，体现的是逐步实现共同富裕的要求。共同富裕，是马克思主义的一个基本目标，也是自古以来我国人民的一个基本理想。"共享发展就是让每一个社会成员拥有平等参与、平等发展的权利，让人民群众真正分享国家经济发展的成果，分享发展红利，建成不分地域、不分群体、不分层级、不分民族的全面小康。

（四）重视文化发展，推动人在更高层次上实现自由全面发展。丰富的精神文化生活是人的自由全面发展的重要标志。党的十七届六中全会通过的《中共中央关于深化文化体制改革推动社会主义文化大发展大繁荣若干重大问题的决定》中指出“物质贫乏不是社会主义，精神空虚也不是社会主义”，这是对邓小平“贫穷不是社会主义”论述的深化。十七届六中全会之后，我们党将中国特色社会主义文化的发展提到更加突出的位置，通过加强意识形态工作、构建社会主义核心价值观、创作优秀文艺作品、发展弘扬中华优秀传统文化、推动中华文化走出去、加快推进文化体制改革和文化产业建设等，满足人民群众不断增长的精神文化生活需求，推动人的更加全面而自由的发展。

（五）准确把握新时代社会主要矛盾的变化，不断满足人的自由而全面发展的需求。随着物质生活日益富裕，人民对生活的需求更加全面，比如更加重视民主、法治、公平、正义、安全、环境等，重视生活的幸福感、安全感和获得感，更加重视精神层面的感受。一句话，就是对美好生活的追求，对生活品质的重视。

五、批判的革命的辩证法

马克思在《资本论》中指出：“辩证法在对现存事物的肯定的理解中同时包含对现存事物的否定的理解，即对现存事物的必然灭亡的理解；辩证法对每一种既成的形式都是从不断的运动中，因而也是从它的暂时性方面去理解；辩证法不崇拜任何东西，按其本质来说，它是批判的和革命的。”马克思是基于揭示人类社会发展内在矛盾和资本主义社会特殊矛盾而进行的理论批判和实践批判。他认为整个人类历史是一个辩证否定的过程。对此，习近平总书记在哲学社会科学工作座谈会上的讲话中作了深刻的把握与阐发，他指出：“哲学社会科学要有批判精神，这是马克思主义最可贵的精神品质。”他还强调，“以勇于自我革命精神打造和锤炼自己”，“勇于自我革命，是我们党最鲜明的品格，也是我们党最大的优势”。毋庸置疑，批判的革命的辩证法是指导中国共产党领导中国人民推进中国特色社会主义伟大实践的一个重要哲学观念。

（一）中国改革开放实践活动就是一个自我批判、自我革新的历史进程。改革开放政策的出场本身就是对原有计划经济体制下社会主义建设实践模式的反思和批判，改革开放过程本身就是不断地自我革新的过程。正是在这个意义上，邓小平把改革开放看作是“中国的第二次革命”。改革就是要打破那些束缚生产力发展的旧观念、旧体制，逐步建立社会主义市场经济体制。当前，历时40年的中国改革进入深水区，好改的都已经改了，“剩下的都是硬骨头”，需要我们以更加彻底的批判精神披荆斩棘，完成自我革命的历史重任。因此，党的十八大以来，以习近平同志为核心的党中央提出全面深化改革，并在诸多领域推出了全面深化改革的举措。当然，无论怎么改，都必须坚持正确方向，沿着正确道路推进。

（二）中国共产党的自身建设也体现了自我批判和自我革新精神。党的十八大以来，中国共产党深刻反省自身存在的腐败和作风问题，坚定不移地推进全面从严治党，加强自身监督，努力把权力关进制度的笼子里。一方面对腐败始终保持高压态势，坚持“老虎”“苍蝇”一起打，惩治了一大批贪官污吏。另一方面加强制度建设，出台了《关于改进工作作风、密切联系群众的八项规定》《关于新形势下党内政治生活的若干准则》《中国共产党党内监督条例》等，并开展党的群众路线教育实践活动，“三严三实”（既严以修身、严以用权、严以律己，又谋事要实、创业要实、做人要实）和“两学一做”活动，“不忘初心、牢记使命”主题教育活动。党风、政风和社会风气为之一新，党的执政地位得以巩固，党的领导力量得到空前增强。

（三）坚持问题导向。坚持问题导向实质就是坚持批判思维，要有质疑精神，敢于提出问题，直面问题，设法解决发展中的问题。只有这样，才能实现理论创新、实践创新、制度创新。习近平在哲学社会科学工作座谈会上的讲话中指出：“坚持问题导向是马克思主义的鲜明特点。问题是创新的起点，也是创新的动力源。只有聆听时代的声音，回应时代的呼唤，认真研究解决重大而紧迫的问题，才能真正把握住历史脉络、找到发展规律，推动理论创新。”另外，在对待国外的理论和经验上也要坚持批判思维，“对国外的理论、概念、话语、方法，要有分析、有鉴别，适用的就拿来用，不适用的就不要生搬硬套”。

六、依存共生

当前，人类社会正处在一个前所未有的大变革大调整时代，经济全球化、世界多极化、社会信息化、文化多样化深入发展，世界各国联系越来越密切，如何处理各种复杂的全球性问题，加强全球治理，促进世界的和平和发展，是摆在世界各国面前的一个重大课题。习近平总书记根据对当今世界发展新特点的把握，提出了“构建人类命运共同体”的主张和推进“一带一路”建设的倡议，充分体现了传统中国哲学和马克思主义哲学一直倡导的依存共生的哲学理念。

依存共生的哲学理念既体现了马克思主义哲学的辩证法思想，又反映了中国传统哲学的思想精华。基于依存共生的理念，中国为世界的和平发展提出自己的方案，这一方案就是习近平总书记所说的“构建人类命运共同体，实现共赢共享”。这一思想是中国所主张的实现和平发展、建设和谐世界的重要理念基础，具有丰富内涵。

（一）坚持共建共享，维护世界普遍安全。人类生活在同一个地球上，是一个密切联系、相互依存、对立统一的有机整体，利益交融、安危与共，一荣俱荣、一损俱损。世界各国共同面临全球气候变暖、生态失衡、资源枯竭、恐怖主义袭击、食品安全、疾病蔓延、毒品泛滥等问题，没有世界各国的合作，这些安全问题是不可能解决的。习近平总书记在“一带一路”国际合作高峰论坛圆桌峰会上的开幕词中指出：“在各国彼此依存、全球性挑战此起彼伏的今天，仅凭单个国家的力量难以独善其身，也无法解决世界面临的问题。”“我们要树立共同、综合、合作、可持续的安全观，营造共建共享的安全格局。”

（二）坚持合作共赢，谋求世界共同繁荣。中国倡导美人之美、美美与共，坚持双赢、多赢、共赢的利益观，坚持共商、共建、共享原则。习近平提出共同建设“一带一路”的重要思想，就是要走共赢共享之路，加强与其他国家的互联互通和发展对接，推动各国基础设施建设和体制机制创新，带动其他国家的发展。与美国损害多边贸易、逆全球化不同，中国以自己的方式维护和推动全球一体化。

（三）坚持交流互鉴，主张开放包容。在全球化和扩大开放的背景下，中国尊重各国各民族文明，维护文明多样性。同时加强各种文明之间的交流互鉴，理性处理与其他文明之间的差异，取长补短、择善从之，以交流交融化解对抗冲突。2017年1月18日，习近平在联合国日内瓦总部发表的“共同构建人类命运共同体”主旨演讲中指出：“‘和羹之美，在于合异。’人类文明多样性是世界的基本特征，也是人类进步的源泉……每种文明都有其独特魅力和深厚底蕴，都是人类的精神瑰宝。不同文明要取长补短、共同进步，文明交流互鉴成为推动人类社会进步的动力、维护世界和平的纽带。”

（四）坚持绿色低碳，共同建设一个清洁美丽的世界。中国崇尚和遵循天人合一、道法自然的理念，坚持人与自然共生共存，寻求永续发展之路。中国主张“绿水青山就是金山银山”，决不吃祖宗饭、断子孙路，用破坏性方式搞发展。同时，中国积极推动世界各国遵守实施《巴黎协定》，呼吁共同应对全球气候变化，并愿意承担相应的责任和义务。中国政府高度重视环境保护和生态文明建设，近年来采取了许多重大措施践行绿色发展的新理念，倡导绿色、低碳、循环、可持续的生产生活方式，加强生态环保的国际合作，建设全球生态文明，体现了一个大国的责任担当。这既是中华民族哲学传统使然，也是在人与自然关系上遵循唯物辩证法的根本要求。

中国道路的三元结构

唐爱军（中央党校马克思主义学院意识形态研究所副所长、副教授）

本文摘自《江海学刊》2020年第3期

改革开放以来，中国共产党带领中国人民成功开创了一条实现社会主义现代化的道路，即中国道路。近年来，推动中国道路得以展开的核心要素或主要力量受到一些学者的普遍关注。比如，韩庆祥教授就指出，中国道路是党政主导力量、市场配置力量和人民主体力量相互协调且形成合力的结果[①]。在相关研究成果基础上，我们认为，资本、国家和人民构成了中国道路的三大要素或三元结构。“三元结构”的表述，并不意味着资本、国家和人民是同类性质的对象或主体，且三者是并列关系，而是强调，在中国现代化的实践过程中，三大要素发挥了重要作用，构成了中国道路的“力量主体”。中国道路的实践展开，从根本上说来，就是这三种力量的推动及其相互协调。把握中国道路的三元结构，关键是阐释好资本、国家与人民三种要素及其相互关系。由于篇幅限制，我们对中国道路三元结构的阐释，仅仅着眼于资本、国家和人民三种要素在中国道路中的力量定位、作用方式等议题[②]。

一、利用资本与驾驭资本

所谓现代社会，就是马克思所揭示的第二大社会形态，即以人对物的依赖性为基本特征的历史阶段，即市场经济阶段。资本是现代社会和市场经济

① 具体可参见韩庆祥：《中国道路的哲学意蕴及其战略意义》，《思想政治工作研究》2016年第4期。

② 对中国道路三元结构的研究是一个系统工程，涉及诸多议题。比如，对三大要素概念、内部类型（如资本分为公有资本、私人资本）的探讨，对三大要素之间关系（如国家是人民的国家，人民是国家的人民）的探讨，对三大要素之间的相互作用的探讨等。本文对这些问题“存而不论”，在一般抽象层面上探讨三大要素的作用。

的核心。改革开放以来的中国现代化道路仍然从属于第二大社会形态，资本、市场经济等构成其基本要素。资本构成了中国道路的重要主体力量，当然，与西方资本主义道路不同，中国道路在对待资本的问题上是强调辩证法的，这就是利用资本与驾驭资本的有机统一。

（一）利用资本以解放和发展社会生产力。马克思在《共产党宣言》中对资本的积极作用给予高度肯定："资产阶级在它的不到一百年的阶级统治中所创造的生产力，比过去一切世代创造的全部生产力还要多，还要大。"[①]资本的文明面在于，它是促进生产力发展和社会进步的强大的"动力机制"。我们至少可以从两个方面来把握资本所具有的动力作用：一是"自然层面"。资本在改造自然过程中，大幅度提高了生产力，为现代社会提供了巨大的物质基础。二是"社会层面"。资本解构了传统生产方式、旧的社会关系，塑造了新的生产方式和社会关系，为解放和发展生产力开辟道路。

中国道路的成功开辟、不断拓展首先是承认资本、利用发展资本的结果。中国道路是处于以资本为核心的第二社会形态的发展阶段，其"历史方位"可以从两个方面加以阐释：一是，我们处于社会主义初级阶段。这一历史阶段特指我国处在生产力落后、商品经济不发达阶段。"我们必须经历一个很长的初级阶段，去实现别的许多国家在资本主义条件下实现的工业化和生产的商品化、社会化、现代化。"[②]中国道路的历史主题是现代化，而资本构成现代化的核心动力机制，我们需要利用资本这一动力机制解放和发展社会生产力，实现现代化的跨越式发展。二是，我们仍然处在资本主义主导的世界历史阶段。马克思指出，世界历史分为资本主义世界历史时代和社会主义世界历史时代。中国道路是在资本主义世界历史阶段出现的社会主义现代化道路，是一种"现实的社会主义"展开，完全不同于马克思、恩格斯语境中的生产力水平高于资本主义的"发达社会主义"。中国道路要融入以资本为主导的世界历史中去，它是在经济全球化背景下展开的。经济全球化，实

---

① 《马克思恩格斯选集》第一卷，人民出版社，2012，第405页。

② 《十三大以来重要文献选编》（上），中央文献出版社，2011，第9页。

质上就是资本扩张的全球化。加入经济全球化，就意味着承认和接受资本和资本逻辑。1978年以来，我们通过思想解放、改革等，重新认识、接纳、引入资本和资本逻辑。尤其是邓小平南方谈话之后，主流意识形态将资本、市场经济等话语从“资本主义话题库”中剥离出来，逐步容忍和吸纳资本、市场、竞争等话语，过去被视为洪水猛兽的资本在当代中国得到了一定程度、一定范围的扩张。改革开放40多年，中国道路利用资本这一重要主体，极大地解放和发展了社会生产力。

（二）驾驭资本以服从社会主义的目的。资本是以增殖为目的的，资本的无界限扩张会带来一系列负面效应：从自然界角度看，资本扩张会带来一系列生态危机；从社会关系角度看，资本扩张会导致贫富分化、阶级对立；从人自身角度看，资本会深入到人的精神生活中，导致人的物化、异化。中国道路在利用资本的同时，注意防范或尽可能降低资本的负面效应。由“文明面”与“消极面”构成的资本二重性根源于资本的双重属性——手段属性与社会关系属性。资本内在矛盾实际上是“物”的逻辑与“人”的逻辑、创造文明的逻辑与价值增殖逻辑的冲突。中国道路需要的是作为手段的、创造文明的资本，而不是作为社会关系的、价值增殖的资本。中国道路要驾驭资本，也就是要驾驭资本的社会关系属性、价值增殖的扩张性。第一，引导和驾驭资本的社会关系属性。资本不是纯粹的中性范畴。“资本不是物，而是一定的、社会的、属于一定历史社会形态的生产关系。”[①]资本的生产关系属性或社会关系属性就是追求利润最大化、价值增殖的属性，就是剥削劳动、导致贫富分化的属性。中国道路驾驭资本的社会关系属性，就是要管控好资本的负面效应，尤其是防止资本无限制发展、自发市场经济带来的两极分化。利用资本，但不能侵蚀、违背社会主义目的、人的发展目的。资本的扩张、市场经济的发展不能突破中国道路、中国改革的根本原则和基本边界。驾驭资本的社会关系属性，就是防止资本冲击公有制主体地位、共同富裕的分配原则、党的领导、人民民主专政等。第二，为资本“划界”，防止资本权力渗透到整个社会生活。资本首先是一

---

① 《马克思恩格斯选集》第二卷，人民出版社，2012，第644页。

种经济权力。“资本是资产阶级社会的支配一切的经济权力。”[①]资本又是一种“总体性权力”，它为了实现自我增殖，必然从经济领域向政治、文化、社会、人的精神等领域扩张。中国道路必须为资本原则及其运行划界，防止其向非经济领域渗透。

二、国家的功能

在马克思主义传统中，“国家权力”[②]一直是解释人类社会结构及其变迁的核心范畴，也是分析资本主义社会的重要范畴。在《〈政治经济学批判〉序言》中，马克思指出：“我考察资产阶级经济制度是按照以下的顺序：资本、土地所有制、雇佣劳动；国家、对外贸易、世界市场。”前三项是“资本论”，后三项是“国家论”。正如有学者指出，马克思对现代资本主义社会的分析，除了资本与劳动这两个核心要素，还包括国家范畴[③]。那么，具体到当代中国，如何理解国家或国家权力在中国道路实践过程中的作用？从政治话语看，第一，中国共产党的领导是中国道路的“最本质的特征”；第二，在政府与市场关系中，要“更好地发挥政府作用”。从学理的角度看，国家权力的作用，集中体现在其与另一个主体即资本的结构关系中。在经济全球化、资本全球扩张下，单个个体肯定无法与资本相抗衡，只有“组织起来”形成国家，才能驾驭资本。“在市场经济条件下，维护资本利益还是维护人民利益的斗争必然集中表现为争夺国家权力的斗争。”[④]作为一种力量，国家权力主要表现为双重任务：一是承认、利用和发展资本；二是引导、规范和驾驭资本。我们可以从三种机制角度来深入把握国家权力的双重任务。

---

① 《马克思恩格斯选集》第二卷，人民出版社，2012，第707页。

② 本文关于国家、国家权力概念的阐释，是基于广义语境的，它包括了党和政府。

③ 具体可参见王东：《中国道路哲学创新的源头活水——〈资本论〉中蕴含的“劳动、资本、国家”三元结构论》，《武汉大学学报（哲学社会科学版）》2018年第6期。

④ 孙承叔：《中国道路与马克思主义哲学研究重心的第二次转向》，《马克思主义与现实》2014年第1期。

（一）动力机制。所谓动力机制，是指推动社会发展的力量要素在关联性状态下发挥作用的机理和方式。从发展模式看，国家的动力机制作用主要表现为“权力驱动”。中国道路的鲜明特征就是在“时空压缩”条件下，实行现代化追赶战略。为了达到这一目标，就需要集中力量、资源推动经济社会发展，实现物质财富快速增长。如何能做到“集中力量办大事”，只能依靠强有力的党和政府。尤其是在改革开放初期，“权力驱动”构成了我国社会发展的主要模式。从破除发展障碍的角度看，党和政府的动力机制作用体现为，通过思想路线、政治路线和组织路线的重新调整或确立，破除影响我国现代化发展的一切思想观念、体制机制障碍。从利用和发展资本的角度看，国家权力的动力机制作用主要表现在为承认资本、引进资本开辟道路，为资本竞争提供最佳环境，等等。形成市场经济、引进国际资本和培育民间资本本身就是国家权力主动推动的，可以说，是“权力创生市场经济”。

（二）平衡机制。所谓平衡机制，是指调控社会系统构成要素的关系以实现社会平稳发展的力量及该力量发挥作用的机理和方式。国家是调控社会系统各要素的关系、实现整个社会平稳有序发展的重要力量。我国国家政权在市场经济发展过程中的平衡作用主要包括三个方面：第一，国家是防止利益过分分化、社会差异过分扩大化进而导致社会离心力的根本的整合力量、平衡力量。改革开放以来，资本、市场经济、个人利益等要素及其发展带来了社会分化。过大的利益差异、利益分化带来了社会离心化、社会的对抗性。中国道路积极健康有序拓展，就需要国家权力（以及意识形态等其他因素）提供解决分化的整合力量。国家权力驾驭资本就是要驾驭资本带来的分化力、离心力。第二，国家是社会主义市场经济条件下劳动与资本相互平衡的重要力量。在社会主义市场经济条件下，劳动与资本具有相当高程度的一致性、合作性，两者之间的差异性、矛盾性乃至冲突性，通过国家政权可以加以调节，两者统一于中国特色社会主义事业。第三，国家是经济发展与社会发展、民生建设的平衡力量。人类社会生活包括了两大领域：经济领域与非经济领域（社会领域）。前者运行的基本原则是经济发展原则，是“物”的逻辑；后者运行的基本原则是社会发展原则，是“人”的逻辑。两者构成了波兰尼所说的“双向运动”[①]。国家权力是“双向运动”的主要平衡力量：为资本原则“划界”，把资本原则、市场交换原则限定在经济领域，保持两种生活领域的平衡。

（三）导引机制。所谓导引机制，是指在发展实践的基础上形成的人们认知、指导、规范社会发展的精神观念型的机制。在中国道路的实践展开的过程中，国家起到的导引作用包括“目标定向功能”“发展战略指示功能”“动员功能”“合法性功能”等。在这里，我们仅谈国家的“目标定向功能”。“目标定向功能”包括两个层面：一是理论层面，即明确中国道路所要追求的目标、方向、价值原则等；二是实践层面，即由于各种因素、力量的相互作用，中国道路在不断拓展过程中，可能会“走偏”，国家要不断地对其进行纠偏，甚至纠错，保证中国道路沿着正确的方向前进。社会主义是中国道路的底色。国家的导引机制就是保证中国道路沿着社会主义方向不断前进。“我们的方向就是不断推动社会主义制度自我完善和发展，而不是对社会主义制度改弦易张。”[②]资本要服务于社会主义目的，决不能由资本逻辑“导引”中国道路的方向。通过国家政权驾驭资本，确保社会主义方向，关键是坚守两条底线：“在改革中，我们始终坚持两条根本原则，一是以社会主义公有制为主体，一是共同富裕。”[③]

三、人民主体力量

人民群众是中国道路的力量源泉。中国道路是一条充分发挥人民群众主体力量的道路。在中国道路的实践过程中，人民群众如何发挥自身的主体力量？从最抽象的意义来看，主要是两种作用方式。一是作为历史主体，人民群众是中国道路的“实践的推动力”“发展的内驱力”；二是作为价值主体，人民群众是中国道路的“导引力”，也是对其他力量进行制衡的“规

---

① 卡尔·波兰尼：《大转型：我们时代的政治与经济起源》，冯钢、刘阳译，浙江人民出版社，2007，第112页。

② 《习近平关于全面深化改革论述摘编》，中央文献出版社，2014，第15页。

③ 《邓小平文选》第三卷，人民出版社，1993，第142页。

范力”。

（一）从历史主体看，广大人民群众是推动中国现代化建设的根本力量源泉。我们可以从三个角度把握人民群众的主体力量。一是从唯物史观基本原理看，人民群众是社会历史的创造者，也是社会变革的决定力量。“人民，只有人民，才是创造世界历史的动力。”[①]改革开放以来，推动当代中国社会发生深刻变革的决定性力量是亿万人民群众。中国道路的成功开辟是人民群众创造历史的中国版本。二是从发展模式看，人民群众实践尤其是创新活动是推动生产力发展的积极驱动力。人是生产力中最活跃、最革命的因素。中国现代化建设充分调动了劳动者的积极性和创造性。从核心驱动要素来看，社会发展模式包括了“权力驱动”“资本驱动”“创新能力驱动”等三类。尽管在改革开放初期，我们比较依赖权力驱动、资本驱动，但是，随着现代化进程不断深入，我们更加强调以人为本的发展模式，更加依靠人的创新能力，实现发展模式的转换。三是从人的需要的角度看，中国现代化建设与人民群众的日常生活需求相契合，前者可以从后者那里获得源源不断的内在动力。推动社会发展是需要动力的，在这个动力系统中，人的需要是“原动力”。人民群众的需求及其变化是生产力发展的动因，是推动社会发展的内生动力。以经济建设为中心的中国道路契合了人民群众（以物质利益为核心）的日常生活需求。现代化建设不再是与人民群众日常生活需求脱节的“政党意志”或“国家意志”，而是同每个人切身利益相关的事情，是大家普遍参与并且能从中获利的事情。中国道路只有“把人民大众从其自身发展的旁观者变成参与者，才能实现发展的内源化”[②]。人民群众的需求是不断变化的（比如，从“物质文化需要”到“美好生活需要”的转化），它推动着社会发展模式不断转型升级，现代化内涵不断拓展深化。

（二）从价值主体看，以人为本、促进人的全面自由发展是中国道路的根本价值原则，这一原则引导着中国道路的发展方向，也规范着其他各种

① 《毛泽东选集》第一卷，人民出版社，1991，第1031页。

② 黄高智等：《内源发展——质量方面和战略因素》，中国对外翻译出版公司，1991，第45页。

因素或力量。在资本、国家、人民三元结构中，坚持以人为本、维护人民群众的主体地位，关键是处理好两对关系。一是资本与人民的关系。到底是以资本为本，还是以人为本，决定了不同性质的现代化类型。以资本为本是资本主义现代化的最高原则，以人为本是社会主义现代化的最高原则。中国道路坚持以人为本，强调以人民为中心是解决一切社会问题的最高原则，它要防止两个方面的后果：一个是“物化”。资本是市场经济的主体，但不是整个社会生活的主体，要防止资本原则向所有社会生活领域的入侵，防止物对人的宰制。另一个是“分化”。资本逻辑必然带来两极分化。坚持以人为本原则，就是要引导资本，使得更多的剩余价值以公共利益形式回归劳动者本身，朝着共同富裕的方向发展，实现人的全面发展。二是国家与人民的关系。在中国道路的发展过程中，要防止国家权力从“发展之手”“治理之手”蜕变为“奴役之手”“掠夺之手”，要通过一系列制度设计保证国家权力的人民性。苏联模式一大特征就是国家权力的极权化和全能化，实际上是一种“国家垄断制”，它表现为“三个垄断”：在经济层面上，对生产资料、劳动成果和物质财富的垄断；在政治层面上，对政治权力、社会权利乃至公民权利的垄断；在思想文化层面上，对一切思想资源、文化创造活动的垄断。中国道路破除了苏联模式，实际上实现了“两个解放”：解放生产力、解放人。国家权力的作用是以保障人民主体地位、实现人的自由发展为目标的。保证国家权力的人民性，还要防止“权力的资本化”，即权力与资本的结合，防止商品交换的那一套渗透到政治生活领域。从与国家权力的关系看，坚持人民主体地位，就是要避免国家权力的官僚化、私人化、商品化、资本化。我们不能说，中国道路在实践过程中完全避免了这些问题，但是人民主体力量对国家权力的有效制衡，在解决这些问题上，是有制度优势的。

四、简单的结语

资本、国家和人民构成了中国道路的三元结构，它们是推动中国道路实践展开的关键力量。当然，每一种要素在发挥作用的同时，又受到其他要素的影响。中国道路既要充分发挥资本的动力作用，又要通过国家和人民力量驾驭资本、规范资本；既要有效地发挥国家的动力、平衡和导引等作用，又要通过人民力量防止国家权力的异化。总之，中国道路是一条有效发挥资本、国家、人民三种力量，以实现人民群众根本利益为价值旨归的现代化之路。

第四篇

「中国道路的成功密码」

举世瞩目的中国奇迹背后，是中国道路的成功密码。中国道路坚持马克思主义哲学基本原理与中国具体实践相结合，展示了一种全新的中国式现代化新道路，中国特色社会主义经济、政治、文化、社会、生态等各项制度代表着一种崭新的充满生机与活力的社会主义制度，蕴含着21世纪人类文明新形态，闪耀着马克思主义哲学的智慧光辉，已经并将进一步引领当今世界潮流发展的方向。

中国奇迹『奇』在哪里

刘同舫（浙江大学马克思主义学院院长、教授、博士生导师）

本文摘自《马克思主义研究》2020年第4期

历史只有在时间的反复冲刷和人们的不断追思中才能展露其真实意蕴。在中国共产党成立100周年来临之际，回顾中国共产党跨越一个世纪的筚路蓝缕、栉风沐雨之路，更深刻领略到党挽救中华民族于危亡、为祖国屹立于世界之林而矢志不渝的担当与勇气，服膺于其坚守与发展社会主义、探索中国特色现代化发展道路的智识和创举。100年风雨兼程、上下求索，中国共产党带领中国人民创造了举世瞩目的中国奇迹。尽管中国奇迹已经成为我们耳熟能详的概念，但时至今日，仍有不少人将其简单泛化等同于经济上的飞速发展或中国特色。笔者不以为然。特色指的是个体或群体特有的属性，表达的是某一事物异于他者的差异性特质，而奇迹则是行非常之举，结非常之果，表达的是不同寻常、超乎常人想象的独有创造。特色有可能创造出奇迹，而奇迹也必然内在地包含了某种特色。中国奇迹是中国共产党领导并开创的中国特色社会主义道路和中国特色社会主义制度所凝铸的历史结晶，没有中国特色社会主义道路、中国特色社会主义制度这个“因”，必然无法结出中国奇迹的“果”；反之，没有中国奇迹这一伟大成果，也就无法彰显中国特色社会主义道路、中国特色社会主义制度的旺盛生命力和巨大优越性。中国特色是中国奇迹的根本致因，但仅从中国特色的概念入手，难以全面把握中国奇迹的真实意义。在总结社会主义建设成果中澄清中国奇迹究竟“奇”在哪里，有何超乎想象之处，对于探寻社会主义建设和发展规律，推动新时代中国特色社会主义事业再攀高峰，具有重要的现实意义。

一、发展的奇迹：推动现代化的腾飞

作为一个不断发展和变动的概念，中国奇迹的内涵将随着时代发展而显现出不同的时代特色和具体形态。中国奇迹在发展、稳定和守正三个层面的创造性表征与其内涵特征的显现相互证成，我本人倾向于从过往创造性实践的经验出发，对中国奇迹进行多点透视以把握其内涵。就此而言，中国奇迹是中国人民依靠马克思主义的指导和中国共产党的领导，在社会主义道路上不断开拓创新所取得的伟大成果，这一成果涵盖了政治、经济和文化等多个维度。从整体性视域来看，它促成了经济飞速发展，拓展了世界社会主义现代化发展的道路和境界，开辟了一条以追求和实现人类解放为旨归的现代化发展道路；从比较性视域来看，它维护了社会和谐稳定，创立了一套行之有效，能够克制和驾驭资本逻辑的政治制度；从历史性视域来看，它确证了马克思主义的真理性，谱写了社会主义运动的新篇章，形成了一个多元共生、和而不同的人类命运发展格局。

准确理解中国奇迹的本真意蕴，必然要从其原初语义谈起。“中国奇迹”这一说法最初的确来源于经济学领域，用于形容中国在经济建设领域所取得的巨大成就。早在20世纪末，国内一些经济学者就认为，拥有世界上最多人口的中国在改革开放的牵引下，其经济从20世纪80年代开始保持惊人的年平均增长率，这一增长率与号称“东亚奇迹”的相关国家和地区相比不相上下，在经济层面创造了中国发展的奇迹，理应冠以“中国奇迹”之名。经济的高速发展是中国奇迹带给人们最为直观和切实的感受，也是中国奇迹最具辨识度的成就，但中国奇迹绝非仅限于经济领域，而是扩展到政治、文化、社会、生态文明等所有领域，推动了中国社会的整体性进步。伴随中国特色社会主义进入新时代，我国发展进入新的历史方位，用“经济发展”描述中国社会所实现的全方位变革已显得相对片面。只有从整体的、动态的视角出发，诉诸“现代化的腾飞”这一表达才能更为精准地阐述与涵盖由经济跨越式发展牵引的全部领域的历史巨变。

中国奇迹最先在经济领域崭露头角，依靠的是改革开放这一盘“活棋”和推动经济发展的“关键一着”。以经济领域为突破口的体制改革从内部破题，通过大刀阔斧地变革不适应生产力发展需要的生产关系，确定了“生产力标准”和“以经济建设为中心”的社会主义现代化建设指南，为生产力的飞跃创造了必要条件；而对外开放则从外部破题，使中国得以开放进取的积极姿态从世界文明成果中汲取养分，开创了“引进来”和“走出去”相统一的社会主义现代化发展之路，能够最大限度地吸收和借鉴人类文明成果为社会主义建设所用。改革与开放犹如车之两轮、鸟之双翼，为中国经济插上了腾飞奋进的翅膀。中国在改革开放这一崭新引擎的牵引下，不断取得新的成就，创造着人类现代化发展史上的中国奇迹[①]。

中国经济发展之所以被誉为最为瞩目的奇迹，主要在于中国的经济发展克服了起点低、基础薄弱、技术落后和人才短缺等一系列内在困境，冲破了西方发达国家长时间的外交孤立和经济封锁，并在这一过程中实现了经济快速发展，彰显了“后来者优势”。中国经济发展所取得的伟大成就与其所遭遇的各种障碍之间形成了鲜明的对比，完成了西方人眼中的“不可能的任务”。这种经济领域的“不可能的任务”主要表现在经济增速、经济体量扩大两大方面。其一，经济长期保持稳定的中高速增长。自改革开放以来，中国的国内生产总值年均增长率长期居于世界前列，是同时期世界经济增长速度最快的国家。在这一时期，中国经济增速不仅明显高于日本、韩国、新加坡等亚洲发达资本主义国家，而且超过了世界经济领域的霸主——美国。在世界现代经济发展史上，从来没有一个拥有10多亿人口的国家，能够如此长时间地保持经济的中高速增长。其二，经济体量迅速增长。中国国内生产总值从1978年的约3678.7亿元（世界排名第15位）增加到2018年的90万亿元左右（世界排名第2位），占世界经济的比重从1978年的低于2%上升至2018年的15%左右。从相关经济指标来看，中国在短短40多年里就实现了由相

---

① 国外学者对人类现代化发展历史上的经济持续高增长做过研究，如诺贝尔经济学奖获得者、美国斯坦福大学胡佛研究所高级研究员斯彭斯曾在《华尔街日报》上发表题为《国民财富：为什么中国增长得这么快?》的文章，研讨中国经济的持续高增长问题。斯彭斯认为，发展中经济体的持续高增长是第二次世界大战后出现的新现象，并对这种“持续高增长”进行了界定，其中“高”是指GDP增长超过7%，“持续”是指增长超过25年。按此定义，他指出，有11个发展中经济体实现了持续高增长，如新加坡、韩国、泰国、印度尼西亚、马来西亚与中国等，而中国是最新进入的人口最多、增长最快的案例。参见刘树成等：《中国经济持续高增长的特点和地区间经济差异的缩小》，《经济研究》2007年第10期。

对落后的传统农业国向制造大国、工业大国的伟大转变，创下了全球货物贸易总额、外汇储备余额、银行业规模等多个世界第一，书写了人类经济发展史上的神话。经济体量的剧增为中国扶贫事业的展开提供了物质保障，促使中国扶贫事业取得历史性的成就。1978年，中国有近7.7亿贫困人口，农村贫困发生率为97.5%；2018年，中国贫困人口锐减至1660万，农村贫困发生率降低到1.7%，对世界减贫贡献率超过70%，世界银行2018年发布的《中国系统性国别诊断》报告盛赞了这一巨变，称“中国在快速经济增长和减少贫困方面取得了‘史无前例的成就’”。

在中国经济保持中高速增长之时，世界不少国家和地区的经济发展却先后陷入瓶颈：拉美国家掉进了“中等收入陷阱”、欧洲遭遇债务危机、美国爆发金融海啸……中国经济发展的光明前景和世界经济发展的困顿不前形成鲜明对比，有力彰显了中国特色社会主义现代化发展道路的显著优势，开拓了中国经济发展观的新维度。在认识论和实践论维度，中国共产党运用马克思主义的经济发展观指导经济建设，准确把握中国独特的经济发展规律，充分发挥全体中国人民创造历史的能动性，逐步践行新发展理念和建设现代化经济体系；在目的论维度，中国经济发展战略注重揭示资本主义市场经济模式的内在缺陷，加快完善社会主义市场经济体制，同时精准捕捉不同阶段的社会主要矛盾变化并设定经济发展的阶段性目标，在经济全球化时代深刻形塑了中国社会主义现代化的独特样态，从而更加展现了中国奇迹的强大威力，使中国经济发展在世界经济发展史中占据不可替代的地位。

经济领域取得的巨大成就成为中国奇迹最耀眼的光环，但经济领域发展的奇迹并不能囊括中国奇迹的全部领域和整体意义。如果仅仅依据中国奇迹缘起于经济发展的事实而将其等同于经济发展奇迹，只会陷入孤立、片面的认识误区，中国奇迹也难免沦为西方学者质疑的对象，甚至被污名化为“唯GDP”式发展的“代名词”。中国共产党在设定经济发展目标、展开经济发展实践和总结经济发展规律的过程中，逐渐揭示出发达资本主义国家主导下的经济全球化的本质。中国共产党在探索中国特色社会主义经济发展道路的过程中，针对传统的经济全球化和世界现代化进程的抽象同一性的界定与把握，打破了西方经济学的固有观点。社会生产力的革新、经济基础的发展引发了生产关系和上层建筑的持续性变革，社会主义市场经济推动科技、教育、文化、卫生等多个领域蓬勃发展，深刻革新了人们的生产方式、生活方式和精神生活，这些领域的深刻变革都构成中国现代化发展的重要成就。将中国奇迹与经济发展画上等号，把改革开放所创造的其他方面成就排除在外，则必然与中国社会及人民命运发生广泛而深刻变革的实际相抵牾。中国学者理应根据变化的社会现实对这一概念提供新的诠释，以刻画出中国奇迹的真切样貌。只有从整体性、全局性视角出发，将中国奇迹归纳为“现代化的腾飞”，才能准确描述和概括这一变化的全面性、深刻性与人文性。①“中国奇迹”所表征的现代化发展道路具有广阔的世界历史意蕴，以经济生产为基础的多领域全面发展，是对追逐人类解放事业、实现每个人自由而全面发展目标的现实回应。中国独具特色的现代化发展之路在发展理念和价值旨趣上根本超越了由资本逻辑掌控和宰制一切、以物的增殖取代人的自由发展的西方现代化发展模式，对于冲破西方现代化发展模式的固有观念和思维藩篱，构建“和而不同”的人类命运共同体以及形成多元共生的现代化发展历史格局，重塑“现实的人”在世界历史中的主体性地位，促进人的自由全面发展与世界历史推进的内在统一，具有重要的理论意义和实践价值。

现代化意味着摆脱贫困、愚昧和落后，通往富裕、文明和幸福；实现现代化表现为建立现代国家、发展现代经济和建设现代社会。改革开放仅仅持续了40多年的时间，社会主义中国便取得了发达资本主义国家历经数百年现代化进程所积累的经济成就，创造了世界经济发展史上的奇迹，为中国社会现代化建设多领域的整体进步提供坚实的物质基础。“中国奇迹”并不仅仅指代经济领域的单一性发展，而是总体表征着中国经济、社会、文化等各个领域全面协调的系统性进步和全局性发展。中国现代化进程中各个领域的全面协调发展反映出中国奇迹的创造进程是一个具有整体性特质的历史过程。中国奇迹发生的时间虽短，但其创造的历史却不是经济、社会或文化某单一

① 有学者在2009年就已经指出，“中国奇迹”的内涵可以概括为以下三个方面：一是国民经济持续、稳定、长期高速增长；二是人民生活水平大大提高；三是综合国力和国际地位的显著提升。这种观点虽未明确使用“现代化”范畴对社会的整体性变化加以概括，但其对“中国奇迹”的理解已经内蕴着整体性倾向。参见李炳炎等：《“中国奇迹”与“中国模式”——中国30年经济改革的巨大成就与基本经验》，《江苏科技大学学报（社会科学版）》2009年第1期。

领域的急促改革所形成的“无章堆砌”，而是处于从过去、现在到未来的有序流动的整体生成之中。只有将中国奇迹置于中国走向现代化的历史生成过程并与其整体关联起来，才能显现中国奇迹这一特殊历史事实和历史现象的真实意义，即其已拓展为一个以经济发展为基础和引擎，谱写了推动和引领科教文卫等各领域全面共进的现代化发展的宏伟史诗。

近年来，中国经济高速发展的势头有所放缓，国外政界和学界从经济发展速度和体量的角度攻讦中国奇迹，由此提出关于中国发展“有没有”或者“算不算”一种奇迹的质问，这是否意味着中国奇迹即将走向终结？在笔者看来，中国经济确实已由高速增长转向高质量发展，这恰恰说明中国奇迹正式迈入了一个新的发展阶段，即它不再以单一的经济高速增长为追求目标，而是更加注重发展的整体性与协调性，注重以经济发展为基础而全面延展的社会主义现代化整体性构建，通过提升发展质量、创新发展方式来创造新的奇迹，体现出更为稳定的支撑和更加丰富的样态，是中国特色社会主义进入新时代提出新的发展观的内在需要。党的十九大报告指出，“中国特色社会主义进入新时代”，中国开启了由“富起来”到“强起来”的跨越征程，新时代我国社会主要矛盾已经转化为“人们对美好生活的向往”与“发展不平衡不充分”之间的矛盾。解决社会主要矛盾的关键在于抓住其主要方面，生产力在现代化社会发展中的决定性作用并没有改变，生产关系和社会发展的客观需要却发生了多方面多层次的变化，逐步演变为决定社会主要矛盾存在之本质依据的主要方面。当生产力发展到一定程度，其能否满足人民对教育、文化、医疗、环境等方面的多样化、个性化需求，能否满足人们对美好生活的多维度需求将成为创造新时代中国奇迹的关键。理解“新时代”的“新常态”必须扬弃传统“唯经济论”的发展观，转而以整体性的现代化视角构想中国奇迹的现实与未来发展前景，揭示中国奇迹中更为多元的传奇故事。

二、稳定的奇迹：跨越新自由主义的陷阱

如何维持发展与稳定之间的平衡历来是困扰世界各国的普遍性难题。中

国奇迹之所以令人惊叹，不仅在于其现代化脚步之快，更在于其现代化进程之稳。在中国现代化“发展奇迹”背后还隐藏着一个同等重要的“稳定奇迹”。中国特色社会主义政治制度和经济制度以其对资本逻辑的驾驭和对新自由主义陷阱的跨越，创造了现代化高速发展进程中的“稳定奇迹”。

中国的社会主义现代化进程面临着极为复杂的现实境遇。世界现代化浪潮已经推进至第三批次，相比于在第一和第二批次已经完成现代化的国家而言，处于第三批次的国家面临的发展条件则相对不足，需要应对的问题也成倍增长。尽管第三批次国家在发展上有一定的“后发优势”，如能够利用先发国家的技术成果助推自身发展等，但也有学者指出，“后发优势”的另一面是“迟发效应”[①]。这种“迟发效应”既表现为工业化与信息化的双重追赶压力，也表现为现代化目标的迷茫以及心理预期上的可能落差等一系列现实问题。在“迟发效应”的作用下，不少发展中国家的经济和政治体制难以承受现代化快速发展所释放的巨大冲击力，也无力应对现代化进程中的劳资对立、阶层分化和经济发展失衡等盘根错节的复杂问题，加上西方现代化理论极力宣扬发达国家现代化发展之路的“可复制性”“先发性”特质，诱使诸多发展中国家在“观念复制”的潜移默化中拷贝了西方国家的民主政治和市场经济制度，最终陷入各种不同程度的经济社会失序状态。这一“观念复制”的消极效应也必将对中国的社会主义现代化发展环境产生一定的冲击，中国的现代化发展同样要在“快”与“稳”之间寻求动态平衡。

在经历过或正在经历现代化的诸多国家看来，快速实现现代化与保持社会稳定之间似乎难以兼得。根据英国社会学家安东尼·吉登斯的观点，现代性是一把机遇与风险并存的双刃剑，风险是现代性与生俱来的阴暗面，现代化进程意味着各种风险的降临。美国政治学家塞缪尔·亨廷顿曾提出过一个关于现代性与现代化的著名悖论：“过渡型国家和现代国家的显著差别，令人信服地证明了现代性意味着稳定而现代化则意味着动乱。”[②]在追求现代性现代化的过程中，实现社会理想和改造现实条件之间的张力，社会转型带来

① 汪信砚：《世界现代化进程的反思》，《江苏行政学院学报》2005年第1期。

② 塞缪尔·P.亨廷顿：《变革社会中的政治秩序》，王冠华等译，生活·读书·新知三联书店，1989，第41页。

的种种矛盾，都将在现代化进程中聚合释放，对社会多领域、多维度的发展形成震荡。多个发展中国家的现代化实践印证了这些关于现代化风险的理论，它们在发展进程中面临诸如“中等收入陷阱”“转型陷阱”“修昔底德陷阱”和“新自由主义陷阱”等种种现实挑战。

中国奇迹之“奇”，在于其能够在“时空压缩”的现代化进程中始终保持高度的社会稳定。西方国家的现代化进程经历了数百年的实践，现代化带来的问题渐次出现于各发展阶段，这使得它们在应对问题时具备充足的缓冲和调适时间。此外，资本主义国家并未局限于本国地域范围内的资本空间，而是通过资本全球化开拓新的扩张范围，致使其现代性危机得到舒缓以保证生产力发展获得新鲜血液，进而拓宽“中心—边缘”式资本主义世界体系，也为现代化矛盾从中心向边缘输送转移创造了必要的缓冲空间。中国在遭遇并克服理论与现实发展的瓶颈中创造奇迹：一方面，中国利用数十年的时间完成了发达国家上百年甚至数百年的发展进程，这意味着数百年现代化进程中出现的问题和矛盾极有可能压缩在几十年的周期内集中释放；另一方面，作为第三世界国家的一员，中国并没有如同西方国家一般向边缘地区输出矛盾、转嫁危机，而是在平衡发展的速度与稳定中自主消解各种困境。“时—空”上的限制为中国社会主义现代化进程带来了严峻考验，而中国却依然能够在高速发展与相对稳定之间达到最大平衡，在全球范围内区域冲突频繁爆发、恐怖主义愈演愈烈、金融危机此起彼伏的世界性风险社会境遇中，妥善维持国内各领域的总体和谐与基本稳定，这一巨大成就本身就足以令世界瞩目。

中国奇迹之“奇”，在于它能够洞悉并利用独特的制度安排以驾驭资本逻辑，跨越新自由主义布下的陷阱。中国始终秉持独立自主的发展意识，因而能够随着现代化进程的深入而逐渐认清资本主义支配世界现代化历史的本质，揭露新自由主义把持全球经济运作形式的本真面目。20世纪80年代以来，新自由主义的滥觞造成了世界政治经济局势的动荡不安。在政治层面，新自由主义反对福利国家、主张消除工会组织，极力将西方的民主制度塑造为全球现代化进程中“唯一合法”的形式，掩盖自身为垄断金融资本服务的本质。新自由主义者打着“自由”“民主”等幌子，向非西方世界输出资本主义民主制度，以便推行“普世价值”、密谋开展“和平演变”，试图建立一个同质化且以西方为中心的资本主义世界体系。在经济领域，新自由主义主张彻底私有化、市场化和自由化，倡导将社会生产和交易置于一种无序的“自由”竞争，强调政府只需要扮演好“守夜人”的角色。从本质上看，新自由主义在政治和经济上的诉求源于资本逻辑极度扩张的本性，即它惯于从资本积累及其自由运行的本质出发理解世界各国经济的存在样态，主观悬设了引导经济发展的政策框架，强调世界经济发展的私有化、市场化和自由化取向，这种经济发展观在目的导向上已然异化为资本统治的工具，而丧失了经济发展的人本伦理。马克思在对资本逻辑的批判进路中揭示世界现代化历史进程的深层动因，旨在促使人们剥离资本制造的虚假表象而走进历史深处。新自由主义是资本逻辑的历史产物和时代形态，其在政治经济领域的行动主张表面上致力于营造坚持自由、平等原则的国际市场环境，实际上则是以参与主体的实力地位为依据进行自由裁量，进而导致主体之间的差距愈发悬殊，最终造成全球剩余价值的不平等分割，并由经济价值和生产力领域的全球性巨大差异而引发了世界范围内多领域发展的危机。在资本主义私有制的环境下，新自由主义日益显露出其指导的现实生产都是为实现资本积累的逐利本性。

轻信新自由主义而带来的历史教训是惨痛的，东欧社会主义国家尤为典型。20世纪90年代之后，东欧社会主义国家迫不及待地投入新自由主义的怀抱。这些国家将经济发展滞后的原因归结为政府管控过多过死，以行政手段调动资源配置，忽略市场在资源配置中的重要作用。但在从以计划为主体到以市场为导向的转型过程中，这些国家过于相信新自由主义的“画饼”，采用了激进的“休克疗法”，要求全面否弃政府对市场的指导和干预，试图通过私有化、市场化和自由化一次性解决计划经济体制的弊端。盲目推崇私有化、市场化和自由化的举措并未挽救东欧社会主义国家的命运，反而使它们深陷过剩性经济危机、生态危机和人的发展危机等泥淖。中国在融入世界现代化发展的进程中，深刻洞察到新自由主义的具体行径及其对世界局势特别是发展中国家现代化进程的消极影响，注重总结与反思新自由主义的理论弊端和实践教训。在经济层面，新自由主义在扩张现代化生产力的同时也造成被剥削者的“贫困积累”，形成全球性资本积累与贫困积累的两极对立；在政治层面，资本逻辑宰制一切，所有制度设计都围绕“利润”旋转，所谓的平等、民主和自由不过是资产阶级粉饰统治的“幌子”。一旦个人或群体的现实权利与资本逻辑相抵触，人的权利就会被资本逐利的权力碾为碎末。新自由主义掩盖下的资本逻辑宰制不但无益于现实问题的解决，反而引发了更为激烈的民族矛盾、区域冲突和宗教隔阂，制造了动乱频发的分化图景。中国在参与经济全球化进程时清醒地认识到，新自由主义的生命力是依附于资本力量所建构的全球政治和经济制度模式，新自由主义之所以在世界范围内横行无忌，根源于资本逻辑的支撑及其依附性的政治经济功能。在新自由主义浪潮中，只有大型财团和少数富人凭借不加节制的市场扩张攫取了丰厚的利益，当资本俘获大量财富后如同潮水般抽身而退，无产者们便被无情地遗忘在“沙岸”上，轻信或依附于新自由主义的国家最终也将被资本狠心地拍倒在“沙滩”上。无论是拉丁美洲的动荡局势、发源于美国并蔓延至全球的金融危机，还是世界范围内日益尖锐的贫富分化和不断拉大的南北发展差距，无不昭示着新自由主义经济理论和实践的破产。

中国现代化进程中的“稳定奇迹”，在于建立起了中国特色社会主义政治制度和经济制度，这一制度体系为我们承受现代化的巨大冲击力，驾驭资本逻辑，避免掉入新自由主义的陷阱提供了有力保障，确保中国始终以“蹄疾步稳”的姿态在现代化的道路上驰行，体现了中国共产党运用辩证唯物主义与历史唯物主义世界观应对现代化进程中各种发展问题的理论自觉。

其一，中国特色社会主义政治制度以人民主体利益为核心而展开顶层设计、进行制度安排，具有强大的利益协调和矛盾化解功能。马克思主义哲学世界观对“人”的认识集中表现为两大理论使命：一是对“人”的历史性存在（现存的异化状态）进行批判分析；二是尽力彰显“人”的整体性存在。“现实的人”的存在和发展总是受到各种异化力量的压抑，需要依靠贴合“人”本真存在的实践以促使自我意识的觉醒。中国在现代化进程中始终贯彻“人”的目标逻辑和实践性思维，将实现每个人的自由全面发展、维护最广大人民群众的根本利益以及最大程度促动人民积极行使权利作为政治制度设计和运行的最高原则，建立起包括人民代表大会制度、中国共产党领导的多党合作和政治协商制度、民族区域自治制度、基层群众自治制度在内的中国特色社会主义政治制度体系，为实现人民当家作主、民族团结安定与群众和睦友爱提供了制度支撑。在治理实践中，历届中央领导反复强调人民利益高于一切，始终将确保人民群众的利益作为一切工作的出发点，将人民群众的满意程度作为检验制度实行功效的根本标准。中国特色社会主义政治制度内蕴以人民为中心的政治理念，与新自由主义所推崇的资本优先、利润为本等理念截然相反，与新自由主义及其宣扬“人权”“自由”等价值理念中蕴含的“抽象的人”的发展准则根本不同，它将“现实的人”的存在与自由发展作为终极诉求。这种尊重“人”的存在逻辑和遵循实践性思维的政治制度能够真正整合和协调群众的利益诉求，化解不同群体之间的矛盾，切实保障作为主体的“人”的利益、尊严和价值，维护和实现社会的长治久安，促成了中国“稳定奇迹”的诞生。

其二，中国特色社会主义经济制度平衡了市场与政府之间的关系，不仅推动了经济发展，也克服了过度市场化的倾向。在经济发展问题上，中国深刻认识到苏联模式的局限性而主动求新求变，并且决不轻信新自由主义关于彻底抛开宏观调控、竭力推行私有化和市场化的谎言。坚持以公有制为主体、多种所有制经济共同发展和按劳分配为主体、多种分配方式并存，将社会主义制度和市场经济有机结合，有效理顺了政府与市场之间的关系。在认清中国社会经济结构的基础上，运用循序渐进式改革的稳健模式，将计划这一“有形之手”与市场的“无形之手”紧密结合：一方面，通过确立市场在资源配置中的决定性作用，打破了计划经济与市场经济之间相互隔绝的壁垒，极大地解放了社会生产力，充分调动起人民群众的生产积极性，刺激和拉动了经济的发展；另一方面，以维护公有制的主体地位为基本原则，根据国内外局势对市场化程度进行周期性评估，及时对市场资源的配置形式给予相应的调整和指导，在推动经济繁荣的同时严防资本逻辑的扩张及其危害。改革开放以来的实践充分说明，中国特色社会主义经济制度承认现代化世界的本质具有本体论上的“差异性”和认识论上的“容错性”，既巧妙地汲取国外建设经验，使社会主义经济在有效市场与有为政府的双向作用下焕发出勃勃生机，又通过科学的制度建设约束和规制资本逻辑，为资本生产的自由运作划定了严格的边界，避免经济发展因过度自由化而陷入新自由主义的旋涡，阻断了社会主义经济走向崩溃和失控的可能性。

中国特色社会主义制度带来的“稳定”就是中国奇迹显现在政治方面的成就。“稳定”是中国奇迹最为突出的政治表现，中国特色社会主义制度是生成“稳定奇迹”的必要前提和保障。中国特色社会主义制度之所以能够支撑和造就“稳定奇迹”，在于其具有三大特点：第一，真实性。以人民利益为核心和出发点曾是包括苏联在内的社会主义国家的价值共识，但只有中国以制度的形式不断予以确认并真正落到实处，在政治制度的实践探索中逐步实现了从“以人为本”到“以人民为中心”的升华，以突出人民主体地位的现实性、具体性和整体性，将制度手段落实到新的发展目标和要求的实际中去。从人民的现实发展需要和人的自由全面发展理想的双重维度出发的政治制度，为规避和化解社会主义建设内部风险和矛盾提供了制度上的坚强保障。第二，契合性。中国特色社会主义制度是立足中国具体国情，在扬弃他国经验教训的基础上建立起来的，是最能解决中国社会现实问题因而也是最契合中国社会和中国人民发展需要的制度。第三，原创性。中国特色社会主义制度通过科学、合理的制度设计，在驾驭资本逻辑中总体实现了市场和政府之间的平衡，有效化解了长期困扰资本主义和社会主义世界的“老大难”问题。中国特色社会主义的制度设计理念和运行方式，为当前深陷新自由主义陷阱中的国家提供一种全新的破题思路和发展策略，即在促进经济高速发展的同时又有效保持现代化进程的稳定行进，为人类政治文明的发展贡献独创的中国智慧。

三、守正的奇迹：开创世界社会主义运动的新境界

中国奇迹是“守正”的奇迹。准确把握中国奇迹的内涵，还需要站在推动人类社会发展的高度，将中国奇迹与社会主义实践及特定的时代背景相结合，与不同历史时期具体的发展要求相契合，如此方能展现中国奇迹所承载的世界历史意蕴，揭示其得以生成的内在精神动力，进而澄明其继续开创未

来社会主义发展奇迹的实践性思维。中国奇迹内蕴的精神动力，我称之为“守正”。对中华民族优良传统的坚守，对党的实事求是的思想路线的坚守以及对社会主义发展方向和道路的坚守，使中国奇迹能够开创世界社会主义发展的新境界，在世界社会主义运动史上留下了浓墨重彩的关键一笔。

“中国奇迹”的历史意义并不局限于中国，而是从属于世界社会主义运动。中国的社会主义现代化进程在历时性维度上推进了世界社会主义运动的整体发展。当苏联宣告解体之时，资本主义国家弹冠相庆，以胜利者的姿态高呼马克思主义和社会主义已经“死亡”，日裔美籍学者福山甚至抛出了“历史终结论”，试图将资本主义自由民主制定位为人类文明的终点。但马克思主义并未走向失败，社会主义理想并未宣告破产。哈贝马斯、詹姆逊和德里达等学者都对诸如“历史终结论”视为谬论并嗤之以鼻，在他们看来，苏联模式不过是社会主义模式的一种，是特定时代环境的产物，借由个案推导出社会主义的整体性失败并不符合历史发展的逻辑，任何关于社会主义发展模式的单一化解读都是对马克思主义的曲解，最终只会走向对马克思主义理论的偏执抨击。理论上的回击尤需实践上的呼应和支撑，这要求将现实挑战置于全球范围内的现代化实践之中进行考察。在人们质疑马克思主义还“灵不灵”的历史境遇中，在世界社会主义运动“山重水复疑无路”的大环境下，中国的社会主义现代化建设却以“柳暗花明又一村”的姿态强势崛起。高速的经济增长、稳定的政治生态、和谐的社会建设等瑰丽图景，使中国奇迹用鲜活的事实向世人昭示社会主义的强大生命力和制度优越性，凸显世界社会主义运动内在于人类共同命运之中并推动人类社会历史发展的真实力量。不同的社会主义国家都独创一套发展模式为其现代化道路提供支撑，而中国的社会主义现代化道路则以中国奇迹的现实成就增强了世界社会主义的信心与希望。在世界社会主义运动发展的低潮期，中国奇迹不仅从现实上回击了“历史终结论”，也成为维护马克思主义的科学声誉、重振世界社会主义运动士气的关键例证，在世界社会主义运动历史上具有重要的标杆意义。

人们不禁要追问，东欧剧变之后，为什么是中国而不是其他国家创造了现代化建设领域的伟大成就，从而确证了社会主义的科学性？为什么奇迹偏偏发生在中国？为什么出现的是中国奇迹？对这一系列问题的正确回答，能够帮助我们反思和总结为什么马克思主义的旗帜能够在中国始终屹立不倒，为什么社会主义的火种能够在中国这片土地上星火燎原的深层根源。事实上，在苏联解体之前，不少社会主义国家已经意识到自身发展模式的局限与弊病，并开启了多种尝试性的改革，中国实施的改革开放只是当时世界改革浪潮中的一部分。然而，为什么只有中国创造了奇迹？根本原因在于中国始终保有"守正"的精神品格和理论品性，它在机遇与挑战并存的局势下守住了自身特有的实践发展思维。剖析中国奇迹生成的精神因素，需要抓住"守正"这一关键词。中国奇迹所守的"正"，是中华民族崇尚进取和创新的优良传统，是党的实事求是的思想路线，更是社会主义的发展方向和道路。"守正"为中国奇迹的生成注入了源源不断的精神动力，而中国奇迹则捍卫了马克思主义和科学社会主义的真理性，开创了社会主义运动的新境界。

其一，坚守中华民族的优良传统，在不断学习和创新中追求超越。中华民族是世界上最善于学习和创新的民族之一。近代以来，从魏源的"师夷长技以制夷"到鲁迅的"拿来主义"，再到邓小平的"向资本主义学习"，中国人不断向日本、欧美和苏联等国借鉴先进经验，新时代的中国正以虚怀若谷、海纳百川的姿态向全世界学习。也正是因为在社会主义建设中不断吸收、借鉴了人类文明的先进成果，中国奇迹才能够在加强自身建设的基础上开创世界社会主义运动的新境界。这种学习不是亦步亦趋、照搬照抄，而是在不断的学习中反思、突破和创新，并寻找适合我国国情的发展道路。在没有先例可循、没有经验可鉴，大多数时候只能"摸着石头过河"的情况下，我们能够一如既往地保持改革开放的决心，以百折不挠的精神和开拓创新的勇气将改革开放推向深入，开创了社会主义理论与运动的新境界：一是拓展了社会主义发展动力理论的新境界，逐渐意识到并突出了科技创新在提升全球生产力中的核心地位；二是丰富了现代化发展结构理论的新境界，为不同领域现代化的平衡发展问题制定整体性的协调策略；三是开辟中国和世界交流对话的新境界，推动中国高度参与的全球治理和优化整体开放布局的协同并进，从而在坚持不懈的求索中创造了中国奇迹。中国奇迹的开拓性创造在全球治理格局优化发展的进程中彰显了其推动全球整体进步的共生性思维，它决不会对其他国家的存在和发展构成威胁，而是为全球经济发展和人类整体利益创造共同机遇。中国包容性吸纳世界各国一切先进生产要素，提倡以合作协商的方式谋求不同民族的共同发展。中国奇迹的出现打破了人们对社会主义的刻板印象，它通过一系列的制度安排以驾驭资本逻辑使其服务于社会主义，实现社会主义与市场经济的有机结合，开创了社会主义建设和发展的新范式，丰富了科学社会主义理论和实践。

其二，坚守党的实事求是的思想路线，在变化的现实基础上调整发展战略。中国共产党在中国特色社会主义革命和建设的历程中，创造性地提出实事求是的思想路线，“始终坚持一切从实际出发”奠定了中国共产党作出正确决策和把控方向的思想基础。历史屡屡证明，一旦脱离实事求是的思想路线，社会主义建设就会走上“弯道”甚至“岔路”。中国奇迹离不开改革开放的伟大决策，而这一伟大决策得以形成和贯彻的根本原因就在于中国共产党坚持以实事求是的路线、原则来分析和解决现实问题。中国共产党从具体国情出发，立足于社会主义建设的实际需求，以开放包容的宽广心胸和对立统一的辩证立场处理社会主义与市场经济之间的关系，发出了改革开放的动员令，秉持发展与创造相结合的现代化构建观念，发挥中国共产党领导下的中国人民特有的自主性存在方式和运动形式的作用，即在中国人民独特的生存实践方式的基础上发挥其自我超越性活动的创造性作用。中国在实现自我超越的同时，从创新的意义上突破现代化世界既有的成果基础，产生出具有超常性质的、体现中国人民这一特殊创造者本质和内容的成果。党的历届领导集体始终坚持实事求是的思想路线，在准确把握社会主义发展阶段性特征的基础上，不断对社会主义建设进行针对性的调整、规划和部署，有效化解了社会主义建设中的问题与矛盾，为中国奇迹的产生提供了强有力的思想保障，彰显出中国发展为世界社会主义事业贡献活力和为人类发展谋取共同利益的“建构性”价值。

其三，坚守社会主义的发展方向和道路，在原则问题上决不妥协含糊。中国共产党在推进社会主义现代化进程中始终保持对人类社会、资本主义世界与社会主义事业发展规律的高度关注。在改革开放的过程中，邓小平同志曾多次强调坚持社会主义发展道路的重要性，明确指出中国在学习资本主义成果时只能借用其先进的经验和技术成果，但决不学习和引进资本主义制度。邓小平同志提出的这一要求极具预见性，他敏锐地洞悉了资本主义发展中出现的新现象和新特征，深刻地批判了资本主义制度固有的内在矛盾，准确地把握了建设中国特色社会主义事业与推进世界社会主义运动之间的内在关联，在当代世界高举起马克思主义的旗帜，弘扬了唯物史观的理论智慧。当不少社会主义国家在西方“和平演变”的侵蚀和新自由主义的蛊惑下纷纷改旗易帜、倒向资本主义之时，中国人民却坚守社会主义发展方向，全力进行社会主义现代化建设。方向和道路决定了前途和命运，中国人民对社会主义的坚持得到了丰厚的现实回馈。在激活市场活力、解放社会生产力之后，社会主义展现出巨大的制度优越性，重振了世界社会主义运动的声势，创造了震撼世界的中国奇迹，加快了中华民族的伟大复兴进程，为未来世界社会主义现代化建设描绘了美好蓝图，提供了合作发展的基础，贡献了求实创新的精神智慧。习近平同志在展望全面建设社会主义现代化强国的未来图景时，明确指出要坚持“不走封闭僵化的老路，也不走改旗易帜的邪路”。将改革开放的道路进行到底，将社会主义道路坚持到底，这就是奇迹能够生发在中国大地的重要原因。

作为一个不断发展变化的概念，中国奇迹的内涵将随着现实发展而显现出不同的时代特色和具体形态。中国奇迹在发展、稳定和守正三个层面的创造性表征与其内涵特征的显现相互证成，我本人倾向于从过往创造性实践的经验出发，对中国奇迹进行多维透视以把握其内涵。就此而言，中国奇迹是中国人民依靠马克思主义的指导和中国共产党的领导，在不断开拓创新社会主义道路的过程中所取得的伟大成果，这一成果涵盖了政治、经济和文化等多个维度。从整体性视野来看，中国奇迹促成了中国经济飞速发展，拓展了世界社会主义现代化发展的道路和境界，开辟了一条以追求和实现人类解放为旨归的现代化发展道路；从比较性视野来看，它维护了社会和谐稳定，创立了一套符合实际发展需要并能够克制和驾驭资本逻辑的政治制度；从历史性视野来看，它确证了马克思主义的真理性，谱写了社会主义运动的新篇章，形成了一个多元共生、和而不同的人类命运发展新格局。

持之以恒的积累沉淀，使中国奇迹的影响不断超出中国以及社会主义国家内部，具有了更为普遍的世界意义。中国奇迹向世人昭示了中华民族的坚韧、勤劳、勇敢和创新的精神气质，展现了中国人民在社会主义现代化建设中无与伦比的想象力和创造力；它突破了西方资本主义的理论“围剿”，确证了马克思主义真理性的磅礴伟力，树立了社会主义建设和发展的典范，为世界社会主义运动注入了新的活力；它激发了世界所有处于现代化进程中的国家的深切思考——究竟是全盘照抄西方的现代化模式还是坚持走符合国家现实的自主发展道路？它表达了真正的平等、公平和正义诉求，创新性打开了人类政治文明的崭新一页。“新时代”是“中国奇迹”延续自身辉煌的时代，历经百年峥嵘岁月的中国共产党将领导中国人民接续奋斗，赢取中华民族伟大复兴的更大胜利。

当代中国混合型经济结构的优势

郭　湛（中国人民大学哲学院教授、博士生导师）

本文摘自《江海学刊》2020年第2期

当代中国发展道路背后的“道”或道理是什么？为什么这样一条不断探索的发展道路取得了巨大成功？从本质上讲，中国道路最基本的东西是发展，“发展是硬道理”。这种发展更具体地说，是生产力的发展即经济的发展，当然同时也是人和社会的发展。中国发展道路之所以成功的原因很多，从唯物史观的高度看，生产力的发展即经济的发展归根到底起决定性作用，而生产力是同生产关系紧紧连在一起的，生产关系是生产力得以形成和发展的社会形式。

过去中国生产力发展经历了曲折的道路，主要是与生产关系的状况有关。中国社会经历了生产关系的革命变革，走上了社会主义道路。问题的关键在于，经过变革形成的生产关系是否符合生产力发展的要求？以往我们对社会主义道路、社会主义经济、社会主义生产关系的理解，有单一僵化的倾向。那时基本上沿用了当年苏联的制度模式，把社会主义经济的发展看作单一的纯而又纯的社会主义生产关系的发展，对资本主义生产关系、其他类型的非公有制生产关系，总体上采取排斥的态度。实践证明，这样做的结果不是保护和促进了生产力的发展，而是限制和束缚了生产力的发展。

列宁在20世纪20年代初，就曾经特别讲过，国家资本主义也是俄国经济发展的重要形式之一，通过国家资本主义可以走上社会主义道路。列宁去世之后，斯大林并没有坚持经济形式多样互补的道路，还是走单一僵化的社会主义道路。在生产关系方面，他坚持纯而又纯的社会主义模式，这样的做法不能适应现实经济发展的内在规律，使苏联的经济始终没有得到全面充分的发展。苏联在与美国争霸过程中，最大的短板就是其经济实力不足，人民群众的物质需求始终得不到应有的满足。直到后来苏联解体，尽管原因很多，但在根本上不能不说是由其生产力及经济发展的弱势造成的。

中国起初也曾深受苏联道路的影响，但在实践中我们逐渐发现了这个模式的问题，在毛泽东时代就开始依据中国国情调整生产关系、经济关系和产业结构，开始走符合中国国情的经济发展道路。到邓小平时代，解放思想，实事求是，改革开放，更是深刻总结了中国曲折发展历程的教训，学习和借鉴西方现代化经验，勇于探索并走出了一条中国特色社会主义发展道路。在我们改革开放40周年和新中国成立70周年这样的历史时刻，学术理论界需要对这条中国道路的本质内涵和历史意义予以深入分析、概括和表达。

中国道路归根到底是生产力发展的道路，是经济发展的道路，是在经济发展的基础上政治、社会、文化等全面发展的道路。经济发展方式的变革，是中国改革开放发展道路最基本的内涵。在这个层面上，最为显著的特征是我们的混合型经济结构，这是当代中国发展道路的一项基本内容。我们不再采取单一僵化的社会主义经济体制，即社会主义计划经济模式，而是采取以公有制为主体的多样化的市场经济结构，包容、接受甚至鼓励私人的、非公有制的经济形式在中国发展。多种经济形式在中国得到迅速发展，对外开放不断扩展，外资、外企大量进入，使中国整个经济结构和生产能力多年来发生了巨大变化。

从生产关系上讲，这种变化的实质就是从原来单一的社会主义公有制经济结构，向包容社会主义和资本主义等多种经济形式的混合型经济结构转变。首先是以社会主义公有制为主导的，包含集体所有、全民所有，甚至在一定意义上是国家所有的经济形式，同时包容了个体所有、私人所有，各种形式的民营资本、外来资本纷纷加入，在中国实际上构成了多样性、综合性的经济形态。这是一种混合型的中国特色社会主义经济结构。在这种经济结构中，以社会主义公有制经济形式为主导，包容并发展了其他所有制经济形式，形成多样互补的生产关系体系，成为促进当代中国乃至世界生产力发展的新经济形式。

实践是检验认识的真理性的标准。这种经济结构的合理性和优越性，业已被中国几十年经济和社会的迅速发展所证实。人们或许要问：这样一种以社会主义公有制经济为主导的，包容了资本主义私有制经济成分的混合型经济结构，何以会有优势，何以比任何单一所有制的经济形态更能促进中国生产力的全面发展？这是一个值得我们深入研究和回答的时代之问。中国道路的根本目标，在于通过改革生产关系解放和发展生产力。由原来单一僵化的社会主义计划经济模式，向以公有制为主导、包容各种非公有制经济形式的多样灵活的社会主义市场经济模式转换，形成混合型的生产关系结构，全面适应了当代中国生产力发展的内在要求。

社会生产关系出现这样一种混合型结构，可以说是我们所处历史时代发展的必然结果。那么，我们处在一个什么样的历史时代？如果从大的历史时代即社会历史分期意义上说，按照马克思的分析，由当代资本主义经济形态向未来共产主义经济形态转变，将是一个长期的历史过程，可以称之为“过渡时期”。人类历史中的这个“过渡时期”可能会十分漫长，过去人们往往把它想得太短暂了。实际上可能要经过几个世纪，甚至更长的时间。这一历史时期以“过渡”为特征，就意味着它是从原来的私有制经济结构向未来的公有制经济结构转变。

在这个历史转变逐渐实现的过渡时期里，现实的经济结构必然是多种形式并存的混合型经济结构。社会主义经济制度和资本主义经济制度，不仅在不同的国家之间共存，而且可能在一个国家内部共存。从这个意义上讲，不仅在世界范围内是多国多制，而且在一国范围内也可以两制或多制。既然是“过渡时期”，现实的社会作为历史的过渡形态，就必然不是单一的社会主义或资本主义的经济结构，而是社会主义与资本主义两种或多种生产关系在这样一个历史时代并存。在经济形态上，不会是非此即彼，而将是亦此亦彼。多制共存将是“过渡时期”历史的常态。

试想，在几百年或更长的时间里，两种或多种制度、两种或多种生产关系在这样的一个历史时代里并存；资本主义和社会主义的生产关系，在纵向的历史时间中先后发生和发展，在横向的现实空间中相遇、共存、竞争和合作；不同的民族和国家在纵横交错的历史时空中发展，越来越成为人类命运共同体——这就是人类历史的“过渡时期”所特有的经济和社会发展景象。那么，这些不同的生产关系之间到底是什么关系？每个国家以及整个国际社会，应该如何客观看待和恰当处理这种复杂多变的经济关系以及作为这种经济关系集中表现的政治关系？……这是值得我们认真研究的。

从一种简单的思维方式看，不同的经济关系是对立的甚至是对抗的、不相容的。但从现实的历史过程来看，实际上这是一种矛盾的对立统一关系，矛盾各方可以并存、竞争、互动、协作，在一定条件下可以相互转化。在过渡性的历史过程中，多样互补是一种常态化的经济结构关系。这就是现在我们置身其中的经济结构关系。通过40多年的改革开放，逐渐形成了这样一种混合型的经济结构，我们已经习惯了，不这样反而不正常。无论在国内还是在国际范围内，不同的生产关系系统之间，或者不同系统的生产关系形式之间对话、交流、合作，这是一个我们原来在极端的思维方式下很难理解的现象。

在当代资本主义社会向未来共产主义社会转变的历史过渡时期，不可能只有一种经济关系或生产关系。资本主义的、社会主义的以及其他各种类型的生产关系，在当今中国和世界上形成共存、竞争、互补的局面，因其对于生产力发展的实际作用而此消彼长。这种历史现象在辩证唯物主义和历史唯物主义的理论框架下，是可以得到合理理解的。因为现实就是多样性的现实，要把各种生产力要素有机而且有效地结合起来，形成现实生产力并发展这种生产力，那么相应的生产关系形式就应该而且必须是多样的。只有多样灵活、不断调整的生产关系形式，才能适应多样多变、不断发展的社会生产力，使之得到全面和充分的发展。很多国家之所以经济发展不快，包括原来的苏联以及单一计划经济体制下的中国，也是因为没有充分发挥多种形态生产关系的潜力，将能够包容和发展生产力的作用全面发挥出来。

正是改革开放，使中国走上了这样一条解放思想、勇于探索，通过改革生产关系解放生产力的发展道路。无论什么样的生产关系，只要有利于生产力的发展，有利于自然生态和人类文明的进步，我们都欢迎。现在我们坚持这种全方位的开放态度，继续不断扩大开放，采取充分包容地对待各种生产关系的态度。这样一种发展战略对于生产力的解放是全方位的，也是多层面的。所以中国经济才能持续增长，在目前这种错综复杂的国际环境中，依然能够保持较为强劲的发展势头。

之所以如此，最深刻的原因就在于我们有了多样互补的混合型经济关系即生产关系。这种多样和互补的生产关系，使得它能够适应当今中国和世界复杂多变的生产力要素结构及其相互关系。诚如古人所言："和而不同，同则不继。"不同的生产关系各取所长，相互竞争和互补，开拓了生产力发展的广阔空间。如果经济形式单一化、同质化，失去创新活力，反倒不利于生产力继续发展。无论哪个国家，凡是采取单一僵化的生产关系或经济结构的，都不可避免地会出现这个问题。因为这种单一僵化的生产关系不能适应多样动态的生产力发展的内在要求。

西方一些国家目前在经济上遇到困难，从根本上说都与此有关。社会生活中最基本的关系是私人性和公共性的关系。不同的生产关系在这个问题上各有侧重。私有制侧重私人性，公有制侧重公共性。法制、道德、文化和社会治理是公共性的。个人主体性需要发挥，社会公共性也需要发展。当代社会不但有进一步解放个人能动性以发展生产力的需要，而且有在群体、国家乃至世界层面上增强公共性以保障经济和社会发展的需要。社会主义生产关系和经济成分的发展，从总体上代表着历史进步的方向。坚持多样互补的混合型经济结构，以其充分的包容性和创新性带动生产力持续发展，这就是中国道路之所以成功的一个很重要的基本经验。

从世界潮流看中国道路的独特优势

杨金海（原中央编译局秘书长、中国马克思恩格斯研究会副会长、清华大学马克思主义特聘教授）

本文摘自《江海学刊》2020年第3期

回顾新中国成立70年的光辉历程，站在世界潮流发展的高度，从国际比较、历史比较的视角，认真总结中国道路的鲜明特色、制度优势及其世界意义，有着重要的理论和实践价值。

一、从世界潮流看中国道路形成之必然性

习近平总书记多次强调，要从世界潮流的高度看问题，包括看待中国发展、世界发展问题。那么，近百年来的世界潮流是什么？我想，其内涵十分广博，但至少可以从两个方面来把握：一是人类追求经济社会发展现代化的时代潮流；二是社会主义逐步取代资本主义的时代潮流，其中包括殖民地人民反对帝国主义以及争取民族解放的历史潮流。这两个方面又紧密联系在一起。中国道路正是中国人民积极顺应世界潮流并长期艰辛探索的必然结果。

总体上说，中国道路是中国人民在经济文化相对落后的东方大国成功开辟的中国特色社会主义现代化道路。什么是现代化？从本质上讲，它是人类社会从传统自然经济向现代工业经济的转型过程。马克思最早提出了现代化思想，尽管他没有用“现代化”这个词，但他在19世纪40年代写成的《共产党宣言》等著作中就明确提出了这样的观点，人类从农业社会向现代社会转变的过程就是工业化、城市化、市场化、全球化的过程。当然，现代化的含义也是动态的，其内涵在不断变化，而且从不同层面看也有不同含义。新中国成立之后，我们讲的“四个现代化”，即工业、农业、国防和科学技术的现代化，就是从经济社会各个领域来理解的现代化。近些年来，我们进一步讲“新四化”，即工业化、信息化、城镇化和农业现代化，则主要是从现代化的特点上讲的，其中，信息化是具有当今意义的全新内容。但无论如

何，世界各国对现代化的基本特征是达成共识的，对现代化的追求也是百年来各个国家的共同诉求。

毋庸置疑，人类社会的现代化最初是由资本主义推动的，尤以英国资本主义为典型。正如马克思所说，资本主义在推进人类社会现代化方面曾经起过革命性的作用，包括推动形成了市场经济体系，确立了自由贸易、等价交换原则和契约精神，开辟了世界市场，极大促进了社会生产力的发展，冲破了封建主义的社会关系等。但资本主义现代化模式亦有着致命的缺陷：一是按照资本逻辑推进，不顾劳动人民利益；二是具有强烈的自发性，就像一匹野马，没有谁能够控制它的狂奔。所以，资本主义现代化发展到一定阶段，就会走向反动，包括对资本主义国家内部人民进行残酷剥削、对殖民地人民进行疯狂侵略掠夺等，并给人类社会带来了严重的经济和社会危机。今天的贸易保护主义，也是资本为了维护自己的垄断地位而肆意违反自由贸易原则的产物。

历史的发展必然要求有新的能够取代资本主义的现代化道路。马克思、恩格斯最早批判了资本主义现代化模式，提出了社会主义现代化道路设想。列宁领导下的十月革命胜利使这一理论变成了现实。苏联的社会主义现代化模式克服了资本主义现代化的局限性，由人民政府自觉制定经济发展计划，严格管理经济，初期取得了巨大成就，在很短时间内实现了工业化。但这种靠政治力量支撑的经济建设短期可以成功，长期来看却不行，因为它违背了经济自身发展的规律，生产要素不能自由流动，人民群众的积极性不能充分发挥，长此以往必然造成经济发展缓慢、人民不满，甚至引发社会动荡、国家解体。

中国特色社会主义现代化道路正是在吸取人类现代化历程中正反两个方面经验教训的基础上形成的。经过新中国70年特别是改革开放以来40多年探索，我们党带领人民披荆斩棘、攻坚克难，成功开辟了一条有中国特色的社会主义现代化建设道路，取得了举世瞩目的成就，获得了世界的广泛认同，其中蕴含着许多值得总结的经验和规律，也凝结着中国人民勤劳、智慧和团结进取的伟大民族精神和民族品格。可以说，中国道路的成功是客观的世界潮流发展之必然，也是中国人民充分发挥主观能动性和创造性的必然结果。

二、中国道路的本质特点、宝贵经验和制度优势

从国际比较、历史比较的角度深入总结70年来中国道路的探索和形成历程，不难发现，中国道路有着自己鲜明的本质特征。

首先，中国道路本质上是社会主义现代化道路，从根本上区别于资本主义现代化道路。资本主义现代化有多种模式，如英美模式、德国模式、北欧模式等，但其基本的经济政治制度相同，均实行生产资料私有制、资产阶级政党执政等。中国道路则坚持生产资料公有制为主体、由代表人民利益的中国共产党领导，同时形成了一套与此相适应的基本经济制度和政治制度。

其次，中国道路是适应经济全球化趋势、开放包容的现代化道路，不同于以苏联模式为代表的传统社会主义现代化道路。这最突出地体现在我们党自改革开放以来就提出并长期坚持的基本路线上。这条基本路线即“一个中心、两个基本点”，既包括传统的四项基本原则即坚持社会主义道路，坚持人民民主专政，坚持中国共产党领导，坚持马克思列宁主义、毛泽东思想，又包括新增加的两条内容，即坚持“以经济建设为中心”和“改革开放”。这条基本路线也就是我们这些年经常讲的“六个必须坚持”，这是中国道路稳步发展的定海神针。

中国道路最本质的特征是中国共产党的领导。在上述“六个必须坚持”中，坚持党的领导是关键。理论和实践都证明，若没有一个坚强的能够全心全意为人民服务的党，就不可能领导人民完成社会主义现代化建设任务，甚至会使改革背离社会主义方向，开历史倒车，苏联就是前车之鉴。特别是在像中国这样一个曾经极度贫穷落后的东方大国搞社会主义现代化，没有一个强有力的马克思主义政党，是不可能成功的。毛泽东同志曾经讲过，近代以来为什么帝国主义老是欺负我们，除了经济文化落后之外，“主要的原因在于中国民众的无组织状态”。我们之所以能够取得现代化建设的巨大成就，靠的就是党的坚强领导和人民群众的团结奋斗。应当说，在当今世界，像中国共产党这样具有如此强大的组织能力和动员能力的政党组织是不多见的。

中国道路的基本特点是由其根本性质和本质特征决定的，概括起来至少有以下几点。一是人民性，即坚持“以人民为中心”的发展理念，坚持发展

为了人民，发展依靠人民，发展成果由人民共享。这是对西方“以资本为中心”发展逻辑的超越。二是自觉性，即中国道路是由我们党和政府领导亿万人民自觉推动的，有一整套逐渐成熟的理论、路线和方针政策。这就使得中国的现代化成为有计划、有组织、有步骤的自觉行动，彻底超越了西方现代化的自发性和盲目性。三是务实性，即坚持“以经济为中心”，用发展的办法解决现代化进程中的问题，而不是简单用政治的或意识形态手段解决社会矛盾，这是对苏联模式现代化的超越。四是包容性，即坚持全面开放，积极学习借鉴资本主义现代化建设的成果和经验，积极融入经济全球化大潮，同时，积极吸收借鉴中国历史传统中的优秀文明成果。这是中国道路能够彰显后发优势的重要保证。五是渐进性，即我国的改革开放是逐步推进的，没有采取休克疗法，这就避免了苏联改革模式的弊病。六是跨越性，即中国在较短时间内实现了跨越发展，从传统的农业经济发展到工业经济、信息经济，同时，在社会制度上跨越了典型的资本主义阶段，进入到初级阶段的比较富裕的社会主义。

中国人民在推进现代化过程中积累了许多宝贵经验，概括起来至少有以下四点。一是理论先行。新中国成立70年，特别是改革开放40多年来，我们党提出了一系列新的思想理论，这成为我们不断创新发展的先导。二是上下联动。西方资本主义现代化主要是通过自下而上进行的，而苏联模式的现代化主要是通过自上而下推动的。中国的现代化是党和人民相互促动的结果，我们党和政府主动实行的改革发挥了主要作用，同时，基层群众的改革和呼唤也发挥了重要作用。三是刚柔相济。改革开放以来，我国的基本社会制度不断规范化即刚性化，但又不断增强着柔韧性。如党的基本路线具有刚性，我们始终坚持；同时，又通过改革创新不断增强其弹性，这就是对基本路线的内容不断进行丰富和发展。四是增量改革。在不触动原有根本制度和人们既有的合理利益基础上进行改革。最典型的就是我们通常实行的“老人老办法、新人新办法”政策。正是通过不断完善体制机制，不断提高经济社会发展水平，不断给社会大多数成员带来利益，中国的改革事业才能够不断顺利推进。

进一步讲，中国道路有着深层的制度优势，这又包括两个层面，即制度的效能优势和结构优势。

首先，我国制度的效能优势相当突出，概括起来至少有四大优势。一是高效，即我国现代化发展和制度运行效率很高。改革开放以来，我国经济社会高速发展，用短短几十年时间走过了西方发达国家上百年走过的现代化历程，创造了人类现代化建设的奇迹。这种高效发展的背后是制度运行的高效。二是稳定，即我国现代化建设和制度运行相当稳定。改革开放40多年来，我国经济社会发展水平稳步提高，没有大起大落。这是因为我国的基本经济制度和政治制度比较合理，决策体制运行高效、灵活，具有突出的防风险、抗震荡能力。三是和谐，即我国内部各种社会关系比较和谐。我国内部的民族关系、干群关系以及人与人之间的关系总体来讲是和谐的，尽管有一些矛盾，但没有发生过西方现代化过程中曾经出现的那种激烈的社会冲突和暴力斗争。四是和平，即中国在现代化过程当中长期坚持和平发展道路。西方许多大国在现代化过程当中曾有不光彩的历史，开辟殖民地、侵略他国，甚至发动世界大战等。我国的社会主义制度及其价值取向，包括我国传统文化价值，决定了中国没有也绝不会走西方弱肉强食的资本主义老路。

其次，我国制度的结构优势十分明显。这体现在我国的经济、政治、文化等各个方面。一是建立了以公有制为主体、多种所有制经济共同发展的基本经济制度，充分调动了各方面经济主体的积极性。特别是建立了社会主义市场经济体制，充分发挥了市场这只“看不见的手”和政府这只“看得见的手”的作用，既克服了资本主义的经济自由主义弊病，也避免了传统社会主义的政府控制经济过死的缺陷。这是中国经济长期高速稳定发展的主要秘诀所在。二是建立了比较科学的政治制度。特别是在政党政治上，我们实行中国共产党领导的多党合作制度，充分发挥协商民主的优势，这样就既保证了共产党执政的连续性、稳定性，又充分发挥了各民主党派参政议政的积极性；既避免了资本主义多党制的混乱性，又避免了苏联模式社会主义一党制的集权性弊病。三是建立了比较完整的思想文化体制，为我国现代化建设事业的顺利推进提供了思想保证。在思想文化发展中，我们实行了“一元指导、多样并存”的文化发展方略，即以马克思主义为指导，各种思想文化包括各种宗教文化共同发展，既保证了党和国家事业发展大方向的正确性，又使得各种文化能够相得益彰、繁荣发展。

三、中国道路所蕴含的世界意义

探讨中国道路的世界意义问题本质上是探讨中国道路的普遍性问题。这个问题研究好了，不仅能够为国际上关于中国道路的研究提供参考，也能够为推进整个人类现代化和文明进步事业提供中国智慧和中国方案。中国道路的世界意义至少有三个方面：

（一）中国道路对发展中国家具有一定的启发和借鉴意义。中国道路为发展中国家追求现代化提供了新的道路选择和参考方案。中国道路昭告世人，各国实现现代化的道路并非只有西方模式，还可以有其他道路或模式；社会主义现代化道路也不失为一种选择。为此，人们应当尊重发展中国家自主选择适合自己国家的现代化道路。各国也应当相互尊重彼此选择的发展道路，反对在现代化道路选择上的霸权主义和强权政治。中国道路也表明，发展中国家要实现现代化，需要有一个强有力的人民政党和人民政府。发展中国家大多曾经饱受帝国主义、封建主义的多重压迫，经济文化比较落后，在这样的条件下搞现代化建设，若没有一个坚强的、有科学理论指导的、全心全意为人民谋幸福的政党和人民政府是不行的。中国道路还启示人们，发展中国家要实现现代化，需要建立一套科学的经济、政治制度。发展中国家大多曾经是殖民地或半殖民地国家，所以，在民族解放任务完成之后，还应当进一步深化政治革命、经济革命、社会革命和思想文化革命，并建立相应的社会制度，使人民从社会关系上和思想上彻底摆脱封建主义、殖民主义束缚，彻底实现民族独立，真正从政治上、思想上站立起来。这是实现现代化的前提条件。中国道路还表明，发展中国家可以通过包容性发展逐步实现现代化。由于大多数发展中国家没有经过典型的资本主义发展阶段，所以其现代化必然是跨越式的发展，这就需要发挥后发优势，实行全面开放政策，积极学习和借鉴世界各国现代化建设的成果和经验。

（二）对世界社会主义发展而言，中国道路也具有一定的普遍意义。中国道路证明了一条真理，社会主义没有定于一尊的模式，每个国家都可以根据自己的国情来独立自主地探索现代化道路。某一种社会主义现代化模式的失败不等于社会主义的全盘失败，社会主义在创新发展中一定能够焕发出强大生命力。社会主义现代化要取得成功，任何时候都必须坚持先进政党的领导，同时，要把社会主义作为科学来对待，既要坚持社会主义的基本原则，又要遵循人类经济社会发展的基本规律，特别是要处理好社会主义与资本主义的关系，积极融入国际经济大潮，遵循经济全球化规律，通过包容性发展达到强国富民的目标。

（三）中国道路对发达国家也有一定的参考价值。中国道路表明，社会主义现代化道路是行得通的，搞得好还会有很大优越性。西方发达国家应当接受中国道路成功的现实，并深刻反省资本主义现代化模式的历史局限性，自觉破除“西方中心论”，避免西方现代化叙事的独断主义，摒弃傲慢与偏见。西方发达国家还应当明白，世界经济中心是会转移的。正如马克思所预言的，古代世界的经济中心是地中海沿岸，近代是大西洋两岸，未来则是太平洋两岸。今天，太平洋经济中心时代正在到来，这是经济全球化的必然结果，西方发达国家应当认清世界大势，主动适应世界潮流。今天的西方发达国家大多是老牌资本主义国家，曾侵略掠夺过很多殖民地国家和人民，应当自省并自觉回馈于这些发展中国家，首先应当尊重这些国家人民自主选择的现代化道路，并支持和帮助他们实现追求美好生活的愿望，而不应当继续对他们施行霸权主义，把自己的发展模式强加于人。发达国家应当与发展中国家一道，努力构建以和平、发展、合作、共赢为宗旨的人类命运共同体，共同促进世界的和平发展。

总之，中国道路展示了一种全新的人类社会现代化道路，代表着一种崭新的充满生机与活力的社会主义制度，蕴含着21世纪人类发展的新文明形态，占据着世界文明进步事业发展的科学制高点和道义制高点，充满着促进世界和平发展的建设性正能量，已经并将进一步成为引领当今世界潮流的重要力量。认真总结好中国道路的特点、优势和经验，不断发扬光大，让世界人民更加了解中国，就一定能够为促进美好世界建设作出新时代中华民族的新贡献。

中国道路蕴含着马克思主义哲学智慧

黄　海（湖南省社会科学院国家治理与公共政策研究中心中国马克思主义研究所主任、《求学》杂志主编）

本文摘自《哲学研究》2020年8期

中国道路是什么，有何内蕴和特质，国内外学者一直在探讨当中。法国学者萨米尔·阿明认为，中国道路从中华人民共和国建立伊始就已经是独创性的。英国学者马丁·雅克认为，中国重新定义了发展中国家的发展道路，具有重要的世界意义。近年来，国内一批学者对中国道路进行了深入研究。韩庆祥从定性、定位、定标、定法和定力等五个维度对中国道路的核心要义及其生成机制作了学理上的阐释，提出中国道路蕴含动力机制、平衡机制和治理机制三种根本机制；陈曙光认为，中国道路是中国新现代性"改造世界"的实践成果，具有鲜明的中国特色，中国道路的成功代表了一种新的现代性文明的出场；等等。本文以为，对于中国道路，应从历史脉络、生成逻辑和内蕴特质上作出马克思主义哲学中国化的当代性阐释。关于中国特色社会主义道路的具体内涵，党的十八大指出："中国特色社会主义道路，就是在中国共产党领导下，立足基本国情，以经济建设为中心，坚持四项基本原则，坚持改革开放，解放和发展社会生产力，建设社会主义市场经济、社会主义民主政治、社会主义先进文化、社会主义和谐社会、社会主义生态文明，促进人的全面发展，逐步实现全体人民共同富裕，建设富强民主文明和谐的社会主义现代化国家。"这一界定，主要包含五个方面的内容：第一，道路的领导者——中国共产党；第二，道路的基点——中国基本国情；第三，道路遵循的"基本路线"——"一个中心、两个基本点"；第四，道路的总体布局——"五位一体"；第五，道路的目标——解放和发展生产力，促进人的全面发展，实现共同富裕，建设社会主义现代化国家。进入新时代，中国特色社会主义事业取得新的伟大成就，在实践层面对中国道路的理论形态形成强有力的支撑。

目前学术界关于中国道路的哲学内蕴的研究成果已有不少。这些成果为本文的研究提供了可资借鉴的学术资源，但也存在相对不足，即较少从完整性上揭示中国道路的哲学意蕴，或局限于从历史唯物主义视域来探讨中国道路，或拘泥于改革开放史来讨论中国道路的哲学内涵，或笼统提出是马克思主义与中国实践相结合的产物，而非从道路本身展开论述。马克思主义哲学是辩证唯物主义和历史唯物主义构成的有机整体。从哲学视域考察，中国道路之所以成功，内在原因就是其中蕴含着马克思主义哲学的独特智慧。只有从哲学的高度自觉把握中国道路的成功密码，才不会在道路问题上陷入遮蔽和迷失，从而在内心深处真正增强中国特色社会主义的道路自信。本文尝试基于马克思主义哲学的整体性，全景式揭示中国道路的哲学意蕴，并试图提出：中国道路包含道路选择、道路特质、道路布局、道路实现、道路目标等多重维度，每一个维度都贯穿着辩证唯物主义与历史唯物主义的哲学智慧。当然，中国道路的开辟，决不是对马克思主义哲学原理简单、机械地照搬套用，而是中国共产党用马克思主义指导当代中国发展实践的生动范本。同时，中国道路对马克思主义哲学智慧的运用，充分体现了辩证唯物主义和历史唯物主义的整体性思维。

一、道路选择：问题与主义的统一

“人们自己创造自己的历史，但是他们并不是随心所欲地创造，并不是在他们自己选定的条件下创造，而是在直接碰到的、既定的、从过去承继下来的条件下创造。”[①]中国道路的创造，不是凭空而来，而是基于历史与现实、当下与未来、承继与发展相结合的时空选择。选择什么样的道路，就是要在错综复杂的现实问题面前回答“举什么旗”“以什么旗帜为指引”来寻找问题的破解之道。简而言之，就是“主义”要回答“问题”，实现问题与主义的统一。如何才能真正高举社会主义这面旗帜，走好中国特色社会主义道路？邓小平指出：“搞社会主义一定要遵循马克思主义的辩证唯物主义和

① 《马克思恩格斯文集》第二卷，人民出版社，2009，第470—471页。

历史唯物主义，也就是毛泽东同志概括的实事求是。”[1]所谓“实事求是”，就是从实际对象出发来探求事物的内部联系及其发展的规律性，认识事物的本质，或者说按照事物的实际情况来说话办事。实事求是是党的思想路线的核心，内含着解放思想、与时俱进和求真务实的精神内核。实事求是的直接哲学依据，是作为马克思主义哲学理论大厦基石的世界物质统一性原理。包括自然界和人类社会在内的整个世界，其真正的统一性在于物质性。世界的本质是物质，而不是精神。既然世界统一于物质而不是精神，想问题、办事情就必须从客观实际出发，从“实事”中“求是”。坚持实事求是，是走好中国特色社会主义道路的内在要求。

在道路选择上，从实际出发，按客观规律办事，选择适合自己的道路。习近平总书记指出：“‘鞋子合不合脚，自己穿了才知道’。一个国家的发展道路合不合适，只有这个国家的人民才最有发言权。”[2]这其中包含的正是马克思主义唯物论所要求的实事求是的基本精神。走好中国道路，必须坚持实事求是，搞清楚中国现实国情，找准中国发展的方位和方向。只有把对基本国情的认识回到真实的历史坐标上，精准定位中国发展的历史方位，才能进一步确定中国道路的发展目标、发展战略等一系列重大问题。

“实事求是”要求我们根据“实事”来“求是”。“实事”本身并非一成不变，而是因时因地而变化的。因此，我们也需要对变化了的“实事”作出符合实际的科学判断，以求得到应对的正确方略。中国特色社会主义进入新时代，虽然社会主义初级阶段的基本国情没有变、最大的发展中国家这一国际地位没有变，但新时代中国发展的具体历史方位发生了新的变化，即中国社会主要矛盾已经转化为“人民日益增长的美好生活需要和不平衡不充分的发展之间的矛盾”[3]。化解中国社会新的主要矛盾，就是我们党要着力解决的新的时代课题。问题是时代的声音。新时代中国道路的拓展，必须继续坚持实事求是的原则，更加自觉立足于满足人民对美好生活的需要，更加自觉

---

① 《邓小平文选》第三卷，人民出版社，1993，第118页。

② 《习近平谈治国理政》，外文出版社，2014，第273页。

③ 习近平：《决胜全面建成小康社会　夺取新时代中国特色社会主义伟大胜利——在中国共产党第十九次全国代表大会上的报告》（2017年10月18日）。

坚持以人民为中心的发展思想。正是从新时代中国现实国情的新变化出发，党的十九大报告以“八个明确”“十四个坚持”为主要内容，为新时代中国特色社会主义如何发展指明了方向。这就实现了“问题”和“主义”的新的统一，彰显了马克思主义所具有的与时俱进的理论品质，也深刻体现了马克思主义哲学“实事求是”的基本原则。中国道路的成功，就在于不走老路，也不走邪路，而是走一条适合中国国情和中国实际的道路，坚定社会主义发展方向，坚持扩大改革开放，不断推进中国道路向前发展。当今世界正面临百年未有之大变局，遵循实事求是这一马克思主义哲学的精髓，开辟中国之治的新境界，不断丰富中国道路的新时代内涵，以中国之治，应对时代之变，推进国家治理体系和治理能力现代化，是新时代走好中国道路的题中应有之义。

二、特质呈现：共性与个性的统一

“共性个性、绝对相对的道理，是关于事物矛盾的问题的精髓，不懂得它，就等于抛弃了辩证法。”[①]我们党之所以能够带领中国人民取得革命胜利，一个重要原因就在于能够娴熟运用马克思主义辩证法思想，对矛盾对立统一规律作出创造性阐释，在革命实践中将矛盾共性个性原理转化为具体问题具体分析的科学方法论。在遵循马克思主义哲学基本原理的前提下，提出符合中国革命需要的新民主主义经济纲领、政治纲领和文化纲领，走出一条把中国革命引向胜利的农村包围城市、武装夺取政权的革命新道路。这条新民主主义革命道路，既符合马克思主义“共性”要求，又体现中国革命“个性”要求。新民主主义道路的艰辛探索，为开辟中国特色社会主义道路提供了重要启示。

马克思主义辩证法认为，矛盾无处不在，无时不有；矛盾既是普遍的，但也有其特殊性。在发展道路问题上，我们党充分吸收和运用马克思主义矛盾学说。在党的十二大开幕词中，邓小平对新的历史时期中国社会主义建设

① 《毛泽东选集》第一卷，人民出版社，1991，第320页。

究竟走什么道路，作出了科学回答："把马克思主义的普遍真理同我国的具体实际结合起来，走自己的道路，建设有中国特色的社会主义，这就是我们总结长期历史经验得出的基本结论。"① "中国特色社会主义道路"是一个重大的时代命题。这一命题中"道路"一词，有两个限定词："中国特色"和"社会主义"。在这里，"中国特色"是指这条道路具有不同于其他社会主义国家具体道路的特点与"个性"；"社会主义"是指中国道路从来没有偏离社会主义的方向和原则，具有社会主义"共性"。一方面，作为一般的"社会主义"共性原则只能通过各个社会主义国家依据自己国情所选择的道路来体现，而中国特色社会主义道路在经济、政治、文化等各个方面都打下了深刻的"中国烙印"，这是特殊性、个性；另一方面，中国特色社会主义道路不论有多特殊，也必须坚持马克思主义立场观点方法，坚持社会主义原则，这是普遍性、共性。概言之，中国特色社会主义道路是对科学社会主义的原理性继承与本土化发展，这正是中国道路的精神实质之所在。

中国道路的成功探索不仅给中国人民带来了福祉，也为全人类尤其是发展中国家的发展和进步提供了可资借鉴的宝贵经验和可靠依据。一方面，中国道路取得的成功是中国共产党领导中国人民结合中国实际情况，不断探索、历经挫折、勇于革新取得的，而且一直都还在不断探索和完善当中，其特殊性、本土性是显而易见的。强调中国特色和中国元素，并不意味着中国道路的成功经验是无法被复制的，而是展示出中国道路对世界各国尤其是发展中国家提供有益经验的胸襟和自信。另一方面，发展道路由各个国家的人民自己探索和选择。如果以一国之经验而要求其他国家必须效仿，不管出于何种目的，都难掩其霸权主义行径。我们坚决反对某些国家把自己的发展道路强行输送给别国，同时也不会强迫别国接受我们的发展道路和发展模式。中国特色社会主义道路的成功是我们自己不断探索、不断创新，逐渐总结出来的，其学理性依据基于这一核心要素，即我们坚持以马克思主义为指导，植根于中国社会的发展实践，呈现出社会主义"共性"和中国"个性"有机统一的鲜明特质。社会的全面发展是一项系统性工程，不可能照搬照抄、机

① 《邓小平文选》第三卷，人民出版社，1993，第3页。

械复制。其他国家借鉴中国经验，也要坚持普遍性与特殊性相统一、共性与个性有机结合，才能走出一条符合自身发展的道路。

三、谋篇布局：结构与布局的统一

社会是“一个能够变化并且经常处于变化过程中的有机体”[①]。作为一个有机整体，社会内部结构的各个部分、要素，包括政治、经济、文化等社会生活的各个领域，既相互独立，又相互依存、有机互动。虽然这些要素在社会有机体中都有各自独立的位置并发挥其独特的作用，但是它们都是社会有机体这个整体系统中的子系统，不能脱离社会有机整体和其他子系统而孤立存在。在马克思看来，人类社会是一个由彼此相对独立又相互作用的要素构成的有机整体。生产力与生产关系、经济基础与上层建筑相互作用，形成了社会的经济结构、政治结构和文化结构。随着生产力的发展，人类的社会结构也在不断演化发展之中。马克思的社会有机体思想表明，人类社会是由不同要素相互作用所形成的一个大系统，其发展不是单向度的，而是各个方面的全面协调和可持续发展。

走好中国道路，需要运用马克思的社会有机体思想，做好“谋篇布局”大文章，实现社会结构与发展布局的有机统一。关于中国道路的总体布局的探索，我们党经历了一个持续不断的深化过程：从最初的“以经济建设为中心”，历经“两个文明”“三位一体”“四位一体”到新时代“五位一体”总体布局，中国特色社会主义道路谋篇布局越来越完善。这一认识过程，也是对构成中国社会主义现代化建设总布局这一大系统的各组成要素认识不断深化的过程。

在改革开放初期，我们提出了物质文明、精神文明两手都要抓、两手都要硬的方针。1986年，党的十二届六中全会报告提出了“总体布局”的概念。党的十六大报告正式提出经济建设、政治建设、文化建设“三位一体”总体布局。2005年，我们党提出中国特色社会主义事业总体布局应该由“三

---

① 《马克思恩格斯选集》第二卷，人民出版社，1995，第102页。

位一体”发展为经济建设、政治建设、文化建设、社会建设“四位一体”。党的十七大报告提出了“建设生态文明”的要求，党的十八大报告正式提出经济建设、政治建设、文化建设、社会建设、生态文明建设“五位一体”总体布局。这对于解决生产力与生产关系的矛盾提供了总体性思路，这一基本思路就是在中国道路发展的运动过程中化解社会基本矛盾。党的十八大以来，我们在“五位一体”总体布局中进行了一系列观念革新、体制革新、实践革新，“解决了许多长期想解决而没有解决的难题，办成了许多过去想办而没有办成的大事”[①]，生产力进一步解放、经济持续增长、社会创造活力增强。能取得这种历史性成就，从哲学视域来说，就是源于对马克思的社会有机体思想和辩证法理论的创造性运用。中国特色社会主义道路格局的“一个中心”和“五位一体”的辩证统一，既是对构成新时代中国整体社会有机体的组成要素辩证关系的科学把握，也是对马克思主义系统论的灵活运用。在现代化总体布局中，既要实现各维度的整体平衡，又要特别把握好起牵引作用的经济建设这一维度。社会主义初级阶段的基本国情，决定了我们要坚持“以经济建设为中心”这一“兴国之要”。“五位一体”协调推进，才能更好更快地实现富强民主文明和谐美丽的社会主义现代化强国的发展目标。

从系统论的角度看，经济建设、政治建设、文化建设、社会建设、生态文明建设，是构成我国社会主义现代化建设“总体布局”的五大要素，共同构成“五位一体”总体布局。“总体布局”是五大要素相互影响、相互促进形成的有机整体。其中，经济建设是根本，现代化建设要牢牢把握“经济建设”这一“中心”任务，为其他建设提供必要的物质前提。政治建设是保证，必须努力建设中国特色社会主义民主政治，为其他建设提供坚实的政治保障。文化建设是灵魂，必须推动社会主义文化繁荣兴盛，才能为其他建设凝魂聚气，提供强大的精神力量。社会建设是条件，新时代必须大力发展民生事业、创造美好生活、促进社会和谐，为其他建设创造必要条件。生态文明建设是基础，生态兴则文明兴，生态文明关乎民族未来，为其他建设提供生态基础。

---

① 习近平：《决胜全面建成小康社会　夺取新时代中国特色社会主义伟大胜利——在中国共产党第十九次全国代表大会上的报告》（2017年10月18日）。

四、实现方式：目的与手段的统一

从哲学上讲，目的和手段都是具有属人属性的范畴。“人以及一般而言每一个理性存在者，都作为目的自身而实存，不仅仅作为这个或者那个意志随意使用的手段而实存”[①]。目的决定着主体活动的方式和性质，手段是实现目的的工具。人的意识具有能动性，因此人的行为都具有特定目的，为达到目的的手段也是多种多样的。人类之所以能够自觉地进行对象性活动，就在于人具有能动性，能够借助于一定的手段来实现一定的目的。这种能动性体现了人之为人的主动权。依据唯物史观关于人类社会发展的理论，实现人的自由全面发展，是人类社会发展的最根本目的。要实现人的全面发展，就必须唤醒人的主体性和主观能动性，通过恰当的手段，掌握好主动权，激发持续发展动力。在马克思主义哲学看来，人既是目的，又是手段。人们的一切活动归根结底是为了人自身。人之目的的实现，必须以人的创造性劳动作为基础。发展生产力最终是为了获得人的发展与自由，人的全面发展必须以生产力高度发展为前提。

中国特色社会主义道路的推进，既要努力实现人的全面发展、共同富裕、中华民族伟大复兴这一“目的”，又必须努力寻找实现这一“目的”的方式方法和动力来源。其中的关键，就是要充分发挥好政府与市场这“两只手”的作用。“两只手”配合默契、运用得当，中国道路就有了源源不断的动力支撑，就会持续前进；反之，则会踌躇难行，甚至发生曲折。新时代中国特色社会主义道路，强调将二者辩证结合。党的十九届四中全会把社会主义市场经济体制作为我们必须坚持的基本经济制度之一，还把“社会主义制度和市场经济有机结合”作为我国国家制度和国家治理体系的“显著优势”之一。充分发挥市场在资源配置中的决定性作用，同时更好发挥政府作用，这为中国道路行稳致远提供了澎湃动力。

社会主义市场经济体制的构建，得益于我们党娴熟运用目的和手段相统一的辩证法。社会主义的本质就是“目的”和“手段”的统一。要实现“共

---

① 李秋零主编《康德著作全集》第四卷，中国人民大学出版社，2005，第436页。

同富裕”这一中国特色社会主义的“目的”，就必须找准发展的动力。“计划多一点还是市场多一点，不是社会主义与资本主义的本质区别”，“计划和市场都是经济手段”[①]。这就是说，我们要实现社会主义的“目的”，可以运用“市场”这一“经济手段”。正是运用目的与手段有机统一的辩证法，我们确立了社会主义市场经济体制。在过去很长的一段时间里，我们视市场经济为“洪水猛兽”。邓小平指出，“社会主义也可以搞市场经济”，“把这当作方法，不会影响整个社会主义，不会重新回到资本主义”[②]。社会主义市场经济与资本主义市场经济有着本质区别。在以市场经济为主导的经济体制中，不管是资本主义的还是社会主义的，经济单位的法人主体都是企业自身而不是政府，可以自主决定资金、资源、人才、产品等要素的流动方向和流动总量，并且通过监控市场上释放出来的关键信号来实现优胜劣汰的市场竞争原则，实现生产要素和产品的调控，实现企业经营效益的最大化。然而，资本主义市场经济运行机制中缺失对于经济与生态、近期与长期、大众与个人等重要关系进行强有力调控的手段和能力，很难实现市场经济运营的稳定性，更不会考虑区域发展的平衡、贫富悬殊的控制、生态环境的保护、资源能源的节约等各种可能影响社会安定、人民幸福、代际公平的重大问题。社会主义市场经济一方面要优化资源配置方式，改变经济运行机制，提高生产效率，另一方面又要打破丛林法则和个人主义原则，能够通过丰富的调控经验和强有力的调控手段，克服纯粹的市场调节过程中出现的自发性、盲目性、滞后性、低效性等缺陷，避免经济运行当中生产要素的流动完全受市场盲目控制的情况。

在中国道路的发展过程中，我们党基于对政府与市场辩证关系的理性认识，创造性地运用马克思主义目的与手段相统一的辩证法，建立和完善社会主义市场经济，将原来视为水火不容的两件事物——社会主义基本制度和市场经济，实现了辩证结合，这可看作对中国道路现代性理解的一种“制度性维度”[③]。强调要发挥“看得见的手”，即政府的宏观调控作用，是为了消除物化逻辑带来的苦难；强调要发挥“看不见的手”，即市场在资源配置中的

① 《邓小平文选》第三卷，人民出版社，1993，第373页。
② 《邓小平文选》第二卷，人民出版社，1994，第236页。
③ 安东尼·吉登斯：《现代性的后果》，田禾译，译林出版社，2011，第49页。

决定性作用，是为了提高效率，为实现人的全面发展创造物质条件。人民群众是社会物质财富和精神财富的创造者，社会主义市场经济能够有效地唤醒、激发和发挥人民群众的主体意识，释放人民群众伟大的创造性、独立性、自主性，实现人的生存发展由低层次向高层次的过渡。人民群众的积极性、能动性提高了，主体作用增强了，既有利于发展生产力，创造社会财富，又有利于提升人民群众的获得感、幸福感。

因此，理性认识政府与市场的辩证关系，实现政府与市场手段的辩证结合，既不走传统计划经济之路，又不走西方新自由主义之路，而是走中国特色社会主义市场经济之路，这是中国道路之所以成功的重要原因，也是促进人的全面发展并最终实现马克思关于人类社会发展“自由个性”美好憧憬的必由之路。中国道路在实现方式上创造性地发展了社会主义市场经济，把“社会主义”和“市场经济”有机结合，达到了“目的”和“手段”的有机统一。

五、价值意蕴：事实与价值的统一

人民是社会历史的主体和社会发展成果的享用者。“现代人漫不经心地抹去了那些对于真正的人来说至关重要的问题。只见事实的科学造就了只见事实的人”[①]，使得人最终沦为“技术统治”的产物，“作为技术统治的牺牲品，它黯然无光或杂色纷呈，人在其中已不再能辨认出自己”[②]。马克思主义与其他各种社会思潮的重要区别，就在于坚持人的解放的价值取向。当前，有一种错误的观点，认为中国道路的成功仅仅是在经济发展方面的成功，其他方面如政治、科技、教育、生态以及人的全面发展就不太重视，也不太成功。这种论调其实误解了中国道路的目标，也歪曲了人的发展本质。从中国国情出发，中国道路强调“以经济建设为中心”不动摇，不断解放生产力发展生产力。通过改革开放，我国社会生产力得到了显著提升，但同时也出现了贫富差距和区域发展不平衡等问题。中国道路从来不回避这些问

---

① 埃德蒙德·胡塞尔：《欧洲科学危机和超验现象学》，张庆熊译，上海译文出版社，2005，第7页。

② 卡尔·雅斯贝斯：《时代的精神状况》，王德峰译，上海译文出版社，1997，第37页。

题，而是强调用发展不断解决这些发展中出现的问题，实现共同富裕是社会主义的本质要求。党的十八届五中全会首次提出“以人民为中心”的发展思想，彰显了共同富裕、人民至上的价值追求。以人民为中心，就意味着要不断满足人的多维度需要，既包括日益增长的物质文化需要，也包括公平正义、美好生态等方面的需要，同时也意味着我们的政策制定要以人民的美好生活需要为依归，我们的改革要以满足人民美好生活需要为目的。以人民为中心的哲学依据，就是马克思主义群众史观和人的发展理论。是人民群众而不是上帝或英雄创造了人类历史；人的自由全面发展的共产主义社会必然取代人剥削人、人被异化的资本主义社会。中国道路的目标设定，并不是只注重经济建设，而是强调“物的发展”和“人的发展”辩证统一，“物的发展”是为“人的发展”创造条件，从而做到了基于中国处于社会主义初级阶段这一最大国情，注重解放和发展社会生产力与实现人民美好生活需要的有机统一。

“社会主义的本质，是解放生产力，发展生产力，消灭剥削，消除两极分化，最终达到共同富裕。”[①]这是邓小平对社会主义本质的一个原创性阐释，也是对社会主义初级阶段发展目标的一个明确定位。一方面，生产力决定生产关系，生产力的发展是实现共同富裕的前提。没有高度发展的生产力，在经济发展整体水平低的条件下不可能达到共同富裕，而只可能是共同贫穷。贫穷不是社会主义。只有大力发展社会主义生产力才能消灭贫穷，最终实现共同富裕。另一方面，如果不坚持共同富裕的原则，不解决好两极分化的问题，就会背离社会主义的初心，就无法为人的全面发展创造条件。社会财富如果集中在少数人手里，只有少数人是富裕的，大多数人是贫穷的，贫困地区的贫困面貌得不到改变，就背离了社会主义的本质，与马克思主义关于人的发展理论背道而驰，这样的发展只会误入歧途。因此，中国道路特别强调必须使“解放和发展生产力”和“共同富裕”统一起来，实现“物的发展”和“人的发展”的统一。

中国特色社会主义进入新时代，习近平总书记强调要牢固树立以人民为中心的发展思想。这一思想是对邓小平社会主义本质论的新发展。社会主义

---

① 《邓小平文选》第三卷，人民出版社，1993，第373页。

本质论的落脚点是实现“共同富裕”。习近平新时代中国特色社会主义思想关于实现中华民族伟大复兴的中国梦的目标与“共同富裕”的目标是内在一致的。实现中华民族伟大复兴，实现中国梦，就要贯彻以人民为中心的发展思想。第一，人民对美好生活的向往，就是我们的奋斗目标。中国梦，既是国家、民族的梦想，也是每个中国人的梦想。“共同富裕”和“民族复兴”，都是人民对美好生活向往的内容，是中国特色社会主义的价值诉求。第二，依靠人民来推进新时代中国特色社会主义伟大事业。人民群众是历史的创造者。中国特色社会主义目标离不开人民群众的艰苦奋斗和共同努力。第三，坚持人民主体地位。人民是力量的源泉。要发展社会主义民主，充分调动人民群众的积极性、创造性，实现“共同富裕”和“民族复兴”的奋斗目标。社会主义本质论消除了人们在姓“社”姓“资”问题上的迷惑，以人民为中心的发展思想克服了“见物不见人”的发展观。从社会主义本质论到以人民为中心的发展思想，体现的是中国道路始终坚持事实与价值相统一的价值意蕴和价值遵循。

六、结语

中国道路之所以取得成功，从哲学视域考察，就在于坚持马克思主义哲学基本原理与中国具体实践相结合，闪耀着马克思主义哲学的智慧光辉。中国道路的深层哲学意蕴表现在三个维度：首先，中国道路符合马克思主义唯物论要求。这体现在中国道路的选择上，坚持实事求是，从中国实际出发探索中国发展道路。其次，中国道路符合马克思主义辩证法要求。这体现在中国道路特质、道路布局和道路实现上。中国道路的特质是“社会主义”与“中国特色”的高度统一，是社会主义“共性”与中国“个性”的有机结合，彰显了马克思主义矛盾学说的重要价值。中国道路“五位一体”总体布局既符合马克思的社会有机体思想，也是对马克思主义系统论的具体运用。中国道路的实现方式，特别是“无形之手”和“有形之手”并用，体现了目的和手段的辩证统一。最后，中国道路符合唯物史观要求。这体现在道路的价值意蕴上，即“物的发展”和“人的发展”相统一。超越资本逻辑、克服人的异化，坚持以人民为中心、满足人民群众的美好生活需要，充分体现中国道路的价值内涵，也是马克思主义人学思想在当代中国的新发展。

新时代走好中国道路，具有双重现实价值。从国内而言，中国道路是实现现代化强国目标和中华民族伟大复兴中国梦的必然选择，是满足人民日益增长的美好生活需要的必由之路。如前所述，从合规律性视角看，中国道路坚持从中国实际出发，把社会主义的普遍原则和中国特色相结合，作出“五位一体”总体布局，提出发挥市场在资源配置中的决定性作用和更好发挥政府作用等重要措施，开拓出中国人民实现中国梦的康庄大道。从合目的性视角看，中国道路强调共同富裕和以人民为中心的价值取向，走出的是一条促进人的全面发展和社会全面进步的文明大道。从国际视角而言，中国道路为促进人类和平与构建人类命运共同体提供了重要方案。中国道路是一条区别于西方的，不以侵略殖民和资本剥削为工具的，以人民为中心的，通过合作共赢来实现发展和通向现代化的道路。中国走和平发展道路，不是权宜之计，更不是外交辞令，而是从历史、现实、未来的客观判断中得出的结论，是思想自信和实践自觉的有机统一。中国道路为世界人民特别是发展中国家人民追求现代化提供了中国智慧、中国方案。

中国道路的世界历史意义

吴晓明（复旦大学复旦学院院长、复旦大学马克思主义研究院院长、教授、博士生导师）

本文摘自《江海学刊》2020年第2期

对于“中国道路”的理解，我采取一个比较广义的形式，即中国自1840年以来，特别是近百年以来的历史性实践所开辟出来的道路。中国道路的历史性实践是一个展开过程，而这个展开过程的必然性，可以被理解为中国道路的本质规定。事实上，中国道路的百年探索，展开过程中的必然性表现为两个最基本的规定，其一叫现代化，其二叫马克思主义中国化。

因此，中国道路的本质规定可以概括在这样两个关键词中：现代化与马克思主义中国化。现代化之所以成为中国道路的必然性，是因为如黑格尔所说，现代性在特定的阶段具有绝对的权利。现代性不仅开辟出世界历史，而且在世界历史中建立起一种基本的支配和从属关系。马克思把这样的支配—从属关系表述为：它使非资本主义的文明从属于资本主义的文明，使农业的民族从属于工业的民族，使东方从属于西方。关于这种必然性，海德格尔有一个更简短的说法，即“地球和人类的欧洲化”。我们一般就把这个必然进程叫作现代化。正是在这个意义上，现代化成为中国道路的一个本质规定。

但是不仅如此，在百年中国历史性实践的展开过程中，作为本质规定的不仅是现代化，还有马克思主义中国化。马克思主义中国化之所以成为中国道路展开过程中的必然性，是因为中国要完成现代化任务，必须经过一场彻底的社会革命来为它奠基；而这场社会革命历史地采取了新民主主义—社会主义的定向。正是这样一种历史性的定向，使得中国的现代化事业和马克思主义建立起关联，更确切地说，建立起必然的、本质的关联。在这种关联的基础上，开展出马克思主义中国化的整个波澜壮阔的历史性进程。

所以我认为，如果要谈论中国道路百年探索的话，那么它的基本内涵、本质规定，就是现代化和马克思主义中国化。马克思主义中国化，它的比较晚近的形式，叫作中国特色社会主义。我们大体上把最近的40多年，即改革开放以来的历史性实践称为中国特色社会主义道路。就此而言，中国道路在今天具有怎样的当代意义呢？我的观点是：中国道路正在展示一种史无前例的意义，这种意义用黑格尔的术语来说属于“世界历史意义”。而中国道路之所以展现出这样的意义，是因为当今中国的历史性实践已然表明：它在完成现代化任务的同时，在积极地占有现代文明成果的同时，正在开启一种新文明类型的可能性。

中国道路正在展现出来的当代意义，固然是完成现代化任务，固然是占有现代文明的成果，然而不止于此——它正在积极地开启一种新的文明类型，而这种文明类型是超出现代性范围的。用马克思的话来说，它是对现代性的“积极扬弃”。什么是新文明类型呢？它是扬弃了现代性的文明，扬弃了资本主义的文明，外来的术语叫“英特纳雄耐尔”。《国际歌》的最后一句是：“英特纳雄耐尔就一定要实现。”这种新文明类型的中国式表达叫作“大道之行，天下为公”。这句话出现在党的十九大报告的最后一段，这段话的第一句就是：大道之行，天下为公。

这不是随便说说的一句话，它意味着中国道路的一个基本定向。中国道路的当代意义是与此种定向本质相关的。一句话，中国道路的当代意义在于它在积极地占有现代性成果的同时，正开启着一种新文明类型的可能性。为了历史地表明这一点，我们需要回到30多年前，也就是20世纪的最后10多年。我想，亲身经历过那个时段的人一定非常清晰地记得，当时国际社会主义运动遭遇了前所未有的挫折，或者可以说，是经历了一场灾难性的挫折。苏东解体，许多社会主义国家纷纷改旗易帜，一场接着一场的颜色革命——有些颜色革命是如此的轻易，以至于被叫作天鹅绒革命。当时一般的意识形态，以及知识界的普遍氛围，似乎都认为马克思主义这次是最终被送进了坟墓，《共产党宣言》中的结论最终破产了。确实，这在当时是很普遍的知识氛围和意识形态。最能表明这种情形的是福山的那部著作《历史的终结与最后的人》。按照这部著作的观点，世界历史终结了，它在资本主义的各种建制——经济的、政治的、社会的和文化的建制——中得到了最后的完成，世界历史不再可能展现出什么其他的可能性。这部粗陋的应景之作之所以一时风行，只是因为它契合了当时一般的意识形态和知识界的普遍氛围罢了。

正是针对这种观念的无头脑和目光短浅，后现代主义哲学家德里达发表了一个系列演讲，后来以《马克思的幽灵》为题结集出版。其基本观点是：马克思主义在今天也许不再具有肉体的存在、现实的存在，但它依然存在——它是一种“幽灵般的存在”（这一说法立即使我们想起《共产党宣言》中的“共产主义的幽灵”一词）。而马克思的幽灵之所以不能不存在，是因为这个幽灵植根于资本主义的本质矛盾中，植根于现代性的历史命运中。德里达的见解比起福山的观点来，比起当时知识界的普遍氛围来，显然要高明得多也深刻得多。但是德里达没有看到，我们也不能要求他当时就看到，有一支现实的具有肉体的马克思主义，正在强有力地生成，正在生机勃勃地成长——这就是中国化的马克思主义，就是中国特色社会主义。

今天，这一事实已经可以被看得非常清楚了。我们之所以能够看清这一点，是因为中国特色社会主义经历了数十年的历史发展，并且获得了一个新的历史方位。这个新的历史方位，在党的十九大报告中被表述为：中国特色社会主义进入新时代。这样一个新的历史方位的构成，是重大的历史性事件；通过这个历史性事件，中国特色社会主义道路在它的展开过程中开始显示出具有决定性的多重意义。首先，中国特色社会主义进入新时代，意味着中华民族迎来了从站起来、富起来到强起来的伟大飞跃。这是一个关于中华民族的叙事。但是不仅如此，中国特色社会主义进入新时代，还意味着中国共产党人在21世纪高高举起了中国特色社会主义伟大旗帜，为科学社会主义注入了强大的生机和活力。这是一个关于世界社会主义、国际共产主义运动的叙事。不仅如此，还有第三个意味——中国特色社会主义进入新时代，意味着中国特色社会主义事业的不断发展，为解决人类问题贡献了中国智慧和中国方案。这是一个关于世界历史的叙事。因此，中国道路在今天所占据的新的历史方位，使中国特色社会主义道路开始展现出名副其实的世界历史意义。这种意义的本质来历正在于：中华民族的伟大复兴在完成现代化任务的同时，在占有现代文明积极成果的同时，正在卓有成效地开启一种新文明类型的可能性。

这种新文明类型的可能性是在超越现代性的过程中被开启的。因此，它不可能封闭在现代性之中，也不可能仅仅通过现代性的规定来得到真确的理解。事实上，这种情形已经在我们面前到处表现出来了。比如说“新型大国关系”，我想美国总统就听不懂。这不是我的揣测，因为我读了基辛格的三本著作，发现即使是这位对中国颇为友好的国际政治老手也真的听不懂“新型大国关系”。为什么听不懂？因为在现代性的框架中，一个国家强起来不称霸这件事是不可思议的，这完全不符合现代性的逻辑，就像初来中国的利玛窦完全无法理解当时强大的“中华帝国”为什么不实行殖民主义一样。所以即使我们一再解释，中国绝不走国强必霸的道路，但是在现代性的框架当中，是无法得到真正理解的。因为现代世界的国际秩序建立在威斯特伐利亚体系的基础上，而威斯特伐利亚体系真正说来是建立在丛林法则即弱肉强食的基础之上的。在此基础之上的和平方案只能是所谓均势，即力量相当，谁也吃不了谁。所以基辛格说两次世界大战都是由于德国的崛起，而一个国家崛起以后，它一定会打破原有的均势和平衡，因此就必定出现争霸战争。这是现代性的逻辑，按照这个逻辑，国强必霸，而中国的和平崛起恰恰是要超出这种逻辑的。

由此可见，中国道路的当代意义，中国特色社会主义的当代意义正在于，在占有现代性的同时能够超越现代性。只有在这样的境域中，比如说“人类命运共同体”，比如说“大道之行，天下为公”等，才可能得到真确的理解和整全的把握。最近我们还在倡导文明互鉴。事实上，现代世界为文明互鉴提供了最为广阔的场所，因为它构成了世界历史；但是真正说来，在现代性的框架中，文明间的互鉴可以说是最少的，比以往的历史时代要少得多。从这个意义上来讲，中国道路的当代意义就在于：它能够在完成现代化任务的同时，积极地开启一种新文明类型的可能性，从而为人类作出贡献，为世界历史作出贡献。唯其如此，中国特色社会主义道路方始展现出它的世界历史意义。

中国道路的历史性发展，在其特定的阶段上开始显现世界历史意义的同时，也为中国的理论和学术、为中国的哲学社会科学提供了一个实践性的基础。我们正是在这样的基础上来领受构建中国特色哲学社会科学这一任务的。这意味着我们的哲学社会科学正面临一个决定性的转折。其转折性质可以被简要地描述为：使中国哲学社会科学从长期以来的“学徒状态”中摆脱出来，并开始获得它在学术上的“自我主张”。这种自我主张绝不意味着放弃或拒绝对外学习，而是最坚决地要求使习得者成为被能思的批判所把握的东西。

第五篇

「中国道路的话语建构」

中国道路创造了中国奇迹，代表了一种新现代性文明的出场，是构成中国话语最深刻的实践基础和最充足的现实根据。在解读中国实践、构建中国理论上，中国应掌握解释中国奇迹的话语权，用中国道路解释中国奇迹，用中国理论阐释中国道路，用中国话语表达中国理论。而中国话语，要立新时代之潮头，通古今之变化，发思想之先声，构建中国特色社会主义哲学社会科学学科体系、学术体系、话语体系，充分体现中国特色、中国风格、中国气派。

中国道路的诠释框架

韩庆祥（中央党校原校务委员会委员、一级教授，中央党校专家工作室领衔专家）

本文摘自《中国特色社会主义研究》2020年第2期

从马克思主义哲学角度研究中国共产党的发展历程及其所取得的历史性成就，研究中国革命、中国建设、中国改革等中国问题，第一位的就是中国道路问题。习近平同志指出：道路问题是关系党的事业兴衰成败第一位的问题，道路就是党的生命[①]。如果从哲学层面研析中国道路，不仅发现它具有相当宽阔的学术研究空间，还发现中国道路对阐释中国奇迹、中国理论、中国制度、中国文化、中国方案、中国话语、意识形态、中华文明等，具有本源意义，它是一种学术分析框架。

一、用中国道路解释中国奇迹

新中国成立以来，中国共产党领导人民创造了世所罕见的“两大奇迹”——经济快速发展奇迹和社会长期稳定奇迹。这“两大奇迹”，一个在经济领域，体现为快速发展，一个在社会领域，体现为长期稳定。

中国奇迹已引起世人关注，且都试图对中国奇迹作出各自解释。西方不少学者往往用“西方标准”“西方理论”“西方范式”解释中国奇迹，认为中国实行的是“国家资本主义”、“权贵资本主义”、新自由主义。这种解释在世界上影响较大。一些国家的学者在谈论中国奇迹及其原因时，大都认为中国实行的是国家资本主义。这就涉及解释中国奇迹的话语权问题。不能让解释中国奇迹的话语权掌握在西方学者手中，更不能用“西方标准”“西方理论”“西方范式”来解释中国奇迹。中国学者应掌握解释中国奇迹的话语权。

问题的关键，是如何抓住问题的根本，使解释具有彻底性。在我看来，

---

① 习近平：《关于坚持和发展中国特色社会主义的几个问题》，《求是》2019年第7期。

是中国道路创造了中国奇迹，因而要用中国道路解释中国奇迹。这里所讲的中国道路，是中国特色社会主义道路。

中国道路的核心要义可概括为：坚持中国共产党领导；立足历史方位并与时俱进；把解放和发展社会生产力、实现全体人民共同富裕和不断促进人的全面发展，作为实现国家富强、民族振兴、人民幸福战略目标的根本支柱；把统筹推进“五位一体”总体布局、贯彻落实新发展理念、协调推进“四个全面”战略布局作为总体方略；注重党的领导力量、市场配置力量和人民主体力量的合力①。可从以上五个方面对中国奇迹作出本源性解释。

坚持中国共产党领导就能创造中国奇迹。自从中国共产党登上中国历史舞台，中国就发生了翻天覆地的变化。没有中国共产党就没有新中国，没有中国共产党就没有改革开放，没有中国共产党就没有中国奇迹。从总体来讲，在中国道路的本质内涵中，坚持中国共产党领导具有总体性地位和核心性作用。中国共产党的指导思想具有引领力，它有助于引领各种社会意识，统一人们思想，使其达至共识，进而使人们全力以赴朝着正确的方向前进；中国共产党的奋斗目标具有感召力，它用奋斗目标凝聚党员干部，从而形成一个有机整体，使其具有无坚不摧的力量；中国共产党能组织资源，具有动员力，它坚持全国一盘棋，能调动各方积极性，从而集中力量解难题、办大事；中国共产党能一张蓝图绘到底，具有战略定力，且以钉钉子的精神来实现美好蓝图；中国共产党与时俱进、开放包容，具有开拓创新力，它能迎难而上，越挫越勇，攻坚克难；中国共产党勇于自我革命，具有净化力，能解决自身存在的突出问题。这些都有助于创造中国奇迹。

确定历史方位且与时俱进就会创造中国奇迹。能对中国历史方位作出准确判断，能找准历史坐标，使我们党时刻保持清醒，能对中国发展阶段、本质特征、实践要求作出科学研判，能制定正确的路线方针政策，做出正确的事，这可以避免保守、冒进；明确历史方位，就能找准主要矛盾和根本问题，进而确立工作重点，能把握社会主要矛盾和事物特殊矛盾，把握事物存在和发展的特点，能把握历史发展规律，与时俱进地紧跟时代步伐。这也有

① 参见韩庆祥：《中国道路及其本源意义》，中国社会科学出版社，2019，第24—35页。

助于创造中国奇迹。

明确战略目标就会创造中国奇迹。清晰的战略目标不仅具有强大动力作用，能明确人们前进的方向，激发人们的主体性和能动性，使其自觉主动去战胜各种艰难险阻，坚定不移地实现战略目标，而且具有强大聚力作用，能凝聚人们最大共识，使人们心往一处想，劲往一处使。

有效的总体方略有助于创造中国奇迹。实现战略目标，正确的路径和方法是关键。只有战略目标，没有行之有效的路径和方法，实现战略目标就是一句空话。战略谋划得好，会取得事半功倍的效果。正确的总体方略能使我们发挥发展优势、补齐发展短板、打牢发展支点，进而能实现重点突破和快速发展，实现全面发展和协调发展，从而使发展具有坚实基础。

整合推动力量必然使中国发生奇迹。推动当代中国发展的主要有党的领导力量、市场配置力量和人民主体力量。这三种力量相互贯通、相互作用，构成一个有机整体并形成合力，必然形成一种既强大又平衡的力量，从而使中国发展取得惊人奇迹。

二、用中国理论阐释中国道路

中国道路不仅创造了中国奇迹，而且也是产生中国理论的实践基础。由此，我们有理由用这一理论对中国道路作学理阐释。

中国特色社会主义道路蕴含三种根本机制：动力机制、平衡机制和治理机制。动力机制，是一个社会赖以运动、发展、变化并呈现活力的推动力量，以及由此发挥作用的机理和方式；平衡机制，是一个社会的各个构成要素之间如何协调，以保持平衡、和谐、有序运行的机理和方式[①]；治理机制，是针对发展动力不足、发展失衡而运用各种行之有效的手段和方法进行的调整、完善。

中国道路要致力于解决解放和发展社会生产力的问题，使中国经济社会发展具有动力和活力；中国道路要致力于解决经济快速发展进程中的平衡、

① 参见李忠杰：《论社会发展的动力机制与平衡机制》，《中国社会科学》2007年第1期。

和谐、稳定的问题；当经济社会发展动力不足、发展失衡的时候，中国道路就必须致力于通过提升国家治理效能，来解决发展动力不足、发展失衡的问题。改革开放之初，我们主要致力于解放和发展社会生产力，以解决经济社会发展动力不足的问题，相对注重动力机制。邓小平理论所强调的解放思想、解放人、解放和发展社会生产力，以及敢闯、敢干、敢为人先，都是着力于解决我国经济社会发展的动力机制问题。胡锦涛主政时期，我国经济社会获得了长足发展，与此同时，经济社会发展中的不平衡、不和谐因素也呈现出来。在这种情境下，胡锦涛同志提出科学发展观，强调核心是以人为本，基本要求是全面协调可持续，根本方法是统筹兼顾，实践要求是构建社会主义和谐社会，其实质，就是致力于解决我国经济社会发展进程中的不平衡、不和谐问题，因而相对注重平衡机制。党的十八大以后，以习近平同志为核心的党中央既注重创新发展，着力解决发展不充分的问题，解决我国经济社会发展的创新动力和活力问题，也注重共享发展，着力解决发展不平衡的问题，注重促进公平正义、增进人民福祉。党的十九届四中全会的主题之一，就是推进国家治理体系和治理能力现代化，其实质就是通过提升国家治理效能，进一步解决我国经济社会发展动力不足、发展不平衡的问题，这意味着相对注重治理机制。

基于中国道路可以构建中国理论。其理论精髓主要体现在三个方面：一是在动力机制上，它强调中国特色社会主义的首要根本任务是解放和发展社会生产力，因而要注重创新发展，致力于解决发展不充分的问题；二是在平衡机制上，它把促进公平正义、增进人民福祉作为中国特色社会主义建设的出发点和落脚点，注重协调发展和共享发展，致力于解决发展不平衡的问题；三是在治理机制上，它注重全面深化改革，坚持和完善中国特色社会主义制度，推进国家治理体系和治理能力现代化，把制度优势更好地转化为国家治理效能，既为发展注入创新动力和活力，又促进社会和谐稳定。

因此，可以用动力机制、平衡机制和治理机制“三机制理论”来阐释中国道路的精髓。

三、中国道路产生中国制度

党的十九届四中全会的主题，是坚持和完善中国特色社会主义制度、推进国家治理体系和治理能力现代化；核心讲的是我国国家制度和国家治理体系的显著优势与国家治理效能，是蕴含着“中国之治”的中国制度。

中国制度与中国道路是什么关系？中国制度是中国道路中的制度维度，是在中国道路开创、拓展和发展进程中积累的实践经验之制度化，是基于中国道路之上且关于道路的性质、道路的目标、道路目标的实现方式和道路的推动力量的规则体系。就是说，中国制度是从中国道路中产生和形成的，是立足于中国道路而形成的中国制度，中国制度是在中国道路行走的实践进程中，就其中一些具有根本性、全局性、战略性、长远性的问题而确定的规则体系。因而，中国制度是借助于中国道路而发挥作用的，没有中国道路及其实践，哪来的中国制度？没有中国道路，中国制度就是无源之水、无本之木。即使有，那也是抽象的。道路不同，制度必然不同。坐高铁从北京到郑州，与坐飞机从上海到北京，二者道路不同，交通规则或制度必然不同。因此，从本源意义上，相对于制度，道路逻辑在先。

当然，二者也相互贯通、相互作用。一个国家所走的道路，首先是解决整个社会制度的选择问题，而一个国家所实行的制度，首先是要解决道路的选择问题。或者说，最根本的制度，首要是关于道路的制度，而最根本的道路，首要是关于制度的道路。因此，中国特色社会主义道路是为中国特色社会主义制度提供实践支撑，而中国特色社会主义制度是为中国特色社会主义道路提供制度保障。

四、中国道路使中国文化彰显时代价值

中国道路与中国文化密不可分，其中吸纳并蕴含着中国文化的基因。中国道路在性质和总体上坚持中国共产党集中统一领导，这与中国传统的文化结构有关。在中国传统文化结构中，儒家文化占主导。儒家文化相对强调集中、统一和大一统，强调秩序，强调文化为统治阶级服务。对这种文化实行

创造性转化和创新性发展，自然要求坚持中国共产党集中统一领导。中国文化强调和而不同、协和万邦、兼济天下、世界大同，这在当代中国道路中就体现为追求共同富裕、共享发展，积极构建人类命运共同体。

中国道路又使中国文化的时代价值得以彰显。文化要古为今用，正是中国道路所创造的世所罕见的中国奇迹，才使中国文化的时代价值得以彰显。为什么要坚定文化自信？是因为改革开放以来中国特色社会主义道路创造了中国奇迹。中国文化的基本精神，是民为邦本的民本精神、自强不息的奋斗精神、刚柔相济的坚韧精神、贵和尚中的中道精神、天人合一的和谐精神、和而不同的包容精神、大局为重的集体精神、仁者爱人的人道精神、兼济天下的大同精神、居安思危的忧患精神①。在当代中国道路中，蕴含着以新的特点和形式彰显出的人民中心的民本精神、一往无前的奋斗精神、迎难而上的坚韧精神、兼济天下的大同精神、开放创新的包容精神、团结合作的集体精神、命运共同的共生精神。正是这些文化精神和价值观，使中国道路创造了中国奇迹。

中国特色社会主义道路是实现现代化的必由之路，是创造人民美好生活的必由之路。坚定道路自信，源于对中国文化的自信，中国文化滋养着中国道路；坚定文化自信，源于对中国道路的自信，中国道路促进中国走向成功。

在当代中国，不同道路之争，其深层体现为不同文化之争，而不同文化之争，其底蕴也体现为不同道路之争。中国应“向何处去”？中国应走什么样的道路？每到中国历史发展的关键时刻，总是把这一核心问题提到前台。对道路的选择不同，文化取向也就不同。坚持走社会主义道路，自然倡导马克思主义，坚持走资本主义道路，自然强调西方文化。

五、用中国方案彰显中国道路、中国理论的世界意义

从逻辑上看，中国方案缘起于中国道路、中国理论的世界意义，是中国

---

① 观点参见以下两部著作——张岱年、程宜山：《中国文化精神》，北京大学出版社，2015；楼宇烈：《中国文化的根本精神》，中华书局，2019。

道路、中国理论世界化并彰显其世界意义的具体表达；中国方案的背后是中国道路、中国理论，它植根于中国道路、中国理论，以中国道路、中国理论为根本之道。在这个意义上，中国方案的本质是中国道路、中国理论之世界化意义的拓展，是中国道路、中国理论世界化意义的彰显。如果说，中国理论是从上层建筑层面对中国道路的理性阐述，那么，中国方案则是从中国道路的世界意义层面对中国道路的具体阐释。

陈先达教授指出：中国方案的提出，有重要理论和实践意义。中国方案，就存在于中国道路之中。没有中国道路就不会有中国方案。提不出中国方案，中国道路就会变成一句空话。中国道路，既是具有中国特色的中国之路，又是具有世界意义的中国之路。讲它是中国特色之路，是因为它具有中国的历史特点、民族特点、文化特点；讲它又是具有世界意义的中国之路，是因为它向人类提供了不同于西方发展道路的中国方案。这个方案向世界表明，一个近百年来受列强压迫和侵略的民族，一个曾经落后于西方发达国家的民族，完全可以依靠自己的力量，建立与自己民族特点相符合的制度和发展道路，走上民族伟大复兴之路。资本主义社会并不是人间天堂，资本主义的经济和政治制度也不是人类社会发展的唯一之路，资本主义的价值观念并非人人必须奉为圭臬的绝对价值。在当代，各国的发展，完全可以有不同的方案。这正是西方某些资本主义国家拼命遏制中国和平发展的原因。因为中国的崛起意味着中国方案的成功；而中国方案的成功，意味着在当代可以有另一条通向自己国家和民族的复兴之路，而不必接受西方兜售的资本主义制度优越论和永世论的“灵丹妙药”。中国方案是马克思主义和中国文化精华的结合，它的影响力和说服力，是中国道路、中国理论对世界的贡献。正因如此，西方一些国家千方百计对中国道路进行抹黑，并将之视为对“自由世界”道路的背离。陈先达教授的上述观点，鲜明且透彻地阐释了中国方案与中国道路的关系，给人以启迪。

中国道路、中国理论、中国方案三者之间的逻辑关系，还可以作出下述阐释。中国奇迹引发世界对中国的关注，对中国来说，这是中国道路得以出场的缘起；对世界来说，中国奇迹的秘密要到中国道路之中去寻求，中国道路是产生中国奇迹的根源所在。在此前提下，以中国道路为本源，中国道路、中国理论、中国方案三者又构成一个相对独立的逻辑系统。在该系统中，中国道路是本源，同时也是核心，中国方案是中国道路之世界意义的表达。对中国道路和中国方案的阐释需要中国理论，中国理论是对中国道路和中国方案的理性解释。由此可以说，这三者环环相扣、层层推展，具有严密的逻辑性。

六、基于中国道路建构中国话语

中国道路构成中国话语最深刻的实践基础和最充足的现实根据。中国话语是中国道路的理性表达，它在本质、核心上是表达中国道路的。中国道路是中国话语的实践基础、现实载体和本源依托，建构中国话语，应致力于寻求并阐释使中国道路创造中国奇迹的核心要素、标识要件，这些核心要素、标识要件是构建中国话语的关键。

从宏观上讲，这些核心要素、标识要件主要是：作为“定性”的中国共产党领导；作为“定位”的立足历史方位、不断与时俱进；作为“定标”的解放和发展社会生产力，实现共同富裕，促进人的全面发展；作为“定法”的动力机制、平衡机制和治理机制；作为“定力”的党的领导力量、市场配置力量和人民主体力量。中国话语建构，应围绕上述核心要素、标识要件来进行，把这些核心要素作为构建中国话语的标识性范畴。

中国话语自信从根本上源于中国道路创造了中国奇迹。中国经济连续三十多年保持中高速增长，中国现在是世界第二大经济体，并且创造了“两大奇迹”。这充分表明中国特色社会主义道路是成功的，中国特色社会主义理论是正确的，中国特色社会主义制度具有显著优势。

七、意识形态建设要阐释好中国道路

意识形态建设要围绕中国奇迹、中国道路、中国理论、中国话语四个核心问题进行，尤其要围绕对中国道路的学理阐释来进行。

社会主义意识形态建设首先要练好“内功”，不练好“内功”，缺乏免疫力，面对“外攻”，我们就会缺乏抵抗力。练好“内功”，增强免疫力，既有利于解决我们自己的理论建构问题，也有利于增强我们对“外攻”的抵抗力。

强化“内功”，最关键的，就是我国意识形态建设要聚焦于中国道路，要围绕解释中国道路进行。中国道路在一定意义上具有意识形态性质，意识形态之争往往是中国道路之争。西方中心论、历史终结论、新自由主义、历史虚无主义误读中国、曲解中国的内容之一，就是认为中国道路是“国家资本主义”“权贵资本主义”。国内一些错误思潮对中国特色社会主义道路在不同意义上也持排斥态度，要么崇拜西方新自由主义而走“邪路”，要么妄想回到“文化大革命”的“老路”上去。因此，要回应意识形态挑战，凝聚共识，赢得认同，树立理论上的权威，就必须阐释好中国道路，把中国道路的内涵、实质及其重大意义从政治上、理论上讲清楚。这是意识形态建设的一项具有基础性的重要工作。如果只讲意识形态建设而不去研究中国道路，不仅是研究上的短板，还是研究上的不彻底，是浮在空中的表象化研究。

八、中国道路蕴含中华新文明

中国特色社会主义不仅促进中国经济发展，而且拓展了发展中国家走向现代化的路径，为世界发展提供了一种中华新文明。这种中华新文明，不是中国传统文明的简单“再版”，也不是西方文明的直接“翻版”，而是中华文明的创造性转化和创新性发展，是中国道路在当代的生动表达，是中华文明的时代表达，属于新的现代文明形式。

世界社会主义五百年历史发展的深厚积淀，中国社会主义制度和国家治理体系的显著优势，决定了中华新文明具有不同于西方文明的独特之处。在世界历史背景下，无论中华文明还是西方文明，都是人类文明的重要组成部分，中国应当积极借鉴世界包括西方一切优秀的文明成果。但中国对西方文明的学习绝不是亦步亦趋、照搬照抄，而是以中华五千多年优秀传统文化为底蕴，在深入研判中国发展的时代趋势与现实国情的前提下，吸收西方文明有益成分并纳入中国道路之中。

中国特色社会主义道路所形成的中华新文明，是一种现代文明。西方现代性文明作为资本主义工业文明的开路先锋，在世界历史发展过程中发挥过十分重要的积极作用。但这并不意味着它可以成为现代性文明的唯一版本。西方现代化发展在取得系列成就的同时，也不可避免地遭受了“现代性之殇”[①]，如两极分化、冲突加剧、精神匮乏、信仰失落、私利膨胀等。西方现代性文明的危机是我们重构现代文明的契机，也使我们找到了超越西方现代性文明的方向。中国道路创造中国奇迹从而取得成功，表明中国有责任也有能力塑造一种中华新文明。这种中华新文明，既来自中华优秀传统文化中的和谐共生、和而不同、海纳百川、兼济天下、协和万邦、世界大同等文明理念，也来自中西文明优势互补、融合互鉴的发展实践，还来自中国特色社会主义道路及其成功经验，更反映出世界历史发展趋向。其核心要义，是世界多样、国家平等、文明互鉴、包容发展、互利普惠、和而不同、兼济天下、命运共同。世界多样是一种世界观，它反对一元主宰的世界观，是中华新文明的前提；国家平等是一种国家观，它反对国强必霸论的国家观；文明互鉴是一种文明观，它反对文明冲突的文明观；包容发展是一种发展观，它反对“以鞋裁脚”的西方中心论；互利普惠是一种义利观，它反对赢者通吃的单赢观；和而不同是一种包容观，它反对唯我独尊的独断论；兼济天下是一种普惠观，它反对二元对立的哲学观；命运共同是一种共生观，它反对你死我活的丛林观，同时也是中华新文明的落脚点。显然，中国道路超越了“中心—边缘”的世界格局，摒弃了西方文明排他、独断、霸权的思维方式；中国道路把世界各国都纳入到和平发展、合作共赢、互利普惠的世界框架中，它是对人类文明多样化发展的丰富、完善。

① 余乃忠：《亚稳态症候：现代性向后现代性变频之殇》，《江汉论坛》2010年第6期。

现代性建构的中国道路与中国话语

陈曙光（中央党校国家行政学院马克思主义学院21世纪马克思主义研究所所长、教授）

本文摘自《哲学研究》2019年第11期

现代性是现代世界的实质、核心，是现代世界围绕着旋转的中轴。中国现代性的建构迄今已经100多年了，其间虽历经变幻，但其整体方向始终未曾动摇。今天，中国新现代性已经展露在人类的地平线上。中国道路是中国现代性“改造世界”的最主要的实践成果。中国道路的成功代表了一种新的现代性文明的出场。中国新现代性文明正是从本质论的高度揭示中国道路背后现代性秘密的学说，是在解码中国样本基础上书写的现代性的中国版本。

一、西方现代性的版本演化

现代化起源于西方，西方享受了现代化的巨大成果，书写了现代性的经典版本，但也遭遇了“现代性之殇”。与西方现代化的历史逻辑相一致，西方现代性演化的理论逻辑大致包括四个版本。

（一）启蒙时期的初始现代性。启蒙现代性的两大根基是理性和人（主体），以理性对抗愚昧，以主体性对抗神性，以自由为核心价值，追求科学精神和人文精神的统一。启蒙现代性诞生于资本主义工业化初期，在解放人的感性欲望、对抗神性的僭越上，在冲破旧的封建秩序、开启现代民主政治上，在摆脱人的依赖性、培养独立人格上，发挥过巨大的历史进步作用。但启蒙现代性在高扬理性主义旗帜的同时，也使理性一步步膨胀：有限的理性无限化，经验的理性超验化，属人的理性实体化。现代性建构的过程本身是人类不断摆脱迷信、愚昧和专制，不断追求理性、科学和自由的过程。但现实却是如此讽刺，我们在摆脱封建专制的同时，又陷入了理性的专制之中；在摆脱封建神学统治的同时，又遭遇了理性神学的僭越；在摆脱旧迷信的同时，又制造出了新的迷信。这就是理性的实体化、绝对化、万能化。

（二）工业化时期的经典现代性。经典现代性的两大支柱是“大写的人”和“大写的理性”，以理性人为起点，以合理性为目标，理性日益工具化和世俗化。西方推崇的经典现代性模式，本质上是以造就资本现代性社会为核心目标的现代化运动。随着工业化的展开，经典现代性日趋偏颇，走向以经济增长为中心、以GDP崇拜为表征的现代性理论，走向财富至上、忽视社会全面进步的单线发展观，走向形式合理性与实质合理性对抗的道路。

经典现代性是非辩证的，惯于“拿一种目标或价值和另一种目标或价值做交易”[①]，这样虽收获了巨大的成果，但也付出了过高的代价。这时期，感性欲望的解放以精神世界的贫困为代价，主体地位的提升以自我观念的膨胀为代价，人类中心地位的确立以自然的异化为代价。这时期，科学技术异化为主宰社会的意识形态，工具理性上升为社会的统治力量，全面的人异化为缺乏批判维度的“单面人”。这时期，在资本逻辑僭越的背后，是两极分化、劳资对立、城乡对立；在资本全球化的背后，是东西对立、南北对立、文明冲突。西方现代性的缺憾导致了人类世界的重重危机：资本化加剧劳资矛盾，工业化加剧环境危机，军事化加剧国际冲突，城市化导致城市病，技术逻辑导致价值危机……这场危机的实质是文化危机，是涉及社会各个领域的总体性危机，是波及全球各个角落的世界性危机。随着西方经典现代性的展开，遏阻理性主义的膨胀，矫正工具理性和科技理性的僭越，将“异化的人”导回正确的道路，成为时代的呼声。

（三）后工业化时期的后现代性。现代性在经历了近3个世纪的建构过程之后，批判的锋芒转向了现代性本身。后现代性是对现代性的全面反叛，解构现代性的一切规定，代之以一副反中心、反传统、反本质、反基础的面目，主张个性化、多元化、边缘性、平面化。

后现代性思潮活跃于20世纪中叶到下半叶，与西方后工业社会的兴起相一致。后现代主义认为，在后工业时代，现代性的使命已经完成，现代性的理念和原则已经不合时宜。面对现代性之痛，后现代性以经典现代性的反题

---

① 劳伦斯·E.卡洪：《现代性的困境——哲学、文化和反文化》，王志宏译，商务印书馆，2008，第294—295页。

出现，在反思现代性的同时走向了反现代性，在批判理性独断的同时走向了反理性。后现代主义从一个极端走向另一个极端，以更大的片面性、更小的现实性将人类社会导向了一条更窄的路，因而不可避免地宣告了它的破产。

后现代主义的积极意义或许在于，它所揭示的差异性、多元性、平面化思维方式已清楚表明：西方宗教文化和生活世界孕育的现代性方案，不可能成为统治差异性世界的单一方案，每个民族都应立足于自己的生活世界，去发展自己的现代性事业。

（四）现当代反思的现代性。反思的现代性，也称之为第二次现代性、新现代性，它以多元理性为根基，以人本—价值理性为轴心，承认现代性的基本价值，但批判经典现代性的“固化”“简单性”“刚性”，力图在现代性的框架内拯救现代性，是对经典现代性的改革、修复和完善。

20世纪末以来，顺应时代新变化，以寻找现代性的出路为动力，西方再次萌发了重写现代性的冲动，反思的现代性应运而生。哈贝马斯指出：“我们仍生活在现代——而不是后现代。”[①]尽管现代性是“问题百出的”，但我们的立场是“不放弃现代性计划，不屈尊后现代主义或反现代主义”[②]；我们的方向是对它进行修复和重建，将未竟的现代性事业进行到底；我们的重建策略是以“主体间性”取代“主体性”，以“交往理性”取代“个体理性”，以“公共领域”取代“私人领域”。在哈贝马斯看来，能够“拯救出现代性的规范内涵”的，终究还是要依靠他的“交往理论”[③]。不过，哈贝马斯的方案也招致了普遍的批评，比较集中的意见认为“交往理论”过于理想化，交往模式的构想呈现为在社会真空中进行的状态。而现实生活远非设想的那样简单，交往的实际过程往往更加复杂，以至于在现实生活中哈贝马斯自己都很难运用“交往理性”药方。

概言之，现代性从来没有统一的清单，没有贯穿到底的方案。即使在其原发地，现代性也是开放的、未完成的，始终处于流变和生成之中，不断地

---

① 包亚明主编《现代性的地平线——哈贝马斯访谈录》，李安东、段怀清译，上海人民出版社，1997，第103页。

② 包亚明主编《现代性的地平线——哈贝马斯访谈录》，李安东、段怀清译，上海人民出版社，1997，第56页。

③ 哈贝马斯：《现代性的哲学话语》，曹卫东等译，译林出版社，2004，第392页。

被修复、重构、改写。然而，在西方膨胀为“世界”的同时，现代性也抹去了地域性的痕迹、西方的色彩，摇身变成了普世性的文明。中国早期的现代性探索就是西学东渐的产物，是欧洲启发、引导的结果。

二、西学东渐与中国早期现代性的多重变奏

任何国家，现代性建构的理论逻辑与现代化展开的历史逻辑，二者总体上步调一致、共同成长。缺乏现代性文明支撑的现代化进程是盲目的，离开现代化实践的现代性文明是飘浮的。

中国作为在封建文明时代“物质与道德”的和谐国度，绝不意味着中国有权绕开现代化的发展方向，摆脱现代性文明的牵引，问题只在于中国选择什么样的现代化道路，书写什么样的现代性文明。第一次工业革命以来，西方在现代化的道路上一路狂飙、高歌猛进，中国却依然在远离现代文明的小径上独自狂欢。历史从来不同情徘徊者、观望者，违背时代进步潮流，终将为时代所淘汰。1840年，帝国主义的入侵向清王朝展示了现代化的力量，激发了无数国人的现代化梦想。从1840年到1919年，无数仁人志士在西方现代性的启发下，提出过各式各样的现代化方案，但都以失败告终。近代中国的百年探索，既未收获比肩西方的现代化成果，也没有形成中国风格的现代性文明。

第一个阶段，以器卫道的现代性之路。西方工业革命带来了丰腴的物质世界，光怪陆离的现代器物充斥世界市场，全球成为现代性的竞技场。自晚清以来，中国社会开始了现代性转向。何谓现代化，洋务派的眼光首先投向了西方器物，将现代化的标准定位于坚船利炮等“物质器皿”，将富强置于最重要位置，将工具理性置于优先地位。“取西人器数之学，以卫吾尧、舜、禹、汤、文、武、周、孔之道。”[①]以器卫道的主张，表达了器可以通道、道依赖于器的思想。洋务运动尽管一时轰轰烈烈，但实践最有说服力，甲午海战证明，兴办洋务无法通达现代中国。早年也曾怀揣实业救国理想的李达后

① 丁凤麟、王欣立编《薛福成选集》，上海人民出版社，1987，第355页。

来回忆说："在反动统治下'实业救国'的道路也是一种行不通的幻想。"[①]

事实上，器物现代性的建构之路，远未触及到西方现代性的本质维度。西方现代性远不只是表层的器物，而是涉及经济、政治、文化等各个领域的整体性的社会运动。器物现代化之路未免过于简单和偏颇，既抵御不了资本主义的坚船利炮，也复兴不了中国。

第二个阶段，制度牵引的现代性之路。洋务运动的失败彻底警醒了沉睡中的国人，康有为等改良派人士认识到现代化不仅是器物的，更应是制度的，没有制度的现代化就没有中国的现代化，西学东渐也顺势推进到了第二个阶段。维新派著书立说，主张以西学代替中学，以新学代替旧学，宣传西方民主思想、政治制度，开展维新变法运动。光绪皇帝亲自领导了这场短暂的政治改革运动，变法领域深入经济、教育、军事、政治及官僚制度等多个层面。然而，戊戌变法终以失败告终，制度改良难以开启中国的现代性道路。

维新派刚以失败退场，革命党人又登上了历史舞台，以孙中山为代表的资产阶级革命派再次将目光投向了西方的宪政民主制度，主张推翻封建帝制，建立共和，走西方的制度现代化道路。资产阶级革命派在国外沐浴欧风美雨，以建立资产阶级共和国为己任，批判康梁改良主义，传播资产阶级革命思想。在辛亥革命时期，传播西方革命思想成为西学东渐中的主流。1911年辛亥革命推翻了清王朝的统治，封建帝制历史宣告终结，但中国的现代化事业还是没有找到出路。

维新变法和辛亥革命的结局表明，将西方现代性的标准仅仅定位于制度也是浅薄的。任何制度，绝不是单独存在的，而是多重因素合力作用的结果。西方的现代制度体系，是在其历史传承、文化传统、经济社会发展的基础上长期发展、渐进改变、内生性演化的结果，是与西方国民素质、文化基因相一致的。20世纪初，中国选择制度现代性的建构之路，阉割了现代性的丰富内涵；西方制度的简单植入，也背离了现代性本身的生成逻辑。

第三个阶段，文化改造的现代性之路。辛亥革命失败之后，中国的制度现代化之路遭遇重大挫折，西方总统制、议会制、多党制、三权分立制都被

① 《李达文集》第四卷，人民出版社，1988，第733页。

尝试了，都行不通，因为西方制度与中国的文化土壤不相匹配。制度不过是文化的外化，文化是制度的本体。思想文化和价值观如果不变革，不从思想深处启蒙，不从根基处冲击封建主义，光靠照搬西方制度，社会是不能前进的。五四时期，新文化运动的巨匠们升华了对现代性的认识，将其推进到国民性改造和文化精神重建的新高度，将目标定格为“民主、科学、道德”。这里实际上沿袭的是西方经典现代性方案。文化改造的现代性之路尽管已经触及西方经典现代性的内核，但如果不懂得中国独特的文化传统、历史命运和现实国情，不懂得现代性无法从外部输入，只能从内部长成的历史辩证法，中国的现代性就永远不可能独立出场。

西学东渐客观上促成了西方现代性文明在中国的传播，引发了中国现代性的冲动，成为涵养中国现代性的一个重要历史前提。没有西学东渐就不会有中国的现代性文明，绕开了西学东渐及其与现代中国的关系，就不可能真正理解中国的现代性文明。伴随西学东渐，西学成果大量进入中国，极大改变了中国社会的心理结构和认知结构，古典中国的清晰图景渐次模糊。同样，伴随西学东渐，中国人的现代观念初步确立，中国早期现代性或现代文明秩序的建立，有意无意地以欧美形态为参照。当然，在人类和地球的欧洲化成为世界历史的主导逻辑下，试图不经历实践的反复选择、比较和检验，一开始就绕开西方的现代性逻辑是不切实际的。问题在于，“中国人向西方学得很不少，但是行不通，理想总是不能实现”①。直至20世纪初叶，现代中国仍未出场，现代性文明仍显稚嫩，现代之“骨”仍未长成，这就是中国现代性的处境。此时的中国，传统标准已经退出，现代标准尚未确立，中国现代化事业究竟路在何方？历史在选择，人民在选择。

三、“回到中国自身”：现代性建构的中国道路

现代性是一项未完成的设计，是全人类的共同事业。近代以来，中国深受西学东渐的濡染，走的是“被动输入型现代性”之路，“中国的现代性是

---

① 《毛泽东选集》第四卷，人民出版社，1991，第1470页。

没有中国的现代性，它只是在地域意义上重新复制一个西方”[①]。以器卫道、制度牵引、文化改造的现代化之路都是沿袭西方的标准，从不同方面复制西方的现代性成果，缺乏中国之“骨”。其实，尽管西方现代性启发了中国，但它没有在结构上规定中国现代性的内容。1840年以来的西学东渐史，最大的贡献不在于我们是否依循西学指引的方向，找到了中国的现代性方案，而在于我们懂得了这样一个道理：现代性是多元的，没有“终极词汇”，不存在一元的现代性方案，中国新现代性的建构只能返回中国自身。

“回到现实本身”，这是现代性建构的基本原则。现代性建构不是一项技术工程，而是思想的事业，其主旨在于切中并揭示社会现实。何谓“现实”，按照黑格尔的理解，一方面，现实绝不是浮现于表层的经验事实，而是“本质与实存的统一”；另一方面，现实（本质）不是现成的、僵硬的、凝固的，“现实性在其展开过程中表明为必然性”[②]。切中社会现实，关键是深入到历史的本质那一度中间去，把握必然。现实的本质不在精神的实体或思辨的理念之中，而在感性的实存之中。我们不能先验地赋予一个国家某种现代性框架，即使其内容多少是合乎理性的。“外部反思”只会误入歧途，“内部自省”方可通达现代性的彼岸。每一个民族都有适合于它本身而属于它的现代性方案，这不是“外部反思”可以完成的任务。将西方的现代性方案上升为普遍性的“历史哲学理论”，上升为“万能钥匙”，认为“一切民族，不管它们所处的历史环境如何，都注定要走这条道路”，这是完全乌托邦主义的，“这种历史哲学理论的最大长处就在于它是超历史的”[③]。

“回到中国自身”，这是中国现代性建构的唯一选择。现代性是在现代社会条件下开创更好生活的历史—实践筹划。中国有自己的世界，中国应当成为现代性的一个肯定陈述。中国的文化传统、历史命运和现实国情不同于西方，新教伦理滋养了资本主义的现代性文明，中国的文化传统与新教伦理存在着结构性、本质性区别，这只能说明中国不能发展出西方的现代性文明，绝不意味着中国被剥夺了通往现代化的权利，中国文化传统不能被简单地视

① 高思春、杜东辉：《“以中国为方法”——对中国现代性的重思》，《福建论坛》2014年第3期。

② 《马克思恩格斯选集》第四卷，人民出版社，2012，第221页。

③ 《马克思恩格斯选集》第三卷，人民出版社，2012，第730—731页。

为现代性的文化阻滞力。美国学者柯文指出："近代化取向（特别是50年代和60年代所采取的形式）则把中国描绘成停滞不前的'传统'社会，有待精力充沛的'近代'西方赋予生命，把它从永恒的沉睡中唤醒。……这种模式对于比较全面公平地理解中国近世史，当然会造成灾难性的后果。"①然而，在西方中心论统治世界的背景下，不是所有人都能懂得这个简单道理。中国与西方的差异并非传统与现代的对立，而是现代本身亦即不同现代化道路和现代性文明之间的差异，揭示出这一道理的正是中国共产党人。

中国共产党登上历史舞台，深刻改变了中国现代化的方向和进程，深刻影响了世界现代化的叙事结构，也深刻改写了西方定义的现代性话语。从中国共产党独立领导中国革命、建设和改革事业以来，中国的现代性建构才摆脱了"外部反思"的路径依赖，不再游走于西方一侧，中国自身才成为一个肯定的陈述。《新民主主义论》是中国新现代性的标志性起点。该著作关于中国进入了新民主主义革命阶段的论断，道明了中国现代性建构的立场：中国不是西方，不能遵循西方进路谋划中国的事。

自从明确了中国立场，中国的现代性话语才逐渐清晰。一是重新书写民主革命的现代性话语。民主革命是各个国家现代性事业的序曲。启蒙运动以来，西方民主革命具有世界性意义，民主革命的西方话语上升为全球的主导话语。中国的旧民主主义革命深受西方话语规范与价值的影响，但残酷的事实警醒了中国共产党人，"外部反思"不能解决中国的革命问题。中国革命决不仅仅从属于一般的抽象原则，植根于中国社会现实的革命道路不是"十月革命模式"，不是中心城市暴动，而是农村包围城市。新民主主义革命的胜利，标志着中国的现代性事业在一条与众不同的道路上成功揭开了序幕。二是重新书写政治制度的现代性话语。民主革命的一个核心诉求、成功标志正在于建构民主政治的现代秩序。中国的现代性价值离不开与之相匹配的制度方案，关键是什么样的方案才是切中中国现实本身的。中国作为民主革命的"后来者"，民主政治无须拘泥于西方的制度模板，完全可以是"另一个样子"。旧民主主义革命时期，外部输入的君主立宪制、三权分立制的结局

---

① 柯文：《在中国发现历史》，林同奇译，社会科学文献出版社，2017，第152页。

都验证了这个原则——回到现实本身才有出路。新中国成立后，中国共产党领导人民成功完成社会主义改造，建立了社会主义基本制度，为当代中国的现代性事业奠定了根本政治前提和制度基础。三是重新书写发展模式的现代性话语。发展是现代性的主题，然而，通往现代化的路却是充满悬疑的：一方面，西方以其强大的物质内容和现代化成果为支撑，西方发展模式获得了世界性的统治地位；另一方面，西方发展模式在后发国家中鲜有成功的案例，又极大地动摇了西方模式的统治地位。党的十一届三中全会以来，中国成功开辟了中国式现代化道路。中国道路的成功，宣告了“现代化=西方化”“现代性=西方性”的偏颇和错误，人类历史开启了一个没有“标准答案”的多元现代性时代。

概言之，中国新现代性的建构，在历经革命、建设和改革三个历史时期之后，已经基本摆脱学徒身份，摆脱“外部反思”“先验植入”的思维路径，成功书写了现代性的中国版本，这是一种独立于“欧美现代性”的新现代性。中西之间也从“传统/现代”不同时空的对立，转换为“中国/西方”不同现代性文明的差异。

四、现代性话语的中国贡献

当代中国正走向“更现代”的未来，在反思现代性的基础上，立足中国本土，造就具有中国特色社会主义性质的现代性社会，书写中国的新现代性。现代性可选择，今天的中国正自信地向世界提供另一种现代性，另一种选择。

（一）超越西方的现代性逻辑。现代性不等于西方性，但也必须承认，西方是现代性的发源地，现代性价值是西方给定的，西方性是中国现代性建构无法摆脱的外部语境。我们所说的超越，不是绕开西方现代性的一切价值，而是规避西方现代性弊端，让现代性说中国话。如果说“资本构成西方现代性之最基本的支柱”，如果说西方现代世界“是由资本为其奠定世俗基础并为其制订根本方向的”①，那么，中国现代性究竟如何对待资本就成了

① 吴晓明：《论马克思对现代性的双重批判》，《学术月刊》2006年第2期。

一个首要的问题。中国的现代性逻辑，其超越性不在否定资本，而在于：第一次绕开了资本主宰劳动的历史逻辑，确立了以人民为中心的发展思想；第一次摆脱了以资本为底座的西方政治模式，建立了社会主义性质的现代制度体系；第一次否定了资本逻辑所带来的两极分化、社会撕裂、阶级冲突的发展代价，确立了最终实现共同富裕、满足人民美好生活需要的奋斗目标；第一次摆脱了资本驱使下的殖民道路和丛林法则，确立了人类命运共同体的基本立场；第一次走出了由国际资本体系所圈定的发展轨道，摆脱了依附发展的历史宿命，实现了从世界边缘到舞台中央的华丽转身。置身这一历史巨变之中的中国，完全有资格、有能力揭示其中蕴藏的现代性密码，有资格、有能力在吸纳西方精华之后开启更为壮丽、健康的现代性之路，有资格、有能力“发现一个和欧洲原理对应的中国原理”[①]，为规避西方“现代性之殇”、书写新型现代性文明作出中国贡献。

（二）注入中国的原创性内涵。中国新现代性不是西方的翻版，现代中国本身并不是西学东渐的成果，中国现代性也不属于西学东渐的范畴。中国新现代性肇始于新文化运动，在中国共产党主导的、以社会主义为性质定向的现代化运动中逐渐生成，在新时代坚持和发展中国特色社会主义的历史性实践中走向成熟，具有鲜明的原创性特点。中国新现代性，源于马克思主义的价值立场，源于社会主义的性质定向，源于传统文化的优质基因，源于对西式现代性的积极扬弃，归根结底内生于当代中国的历史性实践和独特语境。正是多重因素合力孕育了中国特色的新现代性。中国共产党的领导是中国新现代性的首要特征，中国现代工业文明是中国新现代性的物质内容，社会主义核心价值观是中国新现代性的内在灵魂，中国特色的发展模式和制度体系是中国新现代性的社会形式，中国道路是中国新现代性的实践成果，中国化马克思主义是中国新现代性的理论居所。21世纪中国马克思主义的出场代表着这种新现代性日渐成熟，正在崛起为比肩西方、具有原创性意义的人类新文明和现代性理论的新形态。

---

① 沟口雄三：《日本人视野中的中国学》，李甦平、龚颖、徐滔译，中国人民大学出版社，1996，第94页。

（三）承载复杂的现代性使命。相较于西方现代性，中国新现代性解答的时代课题不一样，承载的历史使命也不一样。中国社会不是完全意义上的现代社会，准确地说处于“半现代”阶段。它是“一种难以置信的组合，它有着从接近远古的社会、传统社会到发达的现代社会的各种生活和生产方式，有着从前现代、现代到极端后现代的精神和观念；……最大限度地胡乱包容着许多时代和各种生活”[①]。“在西方，前现代、现代、后现代、新现代，顺序出场，而在中国却共时出场甚至倒序出场”[②]：一方面，当下中国正在大力推进西方早已完成的工业化、市场化、城市化、国际化；另一方面，中国又与西方一道迎接信息社会、数字时代、休闲社会、生态文明时代的来临。由于独特的历史语境，中国新现代性的使命异常复杂——既要完成中国式的理性启蒙，又没有充裕的时空纠缠于启蒙现代性；既要完成经典现代性的任务，又要避开西方现代化的陷阱；既要看到前现代从未走远、现代化仍在途中，又要兼顾后现代社会局部来临的事实；既要推进以产业经济为基础、工业文明时代为背景的第一次现代性，又要问鼎以知识经济为基础、信息时代为背景的第二次现代性；既要补上历史上落下的现代化课程，又要引领现代化的未来发展。

（四）开创壮丽的现代性前景。中国新现代性是一个辩证的过程，它有须臾不可分开的两面，“每一面都不能离开另外一面而单独存在”[③]。西式现代性之误在于，彰显一面，忽略另一面。我们无意抛弃西式现代性的一切方面，但将竭力避开西式现代性的负面效应，开辟更为壮丽的现代性前景。在这里，现代性之“两面都很好地、协调地依附在同一实体之上”[④]。比如，个性与共性互为补充，边缘与中心相互包容，物质丰腴与精神富足正向匹配，感性幸福与道德信仰相互支撑，科学精神与人文精神共同成长，工具理性与价值理性相得益彰，个体价值与整体价值相互尊重，人与自然和谐共生。在这里，经济增长中心论升级为社会全面进步，工业化升级为新型工业

① 赵汀阳主编《现代性与中国》，广东教育出版社，2000，第2页。

② 任平：《脱域与重构：反思现代性的中国问题与哲学视域》，《现代哲学》2010年第5期。

③ 鲍曼：《现代性与大屠杀》，杨渝东、史建华译，译林出版社，2002，第10页。

④ 鲍曼：《现代性与大屠杀》，杨渝东、史建华译，译林出版社，2002，第10页。

化，市场化升级为市场决定与政府作用相结合，程序民主化升级为社会主义政治文明，市民社会原子化升级为社会主义和谐社会，城市化升级为统筹城乡发展，人类中心主义升级为环境友好型社会。概言之，中国新现代性，是与中国道路相适应的哲学逻辑，社会主义初级阶段党的基本理论、基本路线、基本方略，是这种现代性逻辑的外化。

在21世纪，作为不同于欧美现代性的东方版本，中国新现代性将为人类展开无限可能性，全世界从此不再将其身家性命“系泊于一种单一的文化或现代性”[①]。过去，人们一直翘首以盼西方之外的选择，今天，来自东方的现代性已经出场，它动摇了西方经验支撑的西式现代性的至尊地位，动摇了西方中心论、文明优越论、历史终结论的“真理”权威，动摇了基于西式现代性的发展道路、制度模式和价值观念的“普世”地位，拓宽了发展中国家走向现代化的途径。现代性在途中，我们无意终结现代性的未来发展；现代性可选择，我们无意垄断现代性的一切真理；现代性有边界，我们不谋求中国现代性统治世界；我们始终坚信，现代化是相似的，却各有各的现代性。

---

① 唐·罗沃萨姆：《后殖民性：新现代性的挑战》，黄语生译，《国际社会科学杂志（中文版）》1998年第3期。

中国道路的话语进路

刘卫东（北华大学马克思主义学院教授）

本文摘自《党政研究》2019年第6期

党的十九大报告指出："中国特色社会主义进入新时代，意味着近代以来久经磨难的中华民族迎来了从站起来、富起来到强起来的伟大飞跃……意味着科学社会主义在二十一世纪的中国焕发出强大生机活力……意味着中国特色社会主义道路、理论、制度、文化不断发展，拓展了发展中国家走向现代化的途径，给世界上那些既希望加快发展又希望保持自身独立性的国家和民族提供了全新选择，为解决人类问题贡献了中国智慧和中国方案。"中国道路为其他国家提供全新的选择机会，就需要将中国特色社会主义的现代化道路讲述给世界其他国家。对此，习近平指出，在解读中国实践、构建中国理论上，我们应该最有发言权，但实际上我国哲学社会科学在国际上的声音还比较小，还处于有理说不出、说了传不开的境地。所以，要加强哲学社会科学领域的话语体系建设。通过话语体系建设，将中国道路总结出来，形成理论，并讲给世界。

一、现代化——贯穿中国道路的核心概念

现代化作为世界历史进程的中心内容是从前现代的传统农业社会向现代工业社会的大转变，从这个新视角来看，鸦片战争以来中国发生的极为错综复杂的变革都是围绕着从传统向现代过渡这个中心主题进行的，这是不以人们意志为转移的历史大趋势[①]。

（一）现代、现代化与现代性的一般认识。现代是一个时间概念，现代的时间起始与科学技术革命的萌芽息息相关，与资本主义生产方式密切相

① 参见罗荣渠：《现代化新论》，商务印书馆，2017，第490页。

连；现代又不仅仅是一个时间概念，它是建立在资本主义生产方式和工业革命基础之上形成的一系列社会系统、人文情怀等等，它不是一个固定内容的概念，其中蕴含的内涵也随着时间而不断充实。

现代化则是指一个国家走向现代道路的过程，当现代以一个美好愿景成为社会发展的目标时，人们便通过国家、民族等群体，向这一目标不断迈近。由于现代化的道路不同，对于现代化的解释也不同。现代化就是实现现代的过程，对于现代化的理解主要有四种：第一种，现代化是指近现代以来，经济上落后国家通过技术革命，在经济和技术上赶上世界先进水平的历史过程；第二种，现代化实质就是工业化，即经济落后国家工业化的过程；第三种，从社会阶段将现代化解释为科学革命以来的一系列变化的统称；第四种，从文明的角度认为现代化是一种心理态度、价值观和生活方式的改变过程[①]。从这四种对现代化内涵的解释，我们可以看到：首先，现代化是一个过程；其次，这一过程发端于近现代的科学与技术革命；最后，现代化是基于科学与技术革命带来的从价值、文明到社会系统的深刻变革。

现代性是用来描述“现代”这样的状态，恩格斯曾评价现代化是一次人类从来没有经历过的最伟大的进步的变革，面对这一新变革，产生了新理论、新思考，出现了新的概括，这就是现代性的内容。现代性的内涵主要包括三个方面内容：第一，现代性将人类社会视为无限发展的一个过程；第二，现代性认为要保证无限的发展，应该有一套完整的现代国家制度以保证社会的效率；第三，现代性强调资产阶级启蒙时所形成的关于人本主义的自由、民主、平等、正义等观念，现代性的核心概念是理性。

现代性与现代化密切联系，但又有所不同，现代化是原因，现代性是概括现代化的学理语言，正是由于有科学技术、经济生产、社会变革这些现代化过程，才有现代社会属性的现代性[②]。如果不能够对现代化进行抽象概括，那么按照现代化道路的现有实践，欧美现代化的道路就具有普世性和普遍意义，可能其他国家都需要照搬欧美模式，才能实现现代化。但是，如果将现

① 参见罗荣渠：《现代化新论》，商务印书馆，2017，第9—15页。
② 参见陈嘉明：《现代性与后现代性十五讲》，北京大学出版社，2006，第36页。

代社会的特征抽象出来，按照现代性的标准，很多国家根据自身特点同样能够走上现代化道路，实现现代化。现代化为我们展示的是具体的实践方法，而现代性则是提供抽象的价值标准。

（二）现代化作为中国道路发展内涵的确定与嬗变。从目的来看，中国道路就是中国实现发展、追求现代化的道路。对这一道路的认识，在不同的历史阶段，存在着实现方法的争论，但是在目的上，从没出现过动摇。

鸦片战争开启了中国的半殖民地半封建社会，也开启了中国的现代化道路。当西方国家以“船坚炮利”的外在形式出现在国人眼里时，学者们就开始探讨现代的内涵和现代化道路的问题。最初的国人对现代化的认识仅仅停留在器物层面，所以清王朝仅仅想学习西方的科学技术。后来，国人对西方现代化的认识进入到政治层面，这时变法、维新、立宪等思想就开始出现。五四运动之前国人的现代化思想，更多的是对于西方现代化的外在形式的学习，照葫芦画瓢而已。到了五四运动时期，国人将西方现代化的属性直接总结为民主（德先生）、科学（赛先生）。五四运动之后，中国知识分子对西方现代化的认识更为清晰，对现代化内涵的认识已经突破科学技术和政治制度层面，经济思想、文化价值也进入到现代化研究的范畴之中。实践上，中国知识分子根据理论的不同观点，也开始了对不同的现代化道路的实践尝试。这一时期，各种思想涌现，各种实践活动层出不穷，具有代表性的有陈独秀、李大钊的社会主义思潮，晏阳初、陶行知的乡村平民教育运动，等等。1933年《申报月刊》将现代化作为一个社会科学的词语开始使用，关于中国走向现代化道路的话语方式就已经固定下来。此后，对于中国追求现代化道路的认识已经成为定论。毛泽东在《论联合政府》将中国的工业化和农业近代化作为中国道路的发展目标。

中华人民共和国成立后，1954年召开的第一届全国人民代表大会，第一次明确提出要实现工业、农业、交通运输业和国防的“四个现代化”的任务。1956年“四个现代化”被列入党的八大通过的党章中。1964年12月，第三届全国人民代表大会第一次会议上，周恩来提出“在不太长的历史时期内，把我国建设成为一个具有现代农业、现代工业、现代国防和现代科学技术的社会主义强国”。1975年之后，“实现农业、工业、国防和科学技术的现代化”的口号更加广泛深入地传播，成为鼓舞人民团结奋斗的目标基础和精神动力。改革开放之后，中国道路的发展进入新的阶段，但是现代化的道路依然是中国的发展道路。1980年新年伊始，邓小平在中共中央干部会议上指出：“我们从八十年代的第一年开始，就必须一天也不耽误，专心致志地、聚精会神地搞四个现代化建设。”[①]

对于现代化道路的认识，我们也是在不断深化的过程中。1979年，邓小平在会见日本首相大平正芳时，指出：“我们要实现的四个现代化，是中国式的四个现代化。我们的四个现代化的概念，不是像你们那样的现代化的概念，而是‘小康之家’。”[②]1987年党的十三大，确定了“把我国建设成为富强、民主、文明的社会主义现代化强国”的宏伟目标，用“富强、民主、文明”的概念表述现代化道路的奋斗目标。1991年，江泽民在建党70周年讲话时，对中国特色的社会主义经济、政治和文化这样三个概念用“富强、民主、文明”表述，并阐述了内涵。党的十四大，江泽民再次深入解释了“富强、民主、文明的社会主义现代化强国”的基本内涵。在这之后，胡锦涛在党的十六大把社会主义现代化奋斗目标从“富强、民主、文明”进一步拓展为“富强、民主、文明、和谐”，在党的十七大则明确提出“把我国建设成为富强、民主、文明、和谐的社会主义现代化国家”的奋斗目标。党的十八大以来，党和国家对中国的现代化道路又有了新的认识，在“四个现代化”的基础上，又提出了第五个现代化——“推进国家治理体系和治理能力现代化”。党的十九大报告中，中国的现代化道路和目标已然明确，“从二〇三五年到本世纪中叶，在基本实现现代化基础上，再奋斗十五年，把我国建成富强民主文明和谐美丽的社会主义现代化强国”。“富强、民主、文明、和谐、美丽”分别对应“五位一体”总体布局的奋斗目标。

近现代以来的中国道路，实际上就是现代化的道路，在这条道路上的不同时期，存在着对现代化内涵认识之争、对现代化实现道路之争、对现代化实现具体方法之争，这些争论没有改变现代化作为中国道路的具体话语，只

---

① 《邓小平文选》第二卷，人民出版社，1994，第241页。

② 《邓小平文选》第二卷，人民出版社，1994，第237页。

是在内容和外延上的解释不同。因此，中国道路核心话语“现代化”，是从中华民族近代以来由衰及盛的历史中得来的。

中国的现代化道路具有自己独有的特点。首先，中国道路是一条批判西方现代化发展方式的道路。一是在中国的近现代，关于资本主义发展道路的各种方式已经尝试过，无一能拯救中国；二是主要资本主义国家对中华民族的侵略，给中国人民情感上带来了巨大的伤害；三是中国现代化所依据的理论——马克思主义理论是建立在批判资本主义的基础之上。所以，中国的现代化道路先天就具有反对资本主义所有制，反对帝国主义，追求社会公正，追求平等，力图克服西方资本主义发展道路的特征。其次，中国的现代化道路又不同于苏联模式。新中国成立后，虽然中国共产党学习和模仿苏联模式，但是在与中国具体国情结合过程中，没有照搬、照抄苏联模式，而是走了一条中国特色社会主义的道路。最后，中国现代化道路是与中华传统文化相结合的现代化。中国现代化运动的思想发端于清末的“经世致用”思潮，后来的“师夷制夷”“变通自强”“中体西用”等思想均在儒家思想的范畴之内。中华传统文化与马克思主义结合，构成了当代中国特有的政治伦理和社会伦理，这种价值伦理形成了中国特有的政治文化，使中国在中国共产党强有力的领导下，通过国家实施的民族振兴战略，实现了赶超。可以说，中华传统文化是培育中国特色现代化文化的基础，也是中国式自主性发展道路的思想源泉。

二、革命——“站起来”阶段中国道路的话语

“站起来”是中华民族走向独立的阶段，是对内反封建、对外反侵略的中国道路实践。在这一阶段，革命思想贯穿了始终。

（一）鸦片战争到辛亥革命，革命思想初步扩散。鸦片战争之后，随着洋务运动的破产，改良思想一度占据主流，但随着帝国主义侵略的加深和中国知识分子改良实践的失败，革命思想开始被知识分子接受。“十月革命一声炮响”，马克思主义思想传入中国，革命的理念更加深入人心。1905年，第一个资产阶级政党——中国同盟会一建立就把革命作为实现自己理想的

手段。

中国同盟会将“驱除鞑虏，恢复中华，创立民国，平均地权”作为自己的纲领，彰显推翻清朝统治的革命思想，同时发行《民报》与主张改良的立宪派论战，“世界立宪亦必以流血得之，方能称为真立宪”[①]。在这之后，黄兴、宋教仁、陈天华、孙中山、胡汉民等人又在全国各地组织资产阶级革命团体宣传革命思想。中国同盟会在1906年之后，联合地方会党先后发动一系列革命起义，如萍浏醴起义、黄冈起义、七女湖起义、钦廉防城起义、镇南关起义、钦廉上思起义、云南河口起义、广州新军起义和黄花岗起义。这些革命行动加上武昌起义，最终摧毁了清朝统治，建立了亚洲第一个民主制度的共和国。

（二）辛亥革命到新中国成立，革命思想成为中国道路的主流思想。辛亥革命之后，现代化的发展道路并没有马上到来，帝国主义与地方军阀的势力之争将中国拖入到内战之中，帝国主义力图将中国变为他们的附庸，民族资产阶级力图建立资产阶级共和国，新成立的中国共产党也开始谋划通过无产阶级革命使中国走向现代化的道路。

辛亥革命标志着“革命”作为解决中国问题的主要方法，成为当时资产阶级和无产阶级的共同选择。在这之后，国内爆发的关于重建国家、重建秩序的战争，基本都冠以“革命”的旗号。这个革命的思想，反映了因辛亥革命未能达到理想而继续斗争，与旧中国彻底决裂的坚定态度。这种革命的思想，体现当时中国先进分子厌倦了小打小闹的，对旧的社会经济、政治制度缝缝补补的社会进化论思想，而主张采用激进的革命方式，通过政治、经济、社会制度的剧烈的、根本的变革，一揽子解决中国问题。这种通过激进的、根本性变革的革命方式解决中国现代化道路问题的思想，从那时候就开始影响着人们的思想、文化和价值观念，直到今天，还在或多或少地影响着部分人的思想。

（三）新中国成立到改革开放，革命思想引领社会主义建设。中国共产党领导的三大战役的胜利最终决定了由谁来决定中国现代化道路的领导权，

---

① 《孙中山选集》，人民出版社，1981，第74页。

也决定了采用何种政治制度、经济制度实现现代化。由于激进的革命思想的影响，再加上残余反动势力的反扑，新中国成立后的很长一段时间内，依然用革命方式进行社会主义革命和建设，在全面“砸碎旧世界”的基础之上建设新中国。直到“文化大革命”结束，这种以革命作为实现现代化道路的主要方法才逐步被改革取代。

新中国成立后，关于现代化道路的资本主义模式与社会主义模式之争结束，中国走上苏联模式建设现代化的道路。这一现代化道路秉承着革命的思想，国家对地主阶级和资产阶级残余进行风卷残云般的清除，并进行社会主义改造。这一时期，国家从上到下依然保持着激进的民族主义，对现代化—工业化的快速实现保留着迫切的态度。

面对旧中国千疮百孔的局面，新中国首先没收官僚资本，赎买民族资本的产业，又在全国推行土地改革，同时在苏联的帮助下，集中国内资源，优先发展重工业，并形成计划经济体制、公有制的所有权结构、按劳分配的分配制度、权力集中的行政管理体制，并且形成农业支持工业的城乡二元经济结构。

用革命的思想解决新中国成立初期的困难后，“一五”计划后期，冒进的革命精神在社会主义经济建设中体现出来，全党全国都表现出对加快建设速度的迫切需求。1956年1月1日的《人民日报》刊发社论《为全面地提早完成和超额完成五年计划而奋斗》，在舆论上形成了宣传的语境，虽然集中了社会发展的合力，但是也刺激了人们好大喜功、急于求成的心理。从此之后，在强调人的主观能动性和革命思想的引领下，中国的经济就经常处在激进、反思、平衡，再激进、再反思、再平衡的反反复复之中。

三、改革——“富起来”阶段的中国特色社会主义建设道路

革命的方法只适合社会剧烈变化、社会和思想发生质变的时候，当国家政治相对稳定、经济稳步发展、生产关系不再是生产力的桎梏时，革命的思想和手段让步于协调生产关系和生产力的改革的思想。

（一）改革开放之前，社会主义建设事业逐步开始。经过“三反”运动、“五反”运动、三大改造，中国的社会主义制度初步建立。中国已经开始从“站起来”向“富起来”的探索之旅，社会主义建设得到迅速发展。1956年，毛泽东《论十大关系》论述了中国社会主义革命和社会主义建设的关系，都是围绕着一个基本方针，就是要把国内外一切积极因素调动起来，为社会主义事业服务。同年9月，中共八大召开，刘少奇在会上指出，新民主主义革命和社会主义革命已经取得胜利，尽管阶级斗争仍然存在，但是革命的暴风骤雨时期已经过去，斗争的任务已经变成保护社会生产力发展，而国内的矛盾也从两个阶级的矛盾变成人民对经济文化发展的需要与当前经济文化不能满足人们需要的状况之间的矛盾。至此，社会主义革命和社会主义建设进入新的历史时期，“富起来”逐渐成为中国的历史任务。

新中国成立初期，中国共产党人对社会主义的认识基本停留在学习苏联模式上，将社会主义简单概括为：工业化、公有制和集体所有制、计划经济体制、按劳分配、无产阶级专政。中苏关系交恶之后，我们开始尝试突破苏联模式，探寻社会主义模式下实现现代化的其他方法，改革的思想初露端倪。

（二）改革开放到南方谈话，改革思想的形成与发展。改革的思想建立在对社会主义重新认识的基础上。对于社会主义的认识，在很长一段时间都是模糊的，“要论述一下社会主义，我们还办不到；达到完备形式的社会主义会是个什么样子，——这我们不知道，也无法说”，“因为还没有可以用来论述社会主义的材料。建设社会主义的砖头现在还没有烧好”①。苏联建立之后，将苏联的发展模式确定为社会主义制度的标杆，二战之后，社会主义国家大多模仿苏联模式建立了社会主义制度。但是，苏联模式只是社会主义现代化道路发展模式的一种，二十世纪五六十年代，苏东一些国家都开始对苏联模式进行改革和突破，探索适合自己发展的道路。

“文化大革命”之后，中共中央也开始重新审视苏联模式和中国的发展方式，准备进行改革。改革首先要在理论上确定什么是社会主义和社会主义

① 《列宁全集》第三十四卷，人民出版社，1985，第60—61页。

的本质，邓小平首先提出问题，“什么叫社会主义，什么叫马克思主义？我们过去对这个问题的认识不是完全清醒的”[①]，“社会主义是一个很好的名词，但是如果搞不好，不能正确理解，不能采取正确的政策，那就体现不出社会主义的本质”[②]。在这段时间，全国掀起关于社会主义本质的讨论、关于社会主义特征的思考、关于真理标准的讨论。

邓小平对社会主义本质的界定，对社会主义的特征产生了重大影响，之后，形成了对社会主义特征的认识：第一，比资本主义更高的劳动生产率；第二，生产资料公有制；第三，按劳分配制度；第四，市场经济体制；第五，工人阶级和劳动人民的政权；第六，马克思主义理论指导的精神文明。社会主义特征服务于社会主义本质，社会主义本质由特征体现，但是，如果社会主义的特征不能够反映社会主义本质，那么，就需要改革加以调整。

改革思想是关乎中国道路的方式方法转变的核心。新中国成立后，新中国的开国元勋虽然带领中国走上了社会主义道路，但是社会主义道路是什么、怎么走，我们并不十分清楚，只是按照苏联模式，照葫芦画瓢地模仿和学习。中国虽然开启了现代化，但是在如何实现现代化上还不是很清楚。当中国放弃苏联模式而探索自己的道路时，在原有基础上“摸着石头过河”的改革思想也就成为探索中国特色社会主义道路的主导思想。而改革怎么改，那就是围绕社会主义本质，将不利于生产力发展，不利于人们共同富裕的制度、思想、文化调整过来。

党的十一届三中全会之后，中国在现代化道路上按照社会主义本质的要求进行改革，农村和城市的经济体制改革逐步开展，家庭联产承包责任制不断推广，国有企业改革增效不断进展，政治体制改革也开始出现，对外开放不断深入，中国特色社会主义基本理论开始形成，中国道路进入中国特色社会主义阶段。

（三）南方谈话至今，改革思想深入全社会。1992年，邓小平把马克思主义基本原理同中国社会主义建设结合，就党的基本路线、加快改革开放步

---

① 《邓小平文选》第三卷，人民出版社，1993，第63页。
② 《邓小平文选》第二卷，人民出版社，1994，第313页。

伐、建设中国特色社会主义等问题发表系列讲话。南方谈话，回答了“什么是社会主义，怎样建设社会主义”等一系列理论和实践问题，解放了人们的思想，摆脱了传统观念的束缚，推动了改革开放的深化，促进了经济建设的发展，从而在理论上真正将改革与富裕结合起来，在实践上，把生产力发展和人们生活水平提高作为改革成功的评价标准。

南方谈话解决了姓“资”还是姓“社”的问题，社会主义现代化的发展模式被拓宽了，之后，市场取向的改革一个接着一个。1992年底，党的十四大将经济体制改革的目标确定为建立社会主义市场经济体制，搭建拥有现代企业制度、统一的国内市场、宏观调控体系、按劳分配体制、多层次社会保障制度的社会主义市场经济体制框架。

改革是社会主义初级阶段时期，在摸索社会主义道路、对苏联模式不断突破的过程中，形成的思想、理论和话语方式。在建党一百周年即将来临之际，中国的现代化发展道路正按照特色社会主义的规划持续进行，“改革”作为中国特色社会主义道路初建时的核心理念，逐渐让位于“发展”，“坚持和发展什么样的中国特色社会主义，怎样坚持和发展中国特色社会主义”，将成为引导改革这一话语的方向。

四、自信——“强起来”中国道路的自我确证

中国特色社会主义道路将中国的现代化道路纳入正轨，并取得巨大成就。中国的现代化道路具有哪些特点，如何鼓舞人们的斗志，让人们坚信社会主义的优越性，相信中国道路，并将中国道路宣传推广，自信是首要的话语选择。

（一）道路自信展示中国道路的成果。欧美国家通过工业革命走上了现代化道路，为后发展国家展示了未来的蓝图。这条现代化道路最初被贴上西方标签。随着西方国家的殖民进程，很多后发展国家力图仿效、复制、粘贴这条贴有西方化标签的现代化道路，但是除了少数国家，大多数国家却屡屡碰壁。中国在鸦片战争之后，也开始尝试走现代化道路，中国先进知识分子不仅仅参考欧美现代化道路，还从各个角度进行摸索，最终走上了一条不同

于西方的发展之路。

从历史唯物主义的角度来看，走上现代化的道路不只是欧美一种模式，但西方现代化理论将欧美模式描述成具有“普世价值”和普适性，将欧美的今天描述成社会发展历史的顶峰，这是错误的。苏联已经走出一条不同于西方的现代化道路，即使是同属资本主义阵营，日本、韩国、新加坡等国同样走出了不同于西方模式的现代化道路。

中国的现代化道路实现了现代化、社会主义和中国特色三者之间的融合统一。在这条道路上，经过四十多年的改革开放，中国社会取得了举世瞩目的成就，已经成为世界第二大经济体、第一大制造业国、第一大货物贸易国、第一大外汇储备国，并且中国的人均GDP已经达到八千多美元，这从实践上消灭了对中国现代化道路的质疑。中国的社会主义道路再次证明了西方模式的非唯一性，世界各国可以选择适合自己的道路。

（二）理论自信促使中国道路形成国际经验。中国道路秉承的是马克思主义理论，是马克思主义与中国具体实际相结合的产物。马克思主义对资本主义社会的发展道路中出现的种种问题进行了批判，并指出，由于资本的逐利性和主张个人主义、资本主义社会人被资本异化成为资本的附庸、资本主义社会不能改变人剥削人的现象，资本主义社会最终会被社会主义和共产主义所取代。马克思主义理论在十九世纪就认为资本主义社会仅仅是社会发展历史的一个阶段，资本主义的现代化不能掩盖资产阶级赤裸裸的剥削本性。事实证明，近年来，西方国家社会的发展已经进入迷茫的阶段，面对民粹主义、保守主义无可奈何，面对宗教冲突、难民问题一筹莫展。

马克思主义与中国革命和中国的社会主义建设结合后，产生一系列指导实践的新理论、新思想、新方法，先后形成了毛泽东思想、邓小平理论、“三个代表”重要思想、科学发展观、习近平新时代中国特色社会主义思想。这些理论和思想包括了对政治体制、经济体制、社会价值、社会治理、国际经济协作、国际政治、人类命运等诸多话题的思考，并且在实践中丰富发展。这一系列思想和实践，立足中国、借鉴国外，挖掘历史、把握当代，关怀人类、面向未来，在国内使中华民族走上了复兴之路，在国外为他国提供发展的经验和可参考的治国理论。

随着中国现代化道路的成功，中国现代化的发展模式也初步形成。中国的现代化发展模式，应该包括优秀的政党、公有制经济、市场体制等几大方面。中国的发展模式既有自身的独特性，强调各国的发展要与自身实际相结合；也有普遍性，如坚持为人民服务、保障民生和环境、主张和平与发展、倡导经济全球化、主张构建人类命运共同体等。

（三）制度自信体现社会主义制度的优越性。西方学者认为西方民主制度是导致西方走上现代化道路的制度基础，实现现代化必须要实现西方式民主，并且要推行西方的民主制度。马克斯·韦伯的《新教伦理与资本主义精神》、诺斯的《西方世界的兴起》都是从制度上说明资产阶级民主制度的合理性与合法性，并力图证明其普适性。西方国家在向外殖民的过程中，将现代化生活的动人之处与其所理解的民主制度进行兜售，就让人产生这样一种错觉：只有推行西方的民主制度，才会实现现代化，如果某国没有实现现代化，那无非是没有实现真正的民主。

民主的价值在于主张将管理人的权利交给人本身，但实现这一价值诉求，不一定要完全照搬西方的民主制度。“世界上没有完全相同的政治制度模式，政治制度不能脱离特定社会政治条件和历史文化传统来抽象评判”[①]，中国道路向世界展示了一系列通过非西方民主制度走向现代化、实现民主的制度体系，这就是中国独创的社会主义制度。这一制度的独特性体现在中国共产党领导的民主集中制、建立在集体主义基础上的选举制度——人民代表大会制度、代表民意的政党制度——中国共产党领导下的多党合作制度、保证民意执行的行政制度——党政合一的行政管理制度。人民代表大会制度保证公民的个人选择形成集体和国家的选择；中国共产党领导的政党制度保证为人民服务的一贯性，对美好社会追求的理想主义；党政合一的行政管理制度保证国家政策的有效执行。建立在中国特色社会主义上的一套社会制度能够充分发扬民主、实现集中、制定长远的目标，并保证强大的动员与执行能力。

中国发展的事实证明，现代化与西方民主制度并不等同，非个人主义方

① 习近平：《决胜全面建成小康社会　夺取新时代中国特色社会主义伟大胜利——在中国共产党第十九次全国代表大会上的报告》（2017年10月18日）

法论的民主制度同样能够处理好分权和集权的关系，非三权分立的制度同样能够实现民主，非西方的民主制度同样可以实现现代化。

（四）文化自信体现中华传统文化与现代化的融合。坚定中华文化的文化自信，传播文化自信的普遍性意义，是基于中国道路也可以实现富强、民主、文明、和谐、美丽。文化自信就是根据中国经济发展的事实，来阐明中华文化与现代生活的关系、与现代世界的关系，展示中华文明的智慧、创造力、创新力。

从文化的内容上看，首先，中华传统文化是几千年中国人智慧不断凝结的结果，无论是政治体制、经济结构、生活方式，都形成了自己独特的特点，都体现了中国人对人类生活的不断探索。其次，中华传统文化是以伦理道德为基础的文化，主要表现在政权体制中的“求贤”、伦理关系中的“求善”、治理结构中的“求治”。“求贤”是指依靠贤明的人来解决问题；“求善”是指用“善”处理社会关系；“求治”就是在“求贤”的贤人政治政权体制和“求善”的伦理标准下，形成“修齐治平”的治理理念，即“礼治”“德治”“仁政”等民本主义思想。这是主张贤人治国，追求良善，个人内敛，强调集体主义下的民本主义。这一价值观既体现了非霸权主义的、追求世界文明共生的追求，又为现代化和全球化提供了普遍性意义的伦理道德基础。

从文化的作用上看，首先，中华文化符合人类社会发展规律，适应工业社会市场经济体制，具有现代性。从历史发展的角度来看，中华文化在现代化启动阶段，没有起到足够的刺激作用，但是在现代化启动之后，却能为现代化提供文化、道德、伦理和价值观的支持。其次，中华文化兼容并包，不排斥其他文明，符合世界大同的未来社会发展预期，利于构建人类命运共同体。再次，中华文化具有宽容的价值观和世界观，满足世界多样性和多元化的诉求，具有包容性，以文明交流超越文明隔阂、文明互鉴超越文明冲突、文明共存超越文明优越。最后，中华文化能够为社会发展提供源源不断的创新能力，中华文化源远流长，既能够不断吸取外来文化的精华，又能够汲取祖先思想的精华，中华文化从来也没有停滞不前，也不会按图索骥，中国文化在未来的发展中必将不断贡献中国智慧。

五、结论

今天，中国已经走在现代化道路上，并且取得了世人瞩目的成绩。为了今天的成就，近代以来，中国知识分子在寻找如何走上现代化道路、如何走现代化道路两个方面苦苦思索、不断追寻，甚至抛头颅、洒热血。今天的关于中国道路的中国智慧和中国方案，正是在中国共产党领导下，一代代马克思主义者和中国特色社会主义的先行者，对中国的发展不断梳理、概括而形成的，是历史和人民必然选择的结果。这一系列理论和思想，是中国人的，但不仅仅是中国人的，更属于全世界。所以，每个学者都有义务将中国道路形成的思想和理论，总结出来、讲述出来，并播洒到整个世界。

超越资本现代性的中国道路

唐爱军（中央党校马克思主义学院意识形态研究所副所长、副教授）

本文摘自《北京大学学报（哲学社会科学版）》2020年第3期

这些年，理解、解码当代中国成为大家普遍关注的话题。它既是一个极其重大的政治命题，也是一个急需回答的学术命题。中国道路的核心逻辑到底是什么？本文力图表达这样的基本思想：中国道路超越了资本现代性逻辑，是不同于西方现代化模式的社会主义现代性道路。

一、资本现代性逻辑

何谓现代性？黑格尔认为："主体性乃是现代的原则。"[①]主体性原则就是理性。以黑格尔为代表的启蒙思想家立足理性把握现代性，开启了"理性现代性"的阐释路径。与此不同，马克思从资本出发，切中现代社会。在一系列著作中，马克思常常有"现代资本主义社会""现代国家"，甚至"现代社会"的表述。列宁曾有这样的提问："既然马克思以前的所有经济学家都谈论一般社会，为什么马克思却说'现代（modern）'社会呢？他在什么意义上使用'现代'一词，按什么标志来特别划出这个现代社会呢？"[②]实际上，马克思将资本（或以资本为核心的生产）标示为现代社会的根本特征。一部资本形成与发展的历史就是现代性生成与发展的历史。"资本一出现，就标志着社会生产过程的一个新时代。"[③]现代性是各种因素、力量作用的结果，但是，资本是"普照的光""特殊的以太"。现代性逻辑有诸多不同的面向，但是资本逻辑是它的本质逻辑。马克思通过对资本的批判性分析，揭示了现代社会的客观规律，构建了科学的现代史观。与此同时，马克思运用唯

① 哈贝马斯：《现代性的哲学话语》，曹卫东等译，译林出版社，2004，第19页。

② 《列宁专题文集·论辩证唯物主义和历史唯物主义》，人民出版社，2009，第156页。

③ 《马克思恩格斯文集》第五卷，人民出版社，2009，第198页。

物史观及其现代史观，探讨了西方国家现代化的起源、过程、特征和历史趋势等一系列基本问题，揭示了西方资本主义现代化道路的实质——资本主导的现代性模式[①]。把握资本现代性模式及其相关逻辑，可以从以下六个维度入手：

（一）现代化的起源。西方资本主义现代化起源是“用最残酷无情的野蛮手段，在最下流、最龌龊、最卑鄙和最可恶的贪欲的驱使下”[②]不断形成的。西欧国家的现代化起源过程就是资本原始积累的过程。资本原始积累过程，基础是对农民的剥夺，最终形成了一无所有的自由工人（雇佣劳动）和占有大量财富和生产资料的资本家（资本）。

（二）现代化的动力及其作用模式。推动从传统社会到现代社会以及现代社会不断发展的动力是什么？是资本。作为促进生产力发展和社会发展的动力机制，资本是如何发挥作用的呢？从抽象意义上讲，“向外扩张”和“向内吸纳”构成了资本的作用模式。“向外扩张”指的是，资本打破一切自然和社会的界限，向社会生活的方方面面渗透；从特定地区向民族国家，乃至整个世界的扩张。“向内吸纳”指的是，资本无穷尽地吸吮活劳动、自然资源、社会资源，并尽一切可能开发它们有利于资本增殖的内在属性。从较为具体的意义上讲，在生产和经济领域，资本的作用模式表现为资本逻辑统摄生产逻辑、劳动逻辑（包括了“劳动对资本的形式上的从属”和“劳动对资本的实际上的从属”两种类型）；在非经济领域，它表现为资本逻辑对社会生活逻辑的统摄。

（三）世界历史和世界秩序。资本不仅推动一个国家或民族“从传统到现代”，而且也推动“历史向世界历史的转变”。资本为了追求财富，需要国际分工、商品全球流通、世界市场，它力图“夺得整个地球作为它的市场”[③]。资本开辟了世界历史的形成，推动了全球化，同时也重构了世界秩

---

① 利用资本力量实现现代化的道路并不必然等同于资本现代性模式。它所指的是以资本为主导的现代性模式，资本不仅支配了现代性的生产和经济领域，还支配了整个社会制度。在这个意义上说，资本现代性模式就是资本主义现代性模式。资本现代性在展开过程中的一系列客观规律，也就是资本现代性逻辑。

② 《马克思恩格斯文集》第五卷，人民出版社，2009，第873页。

③ 《马克思恩格斯全集》第四十六卷下册，人民出版社，1980，第33页。

序："它使未开化和半开化的国家从属于文明的国家，使农民的民族从属于资产阶级的民族，使东方从属于西方。"[①]"三个从属于"鲜明地揭示了资本主义主导的世界秩序的基本特征，它反映的乃是以资本为核心的综合实力的支配与统治。西方资本主义推动着"中心—边缘"结构的世界秩序的形成，其本质上是资本统治下的弱肉强食的霸权体系。

（四）以工业化和市场化为基础的现代性文明。西方资本主义现代化的巨大功绩就是创造了现代性文明。现代性文明首先表现为物质文明、工业文明。"资产阶级在它的不到一百年的阶级统治中所创造的生产力，比过去一切世代创造的全部生产力还要多，还要大。"[②]资本为了获得相对剩余价值，将自然科学、技术、管理广泛应用到生产过程中，不断推动资本主义生产方式从简单协作、工场手工业到机器大工业的发展。西方工业化是根源于以资本为核心的生产，而不是与此无关的现代性制度性维度[③]。除了工业化外，资本现代性的另一个基础就是高度发达的商品经济即市场经济。以资本为核心的生产根本特征之一就是：资本所进行的是高度发展的商品生产[④]。当然，现代性文明还包括其他方面，比如，自由民主制度、法治体系、自由、民主、平等、人权等观念。

（五）资本现代性的矛盾。马克思披露了资本现代性带来的一系列"现代性危机"，大致说来，它表现为四个层面。（1）自然的异化。资本的到来，消除了自然的神秘化，破除人类对自然的崇拜，资本的"效用原则"，使得自然界只是成为资本的"有用体系"。资本的"增殖原则"使得资本对自然界的控制、利用、开发乃至破坏是无止境的。现代社会严重的生态危机的根源在资本逻辑[⑤]。（2）社会的分化。资本现代性模式是建立在资本剥削劳动的基础上的，它必然会带来"资本积累"与"贫困积累"的两极，导致严重的社会分化和阶级对抗。（3）全球冲突。资本的全球扩张，必然

① 《马克思恩格斯文集》第二卷，人民出版社，2009，第36页。

② 《马克思恩格斯文集》第二卷，人民出版社，2009，第36页。

③ 安东尼·吉登斯：《现代性的后果》，田禾译，译林出版社，2011，第49页。

④ 参见《马克思恩格斯文集》第七卷，人民出版社，2009，第995—996页。

⑤ 关于资本的"效用原则"和"增殖原则"，参见陈学明：《资本逻辑与生态危机》，《中国社会科学》2012年第11期。

将资本与劳动的矛盾与对抗带向整个世界，其显著表现就是殖民主义和帝国主义的侵略、剥削与压迫。全球冲突不仅表现在发达国家与发展中国家、西方与东方之间，而且也表现在西方发达国家之间。后者的实质是大资本与小资本的冲突，是“市民社会原则”（“一切人反对一切人的战争”）的国际版本。（4）人的物化。资本重构了人的生存样式和精神世界。在资本统治的世界，人们追求对物的占有，把获取物质财富当作人生的唯一或根本目的，人的自身能力、自由个性和精神生活被忽视了，当然在资本逻辑支配下，也很难得到发展，人的发展实际上变成了物性化、片面化的发展。

（六）资本现代性的历史趋势。资本不是“生产力发展的绝对形式”，价值增殖的本性最终使得资本成为生产力的桎梏，它有其无法克服的界限①。资本现代性的历史命运必然是被覆灭。马克思在《共产党宣言》（“两个必然”）和《资本论》（“丧钟就要响了”“剥夺者就要被剥夺了”）等著作中先行进行了“理论上的审判”。当然，资本现代性的灭亡不是对现代性文明的否定，而是在继承现代性文明的“物质内容”的基础上，改变现代性的“社会形式”，以资本为核心的社会关系过于狭隘，窒息了社会发展和人的发展。扬弃资本逻辑和资本现代性的，是新的文明形态，即共产主义社会。它克服了资本现代性条件下的资本奴役和社会异化。“代替那存在着阶级和阶级对立的资产阶级旧社会的，将是这样一个联合体，在那里，每个人的自由发展是一切人的自由发展的条件。”②

马克思描述了西方资本主义现代化的客观进程，揭示了资本现代性社会的经济运动规律，并对资本现代性悖论展开激烈批判。但是，这里问题的关键是：后发国家要实现现代化，是否必然要走西方资本主义的道路？资本现代性是否构成了现代性的唯一逻辑？

---

① （1）必要劳动是活劳动能力交换价值的界限；（2）剩余价值是剩余劳动和生产力发展的界限；（3）货币是生产的界限；（4）使用价值的生产受交换价值的限制。资本内在界限的核心是生产过剩、消费不足。具体参见《马克思恩格斯文集》第八卷，人民出版社，2009，第96—97页。

② 《马克思恩格斯文集》第二卷，人民出版社，2009，第53页。

二、超越资本现代性逻辑是否可能？

尽管马克思系统论述了西方资本现代性逻辑及其历史进程，但是，他同时又是率先思考反题的：超越资本现代性逻辑，或者说不同于西方资本主义现代性的现代化道路是否可能？有学者将其提炼为“马克思之问”[①]。我们从理论和实践两个层面加以分析。

（一）理论的反思。西方资本现代性逻辑是不是具有历史的必然性？所有民族、国家都要经历资本所开辟的历史进程吗？在19世纪70年代之前，马克思基本是持肯定态度的，我们可以简单地找些例证。马克思在《共产党宣言》揭示了资本全球化的必然后果：“资产阶级……把一切民族甚至最野蛮的民族都卷到文明中来了……它迫使一切民族——如果它们不想灭亡的话——采用资产阶级的生产方式；它迫使它们在自己那里推行所谓的文明，即变成资产者。一句话，它按照自己的面貌为自己创造出一个世界。”[②]一切民族都被纳入到资本主义文明体系当中。在《资本论》第一版序言中，马克思更是把西方资本现代性逻辑表述为“铁的必然性”：“问题在于这些规律本身，在于这些以铁的必然性发生作用并且正在实现的趋势。工业较发达的国家向工业较不发达的国家所显示的，只是后者未来的景象。”[③]这段话后来也成为经典现代化论者主张“现代化=西方化”的“有力证据”。19世纪50年代，在关于印度等东方社会的评论中，马克思尽管从道德评价的角度对英国的殖民统治进行了猛烈谴责，但是从历史评价的角度看，它“毕竟是充当了历史的不自觉的工具”[④]，推动了东方社会的文明进程。

19世纪70年代中期之后，马克思深化了对东方社会的研究，也对以往关于西方资本主义现代化及资本全球化等理论进一步反思。1877年，在给《祖国纪事》杂志编辑部的信里，马克思明确地将资本现代性逻辑限制在西欧国家，《资本论》关于西欧资本主义起源的历史概述以及资本现代化道路

---

① 任平：《论唯物史观的中国逻辑及其世界意义》，《哲学研究》2019年第8期。
② 《马克思恩格斯文集》第二卷，人民出版社，2009，第35—36页。
③ 《马克思恩格斯文集》第五卷，人民出版社，2009，第8页。
④ 《马克思恩格斯文集》第二卷，人民出版社，2009，第683页。

阐释并不是“一般发展道路的历史哲学理论”。1881年，在那封给查苏利奇的著名信件中，马克思又进一步明确了资本现代性逻辑的“历史必然性”的“边界”问题。俄国公社由于它和资本主义生产是同时存在的东西，由此它“有可能不通过资本主义制度的卡夫丁峡谷，而占有资本主义制度所创造的一切积极的成果”[①]。但是，在正式的回信中，关于俄国未来发展道路到底是什么？马克思的回答是极其谨慎的，给了一个看似“和稀泥”的答复：“在《资本论》中所作的分析，既没有提供肯定俄国农村公社有生命力的论据，也没有提供否定农村公社有生命力的论据，但是，我根据自己找到的原始材料对此进行的专门研究使我深信：这种农村公社是俄国社会新生的支点；可是要使它能发挥这种作用，首先必须排除从各方面向它袭来的破坏性影响，然后保证它具备自然发展的正常条件。”[②]1882年，马克思在《共产党宣言》俄文版序言中指出：“假如俄国革命将成为西方无产阶级革命的信号而双方互相补充的话，那么现今的俄国土地公有制便能成为共产主义发展的起点。”[③]

因此，资本现代性逻辑的适用范围和东方社会发展道路是同一个问题的不同侧面。我们应当将马克思的资本现代性理论与东方社会理论结合起来加以思考。不得不承认，马克思晚年对以往的理论进行了反思。超越资本现代性逻辑的现代化道路是否存在？不经历西方资本主义历史阶段，跨越卡夫丁峡谷是否可能？尽管在给查苏利奇的复信中，马克思也没有给出明确的回答，但是从不断修改的稿子中，我们可以确认马克思的重要观点：超越资本现代性逻辑，跨越资本主义制度的卡夫丁峡谷是有“理论上的可能性”的。东方社会完全有可能“不经受资本主义生产的可怕的波折”，而直接过渡到社会主义社会。也许会有一些反驳的理由：既然每个民族、国家都有自己的特殊道路，并且天然是合理正当的，任何民族、国家都可以不经历（即跨越）资本主义制度，那么，这就彻底否定了马克思所揭示的人类社会发展的普遍规律（核心是五形态论）。其实，这一观点是站不住脚的，它只是从抽

---

① 《马克思恩格斯文集》第三卷，人民出版社，2009，第578页。
② 《马克思恩格斯文集》第二卷，人民出版社，2009，第590页。
③ 《马克思恩格斯文集》第二卷，人民出版社，2009，第8页。

象的“特殊性”看待超越资本主义发展阶段问题。马克思晚年所思索的超越资本现代性绝不是建立在抽象空洞的“特殊性”之上的，它依然是建立在人类社会发展的普遍规律基础之上的。人类历史发展的普遍规律体现在两个层面：一是诸多的特殊性当中，二是诸多特殊性之间的关联性之中。只有具体地揭示了这种关联性，才能认识到马克思关于历史的普遍性与特殊性关系思想的真谛[①]。马克思从生产力与生产关系的辩证关系出发，揭示出五形态论是人类社会发展的普遍规律。但是，这一规律是立足于全世界范围的，而不是就每一个国家或民族的范围而言的，也就是说，并不意味着每个国家或民族都依次经历五种社会形态，而不能跨越其中的一个或多个社会形态。当然，某个国家或民族的“跨越”是有条件的，它是以世界范围内普遍经历了特定社会形态为前提的。比如，某一落后的东方国家（如，社会主义中国）跨越了“资本主义制度的卡夫丁峡谷”，但并不能否认资本主义历史阶段存在的客观合理性。恰恰相反，这种“局部的跨越”是以“整体的不可跨越”为前提的。说得更明确些，某个国家不经历资本主义发展阶段，恰恰是以世界资本主义的普遍存在为前提的，因为只有这样，它才能占有后者的一切积极成果。这种既跨越了资本主义，又要占有后者的积极成果，体现的就是关联性。我们从这个关联性中，才能理解一些后发国家超越资本现代性逻辑，并不否认人类社会发展的客观规律，恰恰是它的具体表现。

（二）实践的探索。马克思晚年的思考只是揭示了，超越资本现代性逻辑具有可能性，但是可能性不等于现实性，前者能否转化为后者，一切都取决于特定的历史环境。能否超越资本现代性逻辑，不仅是一个理论问题，更是一个实践问题。对于近代以来的中国发展道路而言，首先要回答的，不是能不能超越资本现代性逻辑，而是能不能走资本主义现代化道路。在当时的主客观条件下，中国不可能走上资本主义现代化道路。我们可以从两个角度稍作说明。一是“走不通”。就外部条件看，西方帝国主义、殖民主义（资本的全球霸权）对中国的剥削与统治，使得资本主义不可能在中国得到自由发展。就内部条件看，中国民族资产阶级有自身的软弱性，无法担负起建立

① 参见谌中和：《马克思晚年学术转向的思想史意义》，《中国社会科学》2016年第5期。

独立的民族国家之历史任务。“在近代中国面前摆着两个问题：一、如何摆脱帝国主义的统治和压迫，成为一个独立的国家；二、如何使中国近代化（即现代化——引者注）。”[①]民族独立与现代化，孰先孰后？当然是前者。近代中国最主要的矛盾是中华民族与帝国主义的矛盾。中国民族资产阶级天生的软弱性、买办性，使得它不可能彻底地反对帝国主义，摆脱国际资本依附，实现民族独立。二是“走不好”。即便在中国实行资本主义制度，进而推进现代化，也不过是帝国主义所允许范围内的现代化，而非独立自主的现代化。此外，一系列资本主义救国方案在历史舞台上纷纷破产，进一步宣告中国只能走非资本主义的现代化道路。五四运动以后，中国工人阶级登上历史舞台，无产阶级政党掌握了资产阶级民主革命领导权。十月革命后，中国革命成为世界无产阶级革命的一部分。总之，中国当时的历史条件决定中国革命未来前途只能是新民主主义—社会主义定向的道路，而非资本主义道路。1949年，中国共产党取得全国政权的胜利，中国发展道路经新民主主义社会进入社会主义社会，成为真正的实践。1956年，中国完成社会主义改造，建立了社会主义基本制度，实现了社会形态的变革，真正实现了马克思所设想的“跨越资本主义制度的卡夫丁峡谷”。

中国实现社会形态的跨越只是超越资本现代性逻辑的第一步[②]。第二步则是社会主义条件下的现代化实践。十月革命之后，列宁率先将“马克思之问”转化为实践探索的问题。针对俄国的一些“唯生产力”论者的质疑，列宁强调：“我们为什么不能首先用革命手段取得达到这个一定水平的前提，然后在工农政权和苏维埃制度的基础上赶上别国人民呢？”[③]列宁领导下的苏俄现代化道路可以“用与西欧其他一切国家不同的方法来创造发展文明”[④]。苏俄现代化道路与西方资本主义道路不同，但它要对资本主义文明进行全面的吸纳。列宁的“两个公式”集中体现了这一思想。“苏维埃政权+普鲁士的铁路秩序+美国的技术和托拉斯组织+美国的国民教育等等等等++=总和=社会

① 胡绳：《马克思主义与改革开放》，中国社会科学出版社，2000，第43页。

② 参见吴波：《社会形态与现代化双重视野中的中国道路》，《马克思主义研究》2009年第7期。

③ 《列宁选集》第四卷，人民出版社，2012，第777页。

④ 《列宁选集》第四卷，人民出版社，2012，第777页。

主义”[①]，“共产主义就是苏维埃政权加全国电气化”[②]。但是，列宁的一系列发展思路并没有很好地坚持下去，社会主义现代化建设后来不断僵化，最终定于苏联模式一尊，它也对中国社会主义现代化建设产生了重大影响。实际上，从1953年起，中国已经开始探索社会主义条件下的现代化建设问题，在社会主义改造时期，我们实现的是“工业化”与“社会主义化”并举。从1956年起，我们开启了社会主义现代化征程，超越资本现代性逻辑的第二步变成了实实在在的实践过程。在社会主义条件下，实现什么样的现代性以及如何实现现代性？首先要看中国国情。社会主义现代化是在比俄国更加落后的东方大国中国展开的。中国现代化从一开始就面临着两种强烈意识。一是强烈的“赶超意识”。中国现代化目标是明确的，就是赶超西方发达国家，这决定了中国现代性模式必然是以工业化为核心的赶超型模式。二是强烈的“独立自主意识”。独立自主不仅是一个政治概念，也是一个经济概念。民族独立解决之后，随着现代化建设进程的开启，我们面临着国家发展道路的自主选择的问题。如何摆脱强大的国际资本的依附，避免成为发达资本主义国家的附属，始终是当时现代化战略选择不得不思考的问题。此外，再加上传统社会主义观念和苏联模式的影响，中国社会主义现代性模式逐步形成并定型，即“工业化+公有制+计划经济+国家政权+独立自主+……”。可以看出，它的本质是苏联模式。中国社会主义现代性模式具有强烈的反资本主义的特征，其可以归结为“反资本的现代性模式”[③]。在经济上，彻底否定私有制，主张单一公有制；批判资本、市场经济，主张建立高度集权的计划经济体制；在分配上，主张“破除资产阶级法权”，逐步取消工资制，恢复供给制。在政治上，强化国家政权的作用，完全依靠行政权力配置资源，政治权力带有“全能主义”的性质，渗透到整个社会领域。在思想文化上，批判个人主义、自私自利等资产阶级思想和价值观，强调“精神鼓励”，淡化甚至否定“个人物质刺激”。在对外关系上，它与资本主义“脱轨”，封闭于资本全球

① 《列宁全集》第三十四卷，人民出版社，2017，第520页。
② 《列宁专题文集·论社会主义》，人民出版社，2009，第181页。
③ 有学者概括为“反资本主义现代性的现代性理论”。参见汪晖：《去政治化的政治：短20世纪的终结与90年代》，生活·读书·新知三联书店，2008，第65页。

化之外。除了抽象否定资本逻辑（以及资本逻辑背后的市场经济逻辑），“反资本的现代性模式”的另一个特征就是国家权力的极大化。“反资本的现代性模式”的确不同于资本现代性逻辑，但是它根本无法超越资本现代性逻辑，并没有开辟一条成功的社会主义现代性道路①。

改革开放前30年，超越资本现代性逻辑的第二步并没有真正成功。1978年至今，我们逐步形成了中国特色社会主义道路，它的显著特征是改革开放，改革的核心就是实现从计划经济到社会主义市场经济的转型；开放的关键就是融入到资本全球化过程中去。中国道路一方面承认和利用“资本的文明面”；另一方面防控和驾驭资本以服务于社会主义和人的发展。中国道路以一种“扬弃”的方式，超越了资本现代性逻辑，形成了一条成功的社会主义现代性道路。

三、中国道路：驾驭资本的现代性逻辑

从资本的角度看，西方经典现代性模式无批判地肯定资本，形成了资本现代性模式；苏联模式主张彻底消灭资本，形成了反资本现代性模式。那么，中国道路如何对待资本呢?

（一）驾驭资本。这需要先行解释中国道路的目标导向或规范基础。中国道路本质是社会主义现代化。中国要追求什么样的现代性目标?社会主义本质规定了这一点。马克思指出未来社会的基本性质：“在保证社会劳动生产力极高度发展的同时又保证每个生产者个人最全面的发展的这样一种经济形态。”②邓小平明确提出了社会主义本质：“社会主义的本质，是解放生产力，发展生产力，消灭剥削，消除两极分化，最终达到共同富裕。”③它包括了生产力标准和人的发展标准。生产力标准决定了中国道路必然需要利用和引导资本；人的发展标准又必然要求中国道路防范和规制资本。驾驭资本指

① 衡量社会主义现代性，不能用社会主义制度的一系列规范要素（比如，生产资料公有化程度），而是有一系列客观指标的。参见吉尔伯特·罗兹曼主编《中国的现代化》，国家社会科学基金“比较现代化”课题组译，江苏人民出版社，2003，第12页。

② 《马克思恩格斯文集》第三卷，人民出版社，2009，第466页。

③ 《邓小平文选》第三卷，人民出版社，1993，第373页。

运用各种力量使资本运行以及资本逻辑的相关展开服从社会主义和人的发展，它包括了利用和引导资本、防范和规制资本两个维度[①]。驾驭资本的实质就是要发挥资本的正面作用，规避或尽可能降低资本所带来的负面效应。

第一，中国道路是一条利用资本（以及以资本为核心的市场经济）以解放和发展社会生产力之路。中国道路的历史方位是社会主义初级阶段，它尽管实现了社会形态的跨越，但并不意味着“生产力的跨越”“现代化的跨越”，它仍然属于马克思所揭示的第二形态，其基本特征就是市场经济，核心就是资本。“家长制的，古代的（以及封建的）状态随着商业、奢侈、货币、交换价值的发展而没落下去，现代社会则随着这些东西同步发展起来。”[②]现代性社会基本逻辑就是以资本为核心的市场经济，当然它不仅仅指资本主义社会，也包括跨越了资本主义制度的当代中国，两者都需要“随着商业、奢侈、货币、交换价值的发展”而发展。现代性文明的表现就是“以物的依赖性为基础的人的独立性”。现代性文明的本质是物的依赖性，也就是资本的支配原则，它带来了“普遍的社会物质变换、全面的关系、多方面的需要以及全面的能力的体系”[③]。现代性社会无法摆脱“物”的逻辑，因为人的发展需要通过“物”的逻辑来实现。正如前文所述，资本是生产的主体，是推动生产力发展的强大动力，也是配置资源最有效的方式。中国道路成功开辟就在于破除了反资本的苏联模式，不断承认、利用和引导资本。在意识形态层面，中国道路不断将资本、市场经济、商品交换等从“资本主义意识形态库”中剥离出来，将它们中性化、工具化。在制度层面，中国道路不断改革单一的公有制，承认非公有制的合法性；建立社会主义市场经济体制，最终确认市场在资源配置中的决定性作用；主张资本必须参与分配，建立按生产要素分配的制度保障。在实践层面，总体来说，就是培育和发展国内民间资本，充分引进国际资本。

第二，中国道路是一条规制和驾驭资本（以及以资本为核心的市场经

---

① 狭义的或一般语境的“驾驭资本”单指第二个方面。实际上，利用和引导资本也是驾驭资本的一种表现。

② 《马克思恩格斯文集》第八卷，人民出版社，2009，第52页。

③ 《马克思恩格斯文集》第八卷，人民出版社，2009，第52页。

济）以服务于人民共同富裕和社会主义发展之路。资本的本性是狭隘的，它建立在对劳动的剥削和压迫的基础之上，不断追求利润最大化。资本的发展是建立在工人的贫困基础上的，以资本为核心的生产“是和构成整个这一发展基础的那一部分人口相对立的”[①]。以资本为最高原则的社会无法从根本上解决共同富裕和社会和谐等问题。作为超越资本现代性逻辑的社会主义现代性道路，中国道路必然在理论上对资本持批判态度。当然，这种批判决不是抽象否定，而是“澄清前提、划定界限”。所谓“澄清前提”，就是要回答中国道路以什么作为社会发展的最高原则。社会主义与资本主义的区别不在于有没有资本、市场经济，而在于以什么为解决社会问题的最高原则。以资本为本的是资本主义，以社会为本、以人为本的是社会主义。中国道路承认资本，是经济上的承认，决不是整个社会生活意义上的承认。所谓“划定界限”，就是要明确资本运行、资本逻辑作用的范围和界限。资本的界限简单说来有两个方面。一是“效果界限”。驾驭资本就是引导其发挥正向效果，这个“效果界限”就是“三个有利于”：“是否有利于发展社会主义社会的生产力，是否有利于增强社会主义国家的综合国力，是否有利于提高人民的生活水平。”[②]二是“范围界限”。“资本是资产阶级社会的支配一切的经济权力。”[③]资本为了维护自己的经济权力和实现自我增殖，必然尽一切可能使自身转化为其他权力形态，尤其是政治权力。中国道路要运用各种力量把资本力量、资本逻辑限定在经济领域内，防止资本向政治、社会、精神等领域的渗透与入侵，防止资本逻辑的过度滥用，使资本在国家意志、法治和道德等基础上运行。

第三，中国道路是一条运用以国家权力为主导的社会主义力量驾驭资本的现代化之路。社会主义力量包括了社会主义公有制、国家政权、马克思主义意识形态以及人民群众等。在市场经济条件下，最关键的还是国家权力。在现代化进程中，国家权力承担的决不是“守夜人”的角色。在西方资本原始积累和殖民扩张过程中，资本从一开始就“利用国家权力，也就是利用集

---

① 《马克思恩格斯全集》第三十五卷，人民出版社，2013，第235页。

② 《邓小平文选》第三卷，人民出版社，1993，第372页。

③ 《马克思恩格斯文集》第八卷，人民出版社，2009，第31—32页。

中的、有组织的社会暴力，来大力促进从封建生产方式向资本主义生产方式的转化过程，缩短时间”[①]。国家权力是资本的“拐杖”[②]，在西方资本主义的不同历史阶段[③]，资本与这个“拐杖”的关系是不同的。当资本在起步阶段或力量薄弱的时候，它寻求国家权力的庇护；当资本发展起来、建立自己的生产方式的时候，它开始限制国家权力；当资本积累过于集中、自身成为发展的限制的时候，它又会完全支配和控制国家权力，把国家当作它的避难所。但不管如何演变，西方国家权力的存在形态和作用方式完全决定于资本，国家权力服务资本意志。国家是站在资本的立场上，还是站在人民的立场上，它决定了资本现代性与社会主义现代性的根本差别。在市场经济条件下，尤其资本全球化的条件下，任何一个个体都无法有效地与资本抗衡，只有依靠国家（真正的人民国家），才能驾驭资本，使资本服务于人的发展与社会的发展。“在市场经济条件下，维护资本利益还是维护人民利益的斗争必然集中表现为争夺国家权力的斗争。”[④]中国道路要实现人民共同富裕，必须用国家权力驾驭资本。否则，驾驭资本就是一句空话。这里特别需要强调的是，对国家权力驾驭资本的方式不能理解偏了，不能阐释为用低于现代文明的、前资本主义的方式驾驭资本。从传统的“人的权力”到“物的权力”、从传统的“政治权力”到“经济权力”“资本权力”，这本身就是历史的进步，是现代化的重要特征。与此相反，“如果从物那里夺去这种社会权力，那么你们就必然赋予人以支配人的这种权力”[⑤]。用国家权力驾驭资本决不是倒退到传统社会，用“人的权力”（人与人的依附关系）、“政治权力”驾驭资本。驾驭资本，是以一种高于而不是低于资本文明的方式进行的[⑥]。从

---

① 《马克思恩格斯文集》第五卷，人民出版社，2009，第861页。

② “拐杖”的说法来自马克思。参见《马克思恩格斯文集》第八卷，人民出版社，2009，第180页。

③ 关于资本与国家权力关系的变迁，参见武海宝：《资本与国家关系演变的历史逻辑》，《马克思主义研究》2017年第9期。

④ 孙承叔：《中国道路与马克思主义哲学研究重心的第二次转向》，《马克思主义与现实》2014年第1期。

⑤ 《马克思恩格斯文集》第八卷，人民出版社，2009，第52页。

⑥ 恩格斯在《〈论俄国的社会问题〉跋》中强调：“较低的经济发展阶段解决只有高得多的发展阶段才产生了的和才能产生的问题和冲突，这在历史上是不可能的。”参见《马克思恩格斯文集》第四卷，人民出版社，2009，第458页。

中国道路的实践逻辑看，国家权力要在法治轨道和理性原则下驾驭资本，公权力决不能随意地控制或侵犯私权；国家权力驾驭资本主要是在宏观层面，要杜绝其对微观领域的资本的干预或控制。此外，国家权力也要解决自我净化的问题，用人民力量以及其他力量规范和制约国家权力，保证其人民性。总体说来，中国道路既要充分发挥资本的积极作用，又要通过国家权力驾驭资本；既要发挥国家权力驾驭资本的作用，又要确保国家权力的人民性。

（二）中国道路的现代性逻辑。作为一种驾驭资本的现代性，中国道路超越了西方资本现代性模式，我们至少可以从以下五个方面加以窥视。

第一，从发展理念看，中国道路超越了以资本为主导的发展逻辑，确立了以人民为中心的发展逻辑。资本增殖逻辑构成了资本主义生产的主导逻辑、根本目标。中国道路超越了资本主导劳动的逻辑，坚持劳动主体论，确立了以人民为中心，把解决人民日益增长的美好生活需要与不平衡不充分的发展之间的矛盾，作为现代性发展的主线。以人为本、以人民为中心（而非以资本为本）构成了处理发展过程中一系列矛盾的最高原则。

第二，从现代化的动力及作用模式看，中国道路超越了单一的资本驱动模式，构建了资本—国家—劳动（人民）的三元主体相协调的驱动模式。西方现代化本质是资本主导驱动的模式，用资本逻辑统摄生产和社会生活逻辑的作用模式，推动社会发展。作为后发型现代化，中国道路突出了国家权力在现代化开启阶段的动力作用。在现代化的诸多力量作用机制上，国家权力不仅起着“动力机制”的角色，它和劳动力量（作为实践主体和价值主体的人民群众）还必须起着像波兰尼所说的“反向运动”[①]的作用，也就是对资本、市场经济不断扩张而起着平衡和牵引作用。中国道路超越了“大市场—小政府”的模式，构建起“有效市场—有为政府”新模式。

第三，从现代性的社会维度看，中国道路超越了西方两极化的社会对抗的现代性模式，建立了社会平等和共同富裕的社会和谐模式。在资本主导的现代性下，市场经济必然会带来贫富分化。皮凯蒂在《21世纪资本论》中，

---

① 卡尔·波兰尼：《大转型：我们时代的政治与经济起源》，冯钢、刘阳译，浙江人民出版社，2007，第112页。

通过阐述资本的回报率总是高于工资的增长率，证明了贫富分化在当代的客观趋势。此外，社会撕裂、阶级冲突与贫富分化相伴而行。不同于资本主义生产，未来社会的“生产将以所有的人富裕为目的”[①]。中国道路坚持了以劳动者为本、实现共同富裕的生产逻辑。中国道路运用国家权力驾驭资本，国家权力是资本—劳动之间的重要平衡力量，国家权力（以及意识形态等力量）可以引导剩余价值的分配与使用，使得剩余价值以民生建设等公共利益形式回归劳动者自身，实现人的发展。中国道路还可以运用体现政府意志的经济力量的公有资本，来确保社会主义现代性的生产逻辑。

第四，从现代性的“品性”角度看，中国道路超越了西方对内掠夺、对外殖民的扩张之路，开启了和平发展的大国崛起之路。西方资本现代性的“品性”本质上是暴力的、反和平的，它建立在“霸权逻辑”基础上，主要表现在：一是资本对劳动、资本家对工人阶级的剥削与压迫；二是西方国家对落后国家和地区的殖民与掠夺；三是大国之间的冲突与斗争。中国道路的“品性”是和平主义的。中国奇迹背后的逻辑是中国共产党的正确领导和人民群众的艰苦奋斗，而非西方式的掠夺与殖民。中国道路不仅在起步阶段，而且在成熟与发展阶段都是和平主义的。中国道路超越了“国强必霸”逻辑，为民族国家的和平崛起、为维护世界和平提供了中国方案。近些年，我们倡导的“不冲突、不对抗、相互尊重、合作共赢”的新型大国关系、构建人类命运共同体无不证明了这一点。

第五，中国道路超越了“发展—依附”“贫困—独立”的抽象二元论，开创了“发展—独立”型的现代化之路。长期以来，现代性一直为西方资本主义国家所垄断，“资本主义就是现代性的代名词”。落后国家或发展中国家只能做“两难选择”：一是走西方道路实现现代化，在国际资本和发达国家主导的“中心—边缘”体系中实现“依附性发展”；二是与资本全球化和国际资本主义体系完全脱钩，实现封闭性的、低层次的发展。中国道路的成功打破了这一困境：一方面，中国道路是一条不同于西方现代性的社会主义现代性之路，它谱写了现代化的中国奇迹，说明了“存在多种通往现代性的不

---

① 《马克思恩格斯文集》第八卷，人民出版社，2009，第200页。

同路线”[①]；另一方面，中国道路摆脱了国际资本主义的依附，是一条独立自主的现代化道路。当代中国不仅避免了成为发达国家的附属，而且实现了自身从世界边缘到世界舞台中央的“力量转移”。“中国现代性的出现，很快剥离了西方国家的中心位置，并使其处于相对弱势的境地。”[②]因此，完全可以说，中国道路“拓展了发展中国家走向现代化的途径，给世界上那些既希望加快发展又希望保持自身独立性的国家和民族提供了全新选择，为解决人类问题贡献了中国智慧和中国方案”[③]。

四、简单的结语

综上，中国道路是一条超越了资本现代性逻辑的社会主义现代性道路。其一，资本现代性逻辑是有空间边界的，不是适用一切的。其二，中国社会形态跨越是超越资本现代性逻辑的前提，它为中国现代化奠定了制度基础。其三，以彻底否定资本为基本特征的现代性模式无法实现社会主义与现代化的真正结合。其四，改革开放以来的中国道路坚持驾驭资本，成功开辟了社会主义现代性道路。中国道路超越了西方现代性模式，不仅拓展了发展中国家走向现代化的途径，而且也开启了一种新现代性文明类型的可能性。

---

① 艾伯特·马蒂内利：《全球现代化：重思现代性事业》，李国武译，商务印书馆，2010，第122页。

② 马丁·雅克：《当中国统治世界：中国的崛起和西方世界的衰落》，张莉、刘曲译，中信出版社，2010，第118页。

③ 《党的十九大报告辅导读本》，人民出版社，2017，第10—11页。

现代性反思视角下的中国道路

王海滨（中央党校马克思主义学院副教授）

本文摘自《文史哲》2020年第3期

在全球化时代追求实现现代化的相对落后国家，面临追赶和反思的双重任务。今天的中国正在中国特色社会主义道路上实现现代化和民族复兴，既享受着现代化的积极成果，也遭遇了现代化的负效应。作为现代化的本质根据和理论表达，现代性本身就带有反思的可能性和必要性。坚定走现代性的文明大道，既坚守本民族的主体性和独特性又不排斥世界主流文明，并在深入反思和批判现代性实践中已然显示出的负效应之基础上，尽力摒弃可以避免的发展代价，既不以中西为沟壑也不以古今为壁垒，是后发国家自觉建构新文明形态的应然之路。

一、现代性道路的一元化还是多线论

现代性道路的多样性及其在理论上呈现出的多线论，是我们从学理上谈论中国道路的逻辑前提。目前关于中国道路问题的有关研究，过多集中在“从中国道路看世界”，缺少前提性地反思中国道路与世界现代化的关系。换一个维度，“从世界现代化历程看中国”自然要涉及现代性道路是否具有多样性的问题。现代性的道路如果是“一”，那就无所谓“中国道路”。当然，无论基于经验观察还是理论分析，现代性道路都是“多”而不可能唯“一”。

在起源上，西欧启蒙运动和工业革命奠定的思想基础和物质基石，使现代性从一起步就自然附上了西方属性和西方特色。基于此，西方中心主义者形成一种意识形态霸权，宣称西方现代化道路是人类现代性的最优选择甚至是唯一可能，代表了值得所有国家模仿的发展模式，并且具备无条件对外扩散的道义优先性，而任何企图在西方现代性模式之外去探索新的发展道路，就是对启蒙遗产的背离、对现代化道路的挑战、对现代性基本原则和基本精神的离经叛道。

照此逻辑，人类社会历史发展只能无条件、无差别地延续西方现代性的基本方案，甚至殖民主义的扩张也成为历史本身绝对的道德律令。

然而，基于历史经验和实践观察，世界现代化历程在巨大的共性中也呈现出显著的差异性。有学者曾依据长期研究进行了这样的概括：世界现代化首先表现出巨大的共性，即相似性，是共性使“世界现代化”得以成立。但现代化在世界各地又有不同——道路不同，经历不同，模式不同，表现方式不同，成功与失败不同，经验与教训不同——这些都是现代化的特殊性。特殊性在不同国家和地区都可能表现，由于其文化背景不同，历史传统不同，置身于其中的当事人不同，时代与社会环境各不相同，主观与客观的因素相互交织，就演绎了世界现代化的多种途径，也就是人们所说的不同“模式”[①]。回顾近代以来的世界历史，人类的现代化实践丰富多彩，各国现代化也走过了形形色色的道路。有学者按经济形态归纳了现代化的三大发展类型，即资本主义类型、社会主义类型、混合类型，并提出每一类型都有多种发展模式，没有哪两个国家的发展进程是完全相同的，而趋于成熟状态的资本主义发展模式正日趋多样化[②]。历史传统、地理环境、生产方式、文化禀赋、民族基因、历史境遇和现实条件的不同，自然会造成思想认识和制度道路设计上的差异。比如同样坚持三权分立的原则和精神，但英法德美之间在具体制度设计、运行机制和实际程序上的差异就甚为明显。可以说，表面似乎一致的西方现代性，内部充满差异性和矛盾性。卡林内斯库曾用“两种现代性”反对“铁板一块”的现代性：“有两种彼此冲突却又相互依存的现代性——一种从社会上讲是进步的、理性的、竞争的、技术的；另一种从文化上讲是批判与自我批判的，它致力于对前一种现代性的基本价值观念进行非神秘化。”[③]西方学者从各种维度对现代性进行着不断的反思，尤其是后现代主义者从诸多深层次问题上反思了所谓现代性的统一性和一元化。

从理论探讨来看，多元现代性引起越来越多的关注。2000年美国文理科学院院刊《代达罗斯》曾出版探讨多元现代性问题的专辑。诸多研究现代性

---

① 钱乘旦主编《世界现代化历程·总论卷》，江苏人民出版社，2012，第3页。

② 罗荣渠：《现代化新论——世界与中国的现代化进程》，商务印书馆，2004，第163—164页。

③ 马泰·卡林内斯库：《现代性的五副面孔》，顾爱彬、李瑞华译，商务印书馆，2002，第284页。

问题的著名学者，如S.N.艾森斯塔特、威特洛克、杜维明等，针对普遍存在的尊崇西方式现代性的观点深入探讨了多元现代性的可能性。其中，艾森斯塔特的观点具有一定的代表性，他认为："现代性的历史应当看成是多种多样的现代性文化方案和多种多样具有独特品质的制度模式不断发展和形成、建构和重新建构的过程。"①杜维明主要依据"东亚现代性"的实践而主张现代性的多元性，他提出："儒家的东亚能在不彻底西化的情况下成功地实现现代化，清楚表明现代化可以有不同的文化形式。因此可以设想，东南亚可以实现它自己的现代化，既不是西方化的也不是东亚化的……没有理由怀疑拉丁美洲、中亚、非洲以及世界各地固有的传统都有发展的潜力，从而形成自己的有别于西方的现代性。"②此外，香港《二十一世纪》杂志2001年8月号也曾辟专栏，集中讨论多元现代性问题。在这些探讨中，尽管对于何谓现代性以及现代性究竟是趋一还是多样的仍然存在诸多争论，但大多数学者倾向于反思单一的西方式现代性，主张对现代性进行开放式的探索。值得深入思考的是，西方社会科学流行的单线的社会发展理论，即把现代化看成是传统农业社会向现代工业社会的演进过程，和从"如何实现现代化"的维度探索多样性的现代性道路之间，实际上并不存在非此即彼的矛盾。

现代性的生成是历史延续性和历史开拓性的统一。在西方漫长的中世纪和中国同样漫长的专制王朝循环时代，现代性因素在缓慢地积累和发酵。近代以来，那些率先走上现代化的国家，对累积的现代性因素进行整合并不断附加上新的因素。西方国家各自传统的延续和现实的差异性环境，又使这些共性的现代性因素沾染上了特殊的色调。假如对基本实现现代化的国家进行结构性分析，英国=A+B+C+…，美国=A+D+E+…，德国=A+F+G+…，法国=A+H+I+…，那么，不能认为后现代化国家就应该走"A+B+C+D+E+F+G+H+I+…"的道路，而应该进行深入的辨别和认真的剥离，找到共性因素A③，还要进一步判断其他因素与A的关系究竟是必然的还是偶然的。A以及与之有必

① S.N.艾森斯塔特：《反思现代性》，旷新年、王爱松译，生活·读书·新知三联书店，2006，第91页。

② 转引自林聚任：《论多元现代性及其社会文化意义》，《文史哲》2008年第6期。

③ 如研究现代化的学者大都认为英国现代化经验所体现的社会再生产扩大的普遍规律，即属于这里的"A"。

然联系的因素，是后发现代化国家需要汲取和借鉴的。这里的剥离本身就是对于现代性的一种前提性反思。现代性必然有普遍性的因素，但是英法美德等基本实现现代化的国家都不可避免地具有一定特殊性。追求现代化的中国道路理应是普遍性和特殊性的统一。如果再考虑到，西方现代化是伴随着资本主义生产关系而乘风启航并破浪前进，属于典型的内生型现代化，而中国现代化是在率先走上现代化的西方国家的干预和影响下，在刺激应变中艰难起步，属于典型的后发外生型，那么中国道路的特殊性无疑会更加明显。

二、西方现代性实践溢出的负效应

审视率先走上现代化道路并能持续稳住位置的西方发达国家，它们往往也都存有这样那样的问题。从实践效应来看，现代性是把双刃剑。在现代化进程中，人类历史走出了落后封闭的农业生产状态，摆脱了封建专制统治和神学思想束缚，现代政治理念及其民主化法治化运行机制荡涤了人身依附和地缘依赖，尤其是物质文明建设成就斐然。与此同时，一系列现代性问题也不断涌现。有学者曾这样反思了现代性实践的辩证性和自反性："现代性不是拿一种目标或价值和另一种目标或价值做交易；它是一个辩证的过程，在这个过程中，那个要达到的目标或要获得的价值，在眼看着唾手可得之际，被暗中破坏了。转变成了对它自身的空洞的模仿。"①直面西方现代性实践中的负效应，反思哪些是不可避免的，哪些是可能越过的，如何绕开可以避免的发展代价，对于中国道路的发展完善具有重要的借鉴意义。系统反思西方现代性实践历程，其在文化理念、生存方式、经济逻辑和政治体制等层面均溢出了明显的负效应：

其一，"理性+主体性"的文化理念及其单向度膨胀。理性与主体性构筑了现代化的理论基石，从深层理念上推动着从传统社会向现代社会的整体转型。令人遗憾的是，过于强调手段和实证的工具理性，打破了工具与价值、

---

① 劳伦斯·E.卡洪：《现代性的困境——哲学、文化和反文化》，王志宏译，商务印书馆，2008，第294页。

手段与目的、实证与批判的辩证平衡。在“重估一切价值”和“一切都可以成为工具”的理性独断面前，人的解放和自由全面发展遭遇了技术的制约和科层制的束缚。对科技的过分依赖，导致在有了思想言论自由和法治保障的条件下，人们依然没有公开运用自己理性的意愿和勇气。韦伯在20世纪初就依据对工具理性膨胀的反思而对现代性的前景作出悲观性预测：“专家没有灵魂，纵欲者没有心肝；这个废物幻想着它自己已达到了前所未有的文明程度。”[①]伽达默尔也深刻地指出了科技对人的发展的制约：“我们的时代受日益增长着的社会合理化以及主宰这一合理化的科学技术的制约”[②]。雅斯贝斯则从个性丧失的维度揭示了技术统治的后果，他认为：“作为技术统治的牺牲品，它黯然无光或杂色纷呈，人在其中已不再能辨认出自己，他被剥夺了他的做人的个性。”[③]后现代主义者基本上承继了这一对理性的批判思路，揭示了从理性向工具理性的演化过程直至工具理性走向极端化的现象，尤其是深入批判了当知识与权力结盟时，工具理性与意识形态合谋取得“话语霸权”，使思想和行为再次受到控制的启蒙悖论。与工具理性膨胀相伴的，是主体性的凸显、个人至上原则和个人自由主义的盛行。黑格尔曾这样指认现代性的这一特征，即“主体的特殊性求获自我满足的这种法，或者这样说也一样，主观自由的法，是划分古代和近代的转折点和中心点”[④]。对主观自由的过度追求，在实践中容易导致主体与客体、人与自然、个人与社会、理性与现实的对立，其产生的具体问题受到了保守主义者、社会主义者和后现代主义者的系统批判。

其二，物化生存与精神困境。较之传统社会，现代文明最显著的特征就是物质生活的丰裕。然而，当人对物的依赖深化为膜拜，进而把人自身、他者、社会及其关系降低为物，甚至人的意识也为物化结构所钳制，最终就会产生以物为中心的生存方式，即物化生存。物化生存与欲望膨胀、感性至上

---

① 马克斯·韦伯：《新教伦理与资本主义精神》，于晓、陈维纲等译，生活·读书·新知三联书店，1987，第142—143页。

② 汉斯-格奥尔格·伽达默尔：《真理与方法——哲学诠释学的基本特征》，洪汉鼎译，上海译文出版社，1999，第5页。

③ 卡尔·雅斯贝斯：《时代的精神状况》，王德峰译，上海译文出版社，1997，第37页。

④ 黑格尔：《法哲学原理》，范扬、张企泰译，商务印书馆，1961，第145页。

原则携手并进，不可避免也陷入现代性的精神困境。如果把占有“物”作为人的生存的唯一目的，以物化生存为人的唯一生存方式，势必丧失人的地位与尊严，甚至降为物的奴隶。弗罗姆曾深刻地揭示在资本主义社会中普遍存在的重占有、轻生存的物化生存方式，他指出：现代资本主义社会“是一个完全以追求占有和利润为宗旨的社会。……绝大多数人都把以占有为目标的生存看做是一种自然的、唯一可能的生活方式”[①]。物化生存的逐利性，一方面有利于加速累积物质财富，进而推动经济社会发展和提升人们的物质生活水平；另一方面，也造成了“精神的贬值”，形成了与物质丰富对立的精神贫困，与资本力量对立的精神懈怠。按照卢卡奇的判断：“在资本主义发展过程中，物化结构越来越深入地、注定地、决定性地浸入人的意识里。”[②]社会存在决定社会意识，这种物化结构一旦渗入人的精神世界，势必滋生欲求的过度膨胀，进而导致其他精神性因素的萎缩。在当代生活中，这种欲求膨胀、精神萎靡的一个重要表现就是精神懈怠现象的出现。随之而来的就是，在现实生活世界中“物欲横流”，除了物质利益需求的满足之外，人的精神再无其他的追求了，这必然导致意义失落与价值坍塌等诸多现代性精神性问题。回首世界现代化历程，西方现代性实践主要是在物质文明层面取得了重大的成就，原本设计能够与物质文明协调共进的精神文明却萎靡不振。沉迷于对物的占有和消费的人们往往无暇顾及自己内心的真正追求，人的精神解放和自由全面发展依然任重道远。

其三，“资本主导+市场至上”的经济逻辑。马克思曾深刻揭示了内在于资本主义社会中的资本主导逻辑：“如果说以资本为基础的生产，一方面创造出普遍的产业劳动，即剩余劳动，创造价值的劳动，那么，另一方面也创造出一个普遍利用自然属性和人的属性的体系，创造出一个普遍有用性的体系，甚至科学也同一切物质的和精神的属性一样，表现为这个普遍有用性体系的体现者。由此，只有资本才创造出资产阶级社会，并创造出社会成员对

---

① 埃里希·弗罗姆：《占有还是生存——一个新社会的精神基础》，关山译，生活·读书·新知三联书店，1989，第33页。

② 卢卡奇：《历史与阶级意识》，杜章智、任立、燕宏远译，商务印书馆，1992，第156页。

自然界和社会联系本身的普遍占有。”[①]在资本逻辑主导下，经济生产不是以人而是以利润为根本目的，市场成了最重要的舞台。资本和市场在有效配置资源、激活效率和创造巨大物质财富的同时，也产生了一系列的负效应。首先，是对人的抽象统治。马克思曾在《资本论》指出：“在商品中，特别是在作为资本产品的商品中，已经包含着作为整个资本主义生产方式的特征的社会生产规定的物化和生产的物质基础的主体化。”这里的“物化”和“主体化”，深刻揭示了资本、商品和市场对人和社会关系的主宰与控制。资本与劳动的二元对立也是资本主义社会难以化解的深层次矛盾。其次，主要是市场失灵的问题。比如分配不公、贫富不均、生产过剩和资源浪费等从现象上可以观察到的市场运行结果与一般伦理判断之间的冲突问题，作为市场运行结果的垄断问题，在于市场之外的、市场运行规则无法对它们发生作用的某些社会经济关系问题，以及市场有政治上、分配上、社会化上、伦理上和生态环境上的局限等问题。最后，是消费逻辑和文化工业误导需求和生活品位的问题。在资本和市场面前，人们的需求和心理成了可以改变和操控的对象。一些企业不再局限于仅仅通过普遍的市场调查掌握大众的消费心理，而是通过铺天盖地的广告等媒介手段刺激人们的消费欲求，甚至通过制造虚假需求误导人们的消费倾向。消费者往往不是“为了使用的需要而消费”，而是“为了消费的需要而消费”。处于商业化本质与工业化生产的现代文化中的大众文化本身，也演变成了由资本逻辑与市场逻辑决定的文化工业。代替意义、规范等符号的，是愈来愈多、各式各样无意义的文化符号垃圾被制造出来并充斥在文化市场上，严重冲击着精英文化提升品位、引领时代精神的地位与功能。

其四，政治路径依赖及其他社会问题。依据国家治理的有效性和民生需求的满足等标准衡量，率先走上现代化征程的西方大国，其政治制度曾经显示了巨大的优越性。然而，一些最初的制度设计，逐渐暴露出适应性不足的问题，陷入深层历史阻滞力的体制性困境。西方现代性政治实践背负着现代化进程中累积的经济政治机制及其文化意识形态上的负担，进而持续受到不

---

① 《马克思恩格斯全集》第三十卷，人民出版社，1995，第389页。

敢触碰既有体制、难以推进深层次改革和不能摆脱路径依赖的消极影响。比如间接民主方式的局限、民主化所导致的“治理不善”、被民粹主义绑架、政党政治运行缺乏效率和活力等。在公民、社会、政党和国家的框架中，国家治理无效、政党疲软无力和公民的个人自由主义膨胀，导致整个社会在越来越多元化和多层次性的同时，也使社会整合变得日益困难进而增大了社会走向分裂和对抗甚至动荡的可能性。现代社会问题太多，以至于贝克和吉登斯将现代社会称之为“风险社会”。一些依附于发达国家或尝试照搬西方政治道路的发展中国家，更是受到了西方制度负效应及其自身转型问题的双重束缚。

三、中国道路的思想自觉及其理论前景

中国道路是延续中华优秀文化传统品格，由近代以来探索中国向何处去的先进道路逐步演进，汇流于追求以中国方式实现现代化的中国特色社会主义成果的实践表达。通过前提反思，现代性道路是“多”而不是唯“一”，我们应该更加自觉地在中华文明、现代化和中国特色社会主义的框架中探索中国道路的前景。中国一定要走向现代化，离开现代性大谈中国道路必然要偏离人类文明大道和悖逆时代潮流。与此同时，西方现代性实践中的单向度局限，不是现代性理念本身必然带来的。中国道路应自觉反思西方现代性实践中可以避免的负效应，走既充分借鉴现代性文明因素又最大限度避免现代性代价的道路。审视世界历史进程，从工业时代向后工业时代的转型初露端倪。清理以思想形态出现的学术资源，后现代主义对现代性的局限和弊端进行了系统深入的反思与批判。基于此，我们从理论上展望中国道路的前景，在反思与批判传统的以中华文明为核心的天下主义和近代以来以西方为中心的文明论之后，走向一种传统与现代的综合，物质与精神并重，党的领导下动力机制、平衡机制、优化机制相结合的新型文明形态，或许可以成为中华民族对人类未来文明的新贡献。

其一，传统与现代的综合。中国的现代化是基于中国历史寻求新的文明秩序的历史过程，是建构“历史的”“现代的”“中国的”新型文明形态的过

程。反思现代性实践的负效应，有些导因于对传统批判过多，偏离了深层的历史延续性。西方现代性理论是针对西方的社会历史和文化实践的，简单借用西方的箭来寻找中国的靶子，必然会遮蔽历史延续性视角下的中国问题。中国古代文明的巨大的连贯性和相对的自足性，使我们必然遭遇西方现代文明与本土文化土壤相关性的问题。依据现代化的转型理论、依附理论和世界体系理论，处于现代化进程中的当代中国社会面临社会转型与“时空压缩”的紧张状态。从历史上看，我国近些年来发生的大规模社会变迁是从“四个现代化”的口号开始的，不久以后被经济体制改革的话语体系代替。尔后人们逐渐认识到，经济体制改革不可能单独进行，于是就开始出现对整个社会转型（即由传统社会向现代社会的全面过渡）的关注与研究。与此同时，当代中国全面的社会转型在全球化的影响下，明显受到西方有关现代性与后现代性的争论，以及由后工业社会引发的各种“后”理论等的影响。因此，处于社会转型中的当代中国，日益陷入一种前现代、现代和后现代等因素同时共存的“时空压缩”境域。也就是说，在社会主义初级阶段，历史性变成了共时性。具体来说，就是在我国改革开放和社会主义现代化建设进程中，既出现了前现代、现代和后现代的诸种现象及其问题并存的局面，又有封建主义、资本主义、社会主义等因素并存的情况，还有“人的依赖”“物的依赖”“自由个性”并存的情景。依据这样客观的历史逻辑，我们既不能离开传统空谈现代化建设，也不能离开现代化实践妄议文明传承。反思我们的思想文化资源，马克思主义的现代性批判理论，要求现代化运动不是与资本主义而是与社会主义结合在一起，在现代化进程中追求社会主义理想；传统文化主张的道法自然、仁者爱人、以礼待人等理念，有助于平衡现代性的工具理性和利益冲突等问题；“西学东渐”以来传入的西方文化，使我们在学习西方现代文明具体运行经验的同时，保持对现代化进程之文化批判和理性监督。这三大文化资源的交流互鉴及其综合创新，为我们推进传统与现代的综合提供了丰富的文化生态和独特的文化优势。历史延续性下的中国道路，离不开现代性文明的哺育，更离不开积淀着本土化、烟火气和生活底色的历史传统。基于此，我们需要有思想自觉，建构中华民族之新时代的学术自我和思想自我，并积极探寻人类文明的新型历史形态。

其二，物质与精神并重。马克思提出的“物的世界的增值同人的世界的贬值成正比”[①]，“物质力量成为有智慧的生命，而人的生命则化为愚钝的物质力量”[②]等论断，深刻揭示了资本主义现代化对精神进步的无能为力。二十世纪四五十年代以来涌起的后现代主义思潮，对人的精神存在产生了严重的冲击，一直游荡于人类历史中的虚无主义重新粉墨登场了，并俨然成为高居一切的凯旋者。与此相对，社会主义类型的现代化方式致力于追求科学精神与人文精神并重、个人主义与整体主义的整合、义利统一、享受和奉献的结合、科技和道德的统一等，这无疑有利于物质和精神的平衡与良性互动。在资本主义现代化基本完成了宗教解放、政治解放、经济解放等成就的基础之上，社会主义式的现代化文明新形态肩负起了精神解放和精神发展的历史使命。

其三，党的领导下动力机制、平衡机制和优化机制相结合。从动力机制来看，党政主导力量、市场配置资源力量和人民主体力量等形成的合力，成为驱动中国道路前进的强大中国力量。从平衡机制来看，中国道路比较有效地平衡了效率与公平、利用资本和限制资本、经济发展和资源环境保护、利润追求和以人为本、市场经济和道义力量、个人自由和公平正义等。更重要的是，当前在党的全面领导[③]下，优化机制运行顺畅，通过推进全面深化改革，避免了体制机制的僵化和路径依赖，保持了实践及相应政策的机动性和灵活性。在一种集中统一领导的主导力量下，中国道路维持了动力、平衡和优化等三大机制的高效综合运转，使经济社会发展既拥有充沛的活力动力，又能够保持有效的稳定平衡。展望未来，若能如曾经消化吸纳佛教文化一样持续地将他者优质的现代文明因素内化为我们的文化禀赋，并把中国式的现代性贡献转化为举世公认之“好”，新型文明形态的曙光必将在世界的东方绽放光彩。

---

① 《马克思恩格斯选集》第一卷，人民出版社，2012，第51页。

② 《马克思恩格斯选集》第一卷，人民出版社，2012，第776页。

③ 党的十九大之后的宪法加入了“中国共产党领导是中国特色社会主义最本质的特征”，新党章明确了“党政军民学，东西南北中，党是领导一切的”。

后 记

70多年来，特别是改革开放以来，在中国共产党领导下，中国“走自己的路”，从本国国情出发，把人民利益放在首位，取得了举世瞩目的辉煌成就。正如习近平总书记在庆祝中国共产党成立100周年大会上指出的：“走自己的路，是党的全部理论和实践立足点，更是党百年奋斗得出的历史结论。中国特色社会主义是党和人民历经千辛万苦、付出巨大代价取得的根本成就，是实现中华民族伟大复兴的正确道路。我们坚持和发展中国特色社会主义，推动物质文明、政治文明、精神文明、社会文明、生态文明协调发展，创造了中国式现代化新道路，创造了人类文明新形态。”中国道路的成功实践，使世界约占五分之一的人口迎来了从站起来、富起来到强起来的伟大飞跃，为世界社会主义注入了强大生机活力，拓展了发展中国家走向现代化的途径。

中国道路是如何成功的？不仅我们，国际社会也迫切需要答案。中国道路来之不易，是党和人民历尽千辛万苦取得的根本成就，经历了长期的历史实践和探索，有逻辑，有内涵，有规律。解开中国道路成功密码的关键在于找到其内在逻辑，解读其丰富内涵，找出其遵循的规律，用中国理论阐释出来，用中国话语表达出来。基于这样的考虑，我们组织编写了《中国道路是如何成功的？》一书。本书从中国道路的生成逻辑、实践进程、内涵解读、成功密码、话语建构等方面解读中国道路背后的中国智慧，阐释中国共产党领导下中国特色社会主义道路的历史必然性和合理性，解读当代中国话语的现实逻辑和学术自我，揭示中国特色社会主义道路的成功奥秘和光明前景。

本书由广西人民出版社原社长温六零编审主持出版工作，中央党校专家工作室领衔专家韩庆祥教授具体策划、组织、协调、统稿，中央党校专家工作室陈先达、韩庆祥、潘岳、欧阳康、吴晓明、郇正、杨金海、郭建宁、赵剑英、郭湛、严书翰、骆郁廷、董振华、陈曙光、刘同舫、李海青、张学森、唐爱军、王海滨、黄海、刘卫东等专家学者参与撰写。

由于水平和能力有限，不当之处在所难免，恳请读者和有关专家不吝指教！

编 者

2021年9月